国家出版基金项目
NATIONAL PUBLICATION FOUNDATION

中国特色社会主义根本政治制度

人民代表大会制度纪实

总 顾 问 王汉斌

编委会主任 乔晓阳

人大监督制度

吉卫国 /著

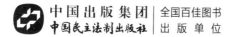

中国出版集团
中国民主法制出版社

全国百佳图书
出版单位

图书在版编目（CIP）数据

人大监督制度/吉卫国著 . —北京：中国民主法
制出版社，2024.5

（中国特色社会主义根本政治制度：人民代表大会
制度纪实/杨积堂，吴高盛主编）

ISBN 978-7-5162-3575-1

Ⅰ.①人… Ⅱ.①吉… Ⅲ.①全国人民代表大会—监
督—制度 Ⅳ.①D622

中国国家版本馆 CIP 数据核字（2024）第 065012 号

图书出品人：刘海涛
出版统筹：贾兵伟
责任编辑：张 霞

书名/人大监督制度
作者/吉卫国 著

出版·发行/中国民主法制出版社
地址/北京市丰台区右安门外玉林里 7 号（100069）
电话/（010）63055259（总编室） 83910658 63056573（人大系统发行）
传真/（010）63055259
http：// www.npcpub.com
E-mail：mzfz@ npcpub.com
开本/16 开 700 毫米×1000 毫米
印张/25.5 **字数**/259 千字
版本/2024 年 5 月第 1 版 2024 年 5 月第 1 次印刷
印刷/三河市宏图印务有限公司

书号/ISBN 978-7-5162-3575-1
定价/98.00 元

中国特色社会主义根本政治制度
——人民代表大会制度纪实

编 委 会

出 版 说 明

　　"乔木亭亭倚盖苍，栉风沐雨自担当。"在第一届全国人民代表大会第一次会议上，毛泽东同志向世人宣告："我们正在做我们的前人从来没有做过的极其光荣伟大的事业。我们的目的一定要达到。我们的目的一定能够达到。"

　　从1954到2024年，人民代表大会制度已走过70年。为记录人民代表大会制度发展历程，宣传中国特色社会主义根本政治制度，阐释中国特色社会主义道路自信、制度自信，中国民主法制出版社于2017年策划"中国特色社会主义根本政治制度——人民代表大会制度纪实"项目，计划用1600万字20册图书，对人民代表大会制度在我国的建立发展进行较完整的记录。

　　历时6年，几易框架，无数次讨论修改，最终收稿3000万字。3000万字分理论和纪实两大部分，详述人民代表大会的制度总论、发展历程、自身建设及立法、重大事项决定、选举任免、监督、代表、会议、对外交往等重要工作。理论部分340余万字，其中自身建设、重大事项和对外交往三个板块根据工作实际和写作安排，理论纪实合为一册，归入理论板块。立法、监督、选举任免、代表工作、会议五个板块的纪实部分共计2600余万字。两大部分通过梳理历届全国人民代表大会会议议程，记录我国根本政治制度的发展历程；通过收录全国人民代表大会及其常务委员会会议作出的决定、批准的重大事项等文件及各专门委员会的文件、报告，为研究中国特色人民代表大会制度整理、保存重要文献，宣传实现我国全过程人民民主的重要制度载体的工作机制。

为保持项目的完整性和对人民代表大会制度记录的客观性，同时适应新时代资料保存查阅的新方式新手段，经多次组织专家讨论、内部研究，项目用20册图书、40个视频、1个数据库将这3000余万字全部收录，将人民代表大会制度70年的历程完整记录、如实呈现。其中人大立法工作纪实、人大监督工作纪实、人大会议工作纪实的具体内容均收入"人民代表大会制度纪实"数据库，目录作为索引以图书形式呈现。

项目实施过程中，从总顾问王汉斌同志、编委会主任乔晓阳同志，到刚入校门的大学生，先后百余人参与其中。从框架搭建、内容研讨、资料收集、板块汇编、归类整理到书稿撰写、初稿审读、编辑加工，我们遇到许多意想不到的困难，好在"众人拾柴火焰高"，各方都投入了极大热情，这些困难也一一得到克服。其间，全国人大图书馆、全国人大有关同志给予了我们雪中送炭般的支持。

人民代表大会制度植根于中国历史文化沃土，蕴含着中华文明丰富的政治智慧和治理经验，体现了天下为公、天下大同的社会理想，九州共贯、多元一体的大一统传统，民惟邦本、本固邦宁的民本思想，德主刑辅、法明令行的法治精神。新的伟大征程上，我们要更加坚定制度自信，不断发展具有强大生命力的全过程人民民主。

2024 年是中华人民共和国成立 75 周年，也是全国人民代表大会成立 70 周年、地方人大设立常委会 45 周年，谨以"中国特色社会主义根本政治制度——人民代表大会制度纪实"向祖国献礼！

　　"六年磨一剑"，其中一定还有许多疏漏和不足，我们希望"中国特色社会主义根本政治制度——人民代表大会制度纪实"项目能为坚持好、完善好、运行好人民代表大会制度尽微薄之力。

2024 年 6 月

总序

习近平总书记指出，人民代表大会制度是坚持党的领导、人民当家作主、依法治国有机统一的根本政治制度安排，是党领导国家政权机关的重要制度载体。100 多年前，中国共产党一经诞生，就把为中国人民谋幸福、为中华民族谋复兴确立为自己的初心和使命，为实现人民当家作主进行了不懈探索和奋斗。在新民主主义革命时期，以毛泽东同志为主要代表的中国共产党人，创造性地提出实行人民代表大会制度的构想。1945 年 4 月，毛泽东同志就说："新民主主义的政权组织，应该采取民主集中制，由各级人民代表大会决定大政方针，选举政府。它是民主的，又是集中的，就是说，在民主基础上的集中，在集中指导下的民主。只有这个制度，才既能表现广泛的民主，使各级人民代表大会有高度的权力；又能集中处理国事，使各级政府能集中地处理被各级人民代表大会所委托的一切事务，并保障人民的一切必要的民主活动。"1954 年 9 月，第一届全国人民代表大会第一次会议召开，通过了《中华人民共和国宪法》，标志着人民代表大会制度这一国家根本政治制度正式建立。

经过 70 年的实践发展，人民代表大会制度更加成熟、更加定型，焕发出蓬勃生机活力。2021 年 10 月 13 日习近平在中央人大工作会议上的讲话中强调："实践证明，人民代表大会制度是符合我国国情和实际、体现社会主义国家性质、保证人民当家作主、保障实现中华民族伟大复兴的好制度，是我们党领导人民在人类政治制度史上的伟大创造，是在我国政治发展史乃至世界政治发展史上具有重大意义的全新政治制度。"

70 年来，在中国共产党的领导下，全国人大及其常委会、地方各级人大及其常委会不断探索实践、创新发展，人民代表大会制度的理论体系不断完善，人大工作积累了极其丰富的实践成果。这些理论和实践成果，是进一步坚持好、完善好、运行好人民代表大会制度的重要基石。为了深入贯彻习近平总书记关于坚持和完善人民代表大会制度的重要思想，积极发展全过程人民民主，健全人民当家作主制度体系，继往开来，守正创新，开创人大工作新局面，中国民主法制出版社组织立法机关有关同志、从事人大理论研究的相关学者和人大工作领域的实务专家，对人民代表大会制度的理论和实践进行了全面梳理，形成了"中国特色社会主义根本政治制度——人民代表大会制度纪实"项目，并获得了国家出版基金资助。

项目从人民代表大会制度总论、人民代表大会制度发展历程、人大代表选举制度和人大人事任免制度、人大立法制度、人大代表工作制度、人大讨论决定重大事项制度、人大监督制度、人大会议制度、人大自身建设、人大对外交往工作等十个方面，阐述了"中国特色社会主义根本政治制度——人民代表大会制度"的制度创建、自身建设和发展历程，全面梳理了人大行使立法、监督、决定、选举任免等职权的制度体系，并对人大会议制度、人大代表工作、人大对外交往工作做了详尽汇览。

项目在实施过程中，力图在梳理理论体系的同时，尽量根据现有文献和资料，将人民代表大会制度发展进程中和人大工作全过程各环节相关制度成果加以汇总，为现在和未来的人大工作者、人大理论研究者提供尽可能翔实的人大知识宝库。

这是迄今为止收录内容最为完整的一套人大纪实丛书，为了体现中国特色社会主义根本政治制度的伟力，让更多国人了解和熟悉这一制度的逻辑，每一板块我们都进行了导读设计，从而更有利于读者提纲挈领地加以掌握。

今年是中华人民共和国成立 75 周年，也是全国人民代表大会成立 70 周年。我们谨以"中国特色社会主义根本政治制度——人民代表大会制度纪实"项目，向人民代表大会制度致敬，向祖国献礼。

晋晓阳

2024 年 6 月

绪 论

第一章　人大监督制度发端、挫折与恢复

第二章　人大监督制度重新确立和发展

附录

/ 绪　论 /

"在中国实行人民代表大会制度，是中国人民在人类政治制度史上的伟大创造，是深刻总结近代以后中国政治生活惨痛教训得出的基本结论，是中国社会 100 多年激越变革、激荡发展的历史结果，是中国人民翻身作主、掌握自己命运的必然选择。"[1]人民代表大会制度是中国特色社会主义制度的重要组成部分，也是支撑中国国家治理体系和治理能力的根本政治制度。新时代新征程，坚持和完善人民代表大会制度，对于健全人民当家作主制度体系，发展社会主义民主政治，充分发挥中国特色社会主义制度和国家治理体系优越性，具有十分重要的意义。人大监督制度是人民代表大会制度的重要组成部分，健全和完善人大监督制度、加强和改进新时代人大监督工作，是坚持和完善人民代表大会制度的重要内容，对于推动发展中国特色社会主义民主法治、维护和实现人民根本利益以及实现国家治理体系和治理能力现代化具有重要意义。

第一节　人大监督制度的内涵

一、人大监督制度是人民代表大会制度的重要组成部分

人大监督制度是人民代表大会制度的重要组成部分，在中国

---

[1]　习近平：《在庆祝全国人民代表大会成立六十周年大会上的讲话》，《求是》2019 年第 18 期。

特色社会主义监督体系中居于重要位置。根据宪法、法律的规定，人大及其常委会享有立法权、重大事项决定权、人事任免权和监督权等四大方面的职权。《中华人民共和国宪法》《中华人民共和国全国人民代表大会组织法》《中华人民共和国地方各级人民代表大会和地方各级人民政府组织法》《中华人民共和国各级人民代表大会常务委员会监督法》明确规定，全国人大及其常委会有权对国务院、国家监察委员会、最高人民法院、最高人民检察院等国家机关工作实施监督，同时保证宪法、法律、行政法规在全国范围内的遵守和执行；地方各级人大及其常委会对本行政区域内的"一府一委两院"的工作实施监督，同时保证宪法、法律、行政法规等在本行政区域内的遵守和执行。

人民代表大会制度是我国的根本政治制度，这一制度是人大监督制度存在与运行的基础和前提。我国的人大监督不同于西方的议会监督，人大与"一府一委两院"之间，虽然是产生与被产生、监督与被监督的关系，但都是在党的集中统一领导下，在根本利益一致的基础上分工与制约关系，监督与支持是完全统一的。我国的人大制度与西方国家的"三权分立"制度存在本质区别：一是理论基础不同。我国的人民代表大会制度建立在"马克思主义国家学说"和"人民主权论"的基础之上，强调国家的一切权力属于人民，人民是国家的主人。而西方国家的三权分立制度则建立在"分权学说"的基础之上，分权学说的背后所代表的仍然是资产阶级的实质利益。二是权力模式不同。我国奉行"单一制的国家权力结构模式"，建立的政权组织结构模式是人民代表大会制度，即由人民选举产生全国人民代表大会和地方各级人民代表大会，作为行使国家权力的机关，并由其产生"一府一委两院"等其他国家机关，这些机关向其负责，受其监督。而西方国家奉行"三权分立的权力结构模式"，国家权力一般被分为立法权、行政权和司法权，三者是平行的权力。三是制约机制不同。在我国，全国人民代表大会作为最高国家权力机关，单向监督制约行政权、监察权、审判权、检察权等其他国家权力，同时又支持它们行使各自的权力。据此，可以把我国人大监督模式的特征概括为"监督、制约、支持"三位一体。三权分立学说之下的立法权、行政权和司法权是三种平行的权力，三者之间相互制衡。

作为人民代表大会制度的重要组成部分，人大监督制度是指作为国家权力机关的全国人民代表大会和地方各级人民代表大会及它们的常务委员会对由它们产生的行政机关、监察机关、审判机关和检察机关等国家机关及其公权力进行监督制约的原则、规则和机制的总称。人大监督权是指人大及其常委会为了维护法治统一、宪法和法律的权威以及人民的根本利益，代表人民按照法律规定的形式和程序，对国家行政机关、监察机关、审判机关和检察机关的执法、司法活动及其工作等内容进行监督的权力。

二、人大监督的性质

人民代表大会制度是我们国家的政权组织形式。习近平总书记在首都各界纪念现行宪法公布施行 30 周年大会上明确指出："我们要坚持国家一切权力属于人民的宪法理念，最广泛地动员和组织人民依照宪法和法律规定，通过各级人民代表大会行使国家权力。"[1]

---

　　〔1〕　习近平：《在首都各界纪念现行宪法公布施行 30 周年大会上的讲话》，新华社北京 2012 年 12 月 4 日电。

根据宪法的规定，人民与国家政权的关系：一是中华人民共和国的一切权力属于人民。这是我们国家政权制度的核心内容和基本准则。二是人民行使国家权力的机关是全国人民代表大会和地方各级人民代表大会。全国人民代表大会和地方各级人民代表大会都由民主选举产生，对人民负责，受人民监督。这就是说，人民通过选举把属于自己管理国家的权力委托给选出的代表去行使，人民代表大会行使国家权力，其权力来源于人民，是人民授予的，人民代表大会是代表人民行使国家权力，对人民负责，受人民监督。三是国家行政机关、监察机关、审判机关、检察机关都由人民代表大会产生，对它负责，受它监督。也就是说，由人民代表大会产生的"一府一委两院"，要对由人民民主选举产生的人民代表大会负责，受它监督。四是人大代表受选民或选举单位监督，选民或选举单位有权依法罢免自己选出的代表，这就能从制度上保证人民当家作主，掌握管理国家的权力。总之，人大和"一府一委两院"的权力都来自人民，都要对人民负责，受人民监督，这是国家一切权力属于人民的宪法原则。从根本上说，人大监督是人民代表大会制度的应有之义，是代表国家和人民所进行的监督。全国人大和地方各级人大及其常委会依法行使监督职权，其实质是代表国家和人民进行的监督，是具有法律效力的监督。

三、人大监督的地位

经过长期的探索实践，我们国家形成了完备的监督体系，包括党内监督、人大监督、民主监督、行政监督、司法监督、审计监督、社会监督、舆论监督等。习近平总书记在党的十九大报告中明确提出要"构建党统一指挥、全面覆盖、权威高效的监督体系，把党内监督同国家机关监督、民主监督、司法监督、群众监督、舆论监督贯通起来，增强监督合力"。习近平总书记强调："要加强党内监督、人大监督、民主监督、行政监督、司法监督、审计监督、社会监督、舆论监督，努力形成科学有效的权力运行和监督体系，增强监督合力和实效。"[1] 人大监督是党和国家监督体系的重要组成部分。人大作为国家权力机关，在党的领导下负责对宪法法律实施和行使公权力的国家机关的工作实施监督，以确保行政权、监察权、审判权、检察权得到正确行使，确保人民的合法权益得到尊重和保护，维护社会主义法治的统一、权威和尊严。这是人大监督的政治定位。

人大监督作为国家权力机关的监督，是代表国家和人民进行的监督，是最高层次的监督，是具有法律效力的监督。宪法和有关法律明确规定了国家权力机关、行政机关、监察机关、审判机关、检察机关的职权和行使职权的程序。人大对"一府一委两院"的监督工作如果没有搞好，就会失职；如果代行行政权、监察权、审判权、检察权，就会越权。人大的监督工作既不能失职，又不能越权。这是人大监督在党和国家监督体系中的法律定位。

在监督工作实践中，我们要找准人大监督的政治定位、法律定位，统筹运用法定监督方式，更好地发挥人大监督在党和国家监督体系中的重要作用，与其他监督紧密结合，努力形成科学有效的权力运行和监督合力。

---

〔1〕 中共中央文献研究室编：《习近平关于全面依法治国论述摘编》，中央文献出版社 2015 年版，第 22、61 页。

第二节　人大监督的内容和形式

　　根据宪法和有关法律的规定以及各级人大常委会的实践经验，监督法把各级人大常委会监督的内容规定为两个方面，即工作监督和法律监督。彭真说："最高国家权力机关监督什么？一个是法律监督，一个是工作监督。全国人大和它的常委会对法律实施的监督，主要是监督宪法的实施，包括履行宪法规定的职权。任何机关、任何地方如果做出同宪法相抵触的决议、决定，全国人大和它的常委会有权力、有责任予以撤销。至于对行政、审判、检察工作的监督，首先是听取和审议政府工作报告，它包括过去工作的总结和今后工作的部署。再就是审查和批准国民经济和社会发展计划，审查和批准国家的预算决定，计划和预算决算反映了各方面的工作。对最高人民法院、最高人民检察院的监督，主要也是听取和审议它们的工作报告。这是全面的、基本的监督。有了重大问题，能不能管？能管。按照法律规定，权力机关有权提出质询案，必要时还可以组织关于特定问题的调查委员会。"[1] 这是对工作监督和法律监督内容和形式的高度概括。

一、工作监督的内容和形式

　　工作监督就是对"一府一委两院"的工作是否符合宪法和法

---

　　[1]　程湘清：《人大监督制度和监督工作中的若干问题》，《中国法学》1992年第5期。

律、法规，是否符合人民的根本利益，是否正确贯彻人大及其常委会的决议、决定，是否正确行使职权等方面进行监督。主要包括以下具体内容。

一是对"一府一委两院"专项工作的监督。人大常委会开展专项工作监督的主要形式，是听取和审议"一府一委两院"专项工作报告。这种监督是全面的、基本的，并且具有法律效力。评议专项工作，把对有关主管领导干部的工作业绩和存在问题寓于其中，实际上也体现了对他们的监督。人大常委会对专项工作的评议情况，可以作为组织部门评价、使用干部的依据。根据宪法和有关法律规定，总结实践经验，监督法第二章对人大常委会听取和审议专项工作报告，作了规范化、程序化的规定。

二是对国民经济和社会发展计划和预算执行情况的监督。对国民经济和社会发展计划（以下简称计划）以及财政预算执行情况进行监督，是各级人大常委会的一项重要职权。计划，是对未来一定时期经济和社会发展所作的安排；预算，是对未来一年财政收入和支出所作的安排。计划和预算，是关系国计民生和群众切身利益的重大事项，依照宪法和有关法律规定，审查和批准计划、预算及其执行情况的报告，是人民代表大会的职权。计划和预算经人民代表大会批准后，具有法律效力，必须得到切实执行。为了保证经人民代表大会批准的计划和预算得到正确执行，宪法、预算法和其他有关法律规定，人大常委会监督计划和预算的执行。监督的具体形式，就是在每年中期，听取和审议本年度上一阶段计划、预算的执行情况；审查和批准计划、预算在执行中所必须作的部分调整方案；审查和批准决算，同时，听取和审议关于上一年度预算执行情况和其他财政收支的审计工作报告。目前，人大预算审查监督重点向支出预算和政策拓展，政府全口径预算决算的审查监督、审计查出突出问题整改情况监督、国有资产管理情况监督、地方政府债务监督等，是人大预算审查监督的重要内容。实践证明，加强对计划和预算执行情况的监督，对维护计划和预算的严肃性、权威性，对全面贯彻科学发展观、推动高质量发展具有重要意义。

三是对法律法规实施情况的监督。有法可依、有法必依、执法必严、违法必究，是依法治国的内在要求，是社会主义法治的重要特征。法律的生命在于实施。有法不依，等于无法，甚至更坏。因为它不但破坏了法的尊严和权威，而且还会损害人们对法的信任。因此，加强对法律、法规实施情况的监督，至关重要。宪法规定，全国人大及其常委会监督宪法的实施；地方各级人大及其常委会在本行政区域内保证宪法、法律、法规和上级人大及其常委会决议的遵守和执行。按照宪法规定，在人大统一行使国家权力的前提下，人民政府是国家权力机关的执行机关，监察委员会是行使监察职能的专责机关，人民法院是依法行使审判权的机关，人民检察院是依法行使检察权的机关，"一府一委两院"具体负责执行法律、法规以及人大及其常委会的决议、决定。因此，人大常委会对"一府一委两院"执行有关法律、法规、决议和决定的情况，必须实施监督，监督的形式主要是执法检查。监督法第二十二条规定："各级人民代表大会常务委员会参照本法第九条规定的途径，每年选择若干关系改革发展稳定大局和群众切身利益、社会普遍关注的重大问题，有计划地对有关法律、法规实施情况组织执法检查。"在这方面，经过多年的实践、总结，已经有了一些比较规范的做法，常委会每年抓住几部实施中问题较多、人民群众普遍关心的法律法规，集中力量，深入检查，针对法律法规实施中的主要问题，一查到底，举一反三，起到改进工作、警示后来的作用，推动法律法规的正确实施。常委会通过执法检查和听取执法检查报告，对法律法规实施中普遍存在的问题，形成审议意见，要求有关执法部门提出整改措施，在规定的时间内向常委会作出整改汇报。对执法检查中发现的严重违法的典型案例，要交由有关方面调查，并将调查处理结果报告常委会。同时，常委会通过法律法规实施情况的监督，可以发现法律法规本身不够完善的问题，结合法律法规的修改工作，予以补充和修订。

人大常委会的工作监督，从内容上讲，主要是上述三个方面；从形式上讲，除前面已经提到的这些形式外，还有询问和质询、组织特定问题调查委员会、审议和决定撤职案等。根据宪法和有关法律规定，总结实践经验，监督法对这些监督形式都作了进一步规范化、程序化的规定。

二、法律监督的内容和形式

法律监督就是对规范性文件是否符合宪法和法律的规定所进行的监督。规范性文件除宪法和法律外，还包括两类：一是行政法规、地方性法规、自治条例和单行条例、国务院部门规章、地方政府规章。这些规范性文件，都是我国法的渊源，是中国特色社会主义法律体系的组成部分。二是上述文件之外其他由国家机关制定的决议、决定、命令等。这些规范性文件不是我国法的渊源，但也是普遍适用的。法律监督的形式：一是执法检查，它既是工作监督的一种形式，又是法律监督的一种形式；二是备案审查；三是撤销同宪法和法律相抵触或者不适当的规范性文件。

法律监督是宪法赋予人大常委会的重要监督职权，对于维护社会主义法治统一、尊严和权威具有重要意义。由于立法法已经对行政法规、地方性法规、自治条例和单行条例、规章的备案、审查和撤销作了详细规定，监督法第二十八条对此只作了"依照立法法的有关规定办理"的衔接性规定。关于法律监督，监督法重点规范了以下两项内容。

第一，依据宪法和有关法律的规定，县级以上地方各级人大常委会有权撤销下一级人大及其常委会作出的不适当的决议、决定和本级政府发布的不适当的决定、命令。在现实生活中，一些地方作出的决议、决定或者发布的命令，有些是超越职权、明显违法的。如擅自设立审批、收费、罚款、强制措施等，限制或者剥夺公民、法人和其他组织的合法权利，或者增加公民、法人和其他组织的义务。为了解决这类问题，监督法第二十九条规定："县级以上地方各级人民代表大会常务委员会审查、撤销下一级人民代表大会及其常务委员会作出的不适当的决议、决定和本级人民政府发布的不适当的决定、命令的程序，由省、自治区、直辖市的人民代表大会常务委员会参照立法法的有关规定，作出具体规定。"

第二，最高人民法院、最高人民检察院作出的具体应用法律的解释，应当报全国人大常委会备案审查。在司法实践中，"两高"的司法解释对审判、检察工作具体应用法律发挥了巨大作用，但是也存在有些司法解释与法律相抵触的情况。宪法虽然没有明文规定全国人大常委会对"两高"司法解释进行监督，但明确规定全国人大常委会有监督"两高"工作的职权。司法解释是"两高"工作的重要内容，全国人大常委会对"两高"的司法解释进行监督是有宪法依据的。2005年12月，十届全国人大常委会第四十次委员长会议通过了《司法解释备案审查工作程序》，对司法解释备案审查在工作层面作了程序规定。监督法第三十一条、第三十二条、第三十三条参考立法法有关规范性文件备案审查程序的规定，对"两高"司法解释的备案审查程序作了具体规定。最高人民法院、最高人民检察院作出的属于审判、检察工作中具体应用法律的解释，应当自公布之日起 30 日内报全国人大常委会备案。国务院、中央军事委员会和省、自治区、直辖市的人大常委会认为"两高"作出的司法解释与法律相抵触，或者"两高"之间认为对方作出的司法解释同法律相抵触的，可以向全国人大常委会书面提出审查的要求；其他国家机关和社会团体、企业事业组织以及公民认为"两高"作出的司法解释同法律相抵触的，可以向全国人大常委会书面提出进行审查的建议。

为了规范备案审查工作，加强备案审查制度和能力建设，履行宪法、法律赋予全国人大及其常委会的监督职责，根据宪法和立法法、监督法等有关法律的规定，2019 年 12 月 16 日，十三届全国人大常委会第四十四次委员长会议通过了《法规、司法解释备案审查工作办法》。

法律监督的目的是维护社会主义法治统一、尊严和权威，保证宪法和法律的正确实施。法律监督包含了立法、执法、守法的全过程，是人大常委会监督工作中的重要内容之一，在人大常委会监督工作中居于重要地位。认真开展法律监督工作，对推进全面依法治国、建设社会主义法治国家具有重要意义。

第三节　人大监督的原则

各级人大及其常委会行使监督权的原则，可以概括为"六个坚持”，即坚持党的全面领导原则，坚持以人民为中心原则，坚持依法行使监督权原则，坚持集体行使职权原则，坚持接受人民代表大会监督原则和坚持公开原则。

一、坚持党的全面领导原则

中国共产党领导是中国特色社会主义最本质的特征，是中国特色社会主义制度的最大优势。中国共产党的领导地位，是在长期斗争的实践中逐步形成的，是历史的选择、人民的选择，也是明确载入中国宪法的。2018 年，十三届全国人大一次会议通过宪法修正案，将“中国共产党领导是中国特色社会主义最本质的特征”写入宪法总纲。人民代表大会制度是坚持党的领导、人民当家作主、依法治国有机统一的根本政治制度安排。坚持党的领导，是实行人民代表大会制度的内在要求，也是人民代表大会制度的优势所在，党的领导坚持得越好，人民当家作主就实现得越充分，依法治国就发展得越顺利，人民代表大会制度的优越性就越能得到彰显。党的十八大以来，以习近平同志为核心的党中央统筹中华民族伟大复兴战略全局和世界百年未有之大变局，从坚持和完善党的领导、巩固中国特色社会主义制度的战略高度出发，继续推进人民代表大会制度理论和实践创新，提出一系列新理念新思想新要求。习近平总书记在 2021 年 10 月 13 日召开的中央人大工作会议上作出精辟概括：必须坚持中国共产党领导，必须坚持用制度体系保障人民当家作主，必须坚持全面依法治国，必须坚持民主集中制，必须坚持中国特色社会主义政治发展道路，必须坚持推进国家治理体系和治理能力现代化。[1] 坚持中国共产党领导，是新时代坚持和完善人民代表大会制度之新理念新思想新要求的上述"六个必须坚持"之首，是人大工作的首要政治原则，也是做好人大工作的根本保证。栗战书委员长在2022年12月26日召开的认真学习贯彻党的二十大精神、深入学习贯彻习近平总书记关于坚持和完善人民代表大会制度的重要思想交流会上指出"坚持党的全面领导是最高政治原则，必须把党的领导全面地贯彻落实到人大工作各方面全过程"。[2] 只有坚持党的全面领导，才能确保人大监督始终沿着正确的政治方向，始终站在党和国家事业全局的高度，从国家和人民的整体利益、长远利益出发，把人大监督"一府一委两院"工作同支持他们依法履行职责有机统一起来，寓支持于监督之中，形成加强和改进工作的合力。各级人大常委会在对"一府一委两院"进行工作监督和法律监督的过程中，必须坚持党的全面领导这一最高政治原则，增强以习近平新时代中国特色社会主义思想统揽和指导人大监督工作的理论自觉和实践自觉，把党的领导全面地贯彻落实到人大监督工作中，紧紧围绕党和国家工作大局，紧贴人民群众对美好生活的期盼，紧扣推进国家治理体系和治理能力现代化的需求，依法履行监督职责。

二、坚持以人民为中心原则

人民当家作主是社会主义民主政治的本质和核心，是社会主

---

〔1〕 习近平：《在中央人大工作会议上的讲话》，《求是》2022年第5期。
〔2〕 栗战书：《认真学习贯彻党的二十大精神　强化思想引领、把牢正确方向推动新时代人大制度和人大工作完善发展》，《中国人大》2023年第1期。

义的生命。习近平总书记指出："人民当家作主是我们党矢志不渝的奋斗目标。发展社会主义民主政治就是要体现人民意志、保障人民权益、激发人民创造活力，用制度体系保证人民当家作主。""人民代表大会制度是实现我国全过程人民民主的重要制度载体。要在党的领导下，不断扩大人民有序政治参与，加强人权法治保障，保证人民依法享有广泛权利和自由。要保证人民依法行使选举权利，民主选举产生人大代表，保证人民的知情权、参与权、表达权、监督权落实到人大工作各方面各环节全过程，确保党和国家在决策、执行、监督落实各个环节都能听到来自人民的声音。"[1]

国家的一切权力属于人民，人民行使国家权力的机关是全国人民代表大会和地方各级人民代表大会。国家行政机关、监察机关、审判机关、检察机关都由人民代表大会产生，对它负责，受它监督。人大行使监督权的过程，就是代表人民行使国家权力的过程，就是维护人民利益的过程。可以说，人民性是人大监督的基本属性。党的二十大报告深刻阐述了习近平新时代中国特色社会主义思想的世界观、方法论和贯穿其中的立场观点方法，系统概括为"六个必须坚持"，即必须坚持人民至上、必须坚持自信自立、必须坚持守正创新、必须坚持问题导向、必须坚持系统观念、必须坚持胸怀天下，"必须坚持人民至上"放在"六个必须坚持"的首位。人大监督坚持把以人民为中心作为根本出发点，把人民群众的关切作为着力点，把人民群众的满意度作为评价标准，真正做到"为了人民、依靠人民、让人民满意"，这是全过程人民民主的题中应有之义，也是法律的规定和要求。2022 年 3

---

〔1〕 习近平：《在中央人大工作会议上的讲话》，《求是》2022 年第 5 期。

月，第十三届全国人民代表大会第五次会议修改的《中华人民共和国地方各级人民代表大会和地方各级人民政府组织法》第四条规定："地方各级人民代表大会、县级以上地方各级人民代表大会常务委员会和地方各级人民政府坚持以人民为中心，坚持和发展全过程人民民主，始终同人民保持密切联系，倾听人民的意见和建议，为人民服务，对人民负责，受人民监督。"高质量行使好人大监督职权，必须坚持全过程人民民主，把以人民为中心落实到人大监督工作各方面、各环节、全过程。

人民民主起始于人民意志充分表达，落实于人民意志有效实现。人大行使监督职权，应当健全吸纳民意、汇集民智的工作机制，完善民主民意表达平台和载体，通过法定和有序的途径、渠道、方式、程序，不断扩大人民参与行使监督权的渠道，使人大监督各方面、各环节都能听到人民声音、体现人民意志；应当把维护最广大人民根本利益作为工作的出发点和落脚点，强化问题导向，完善监督机制，增强监督实效，推动解决人民群众普遍关心的突出问题，不断提升人民群众获得感、幸福感、安全感，让改革发展成果更多更公平惠及人民。

三、坚持依法行使监督权原则

各级人大及其常委会行使监督职权必须依照法定权限和程序，这是在监督工作中必须遵循的法治原则。这里所说的法定权限和程序也就是职权法定、程序法定。所谓职权法定，一方面是各级人大及其常委会行使监督职权限于宪法和法律规定的范围内，越权违法、越权无效；另一方面是宪法和法律规定的监督职权，各级人大及其常委会必须认真履行，失职违法、失职问责。

所谓程序法定,就是各级人大及其常委会行使监督职权必须严格遵循法律规定的程序,程序违法无效。

各级人大及其常委会要在宪法和法律规定的职权范围内行使监督权,维护和保障宪法规定的国家机关之间的职权分工。人大与"一府一委两院"的关系,既有监督又有支持,既要依法监督,又不代行行政权、监察权、审判权、检察权。这样做,既能发挥人大依法监督"一府一委两院"工作的职能,增强监督实效,又能保障"一府一委两院"依法正确行使职权。所以,人大既要依法实施监督,又要支持"一府一委两院"行使职权。

人大及其常委会行使监督权的合法性、权威性在很大程度上是由恰当的程序所赋予的,是监督权行使程序良好运作的结果。可以说,监督权涉及的是人大及其常委会的职能和权力问题,而监督权行使的程序,则是权力实现和职能发挥的具体过程,程序本身也具有正当性和合理性,只有严格依法定程序办事,人大及其常委会对"一府一委两院"的监督才能做到既不失职,又不越权。人大及其常委会依法监督,还有一个很重要的方面,就是行使监督权的主体及监督的对象、内容、范围和形式要严格依照宪法和法律的规定。

各级人大的监督权是宪法和法律赋予的,离开了宪法和法律,人大监督就失去了法律依据。在法律规定的职权范围内,按照法定的程序,对法定的对象进行监督,是否需要行使监督权、如何行使监督权都要以法律为准绳。只有坚持依法监督,监督才能有权威性和法律效力。

四、坚持集体行使职权原则

人民代表大会制度是我国的根本政治制度,民主集中制是人民代表大会制度的组织和活动原则。人民代表大会制度既是按照民主集中制原则组织的，又是按照民主集中制原则运作的。监督权系法律赋予人民代表大会的职权，是国家权力机关职权的重要组成部分。人大及其常委会行使监督职权必然按照民主集中制原则组织和运作，实行民主基础上的集中和集中指导下的民主，集体行使监督职权。各级人大及其常委会集体行使职权，集体决定问题，集中人民的共同意志，代表人民的根本利益，这是人大及其常委会行使监督权必须遵循的重要组织原则。

集体行使权力也是人大及其常委会行使监督权的法定原则。宪法明确规定，行使监督权的主体是人大及其常委会。在监督过程中，行使国家权力的是人大及其常委会，人大及其常委会的一切决定或决议，都要依照法定程序，经集体讨论，通过会议表决，得到全体代表或组成人员过半数的赞成才能获得通过，个人无权作出任何决定或决议。

集体行使权力是人大监督权的重要特征。人大及其常委会作为国家权力机关，对于需要依法行使监督职权的监督事项，集体审议，集体决定，集体担责，既彰显了权力机关依法监督的权威性，又体现了权力机关组成人员行使权力的平等性。各级人大及其常委会作为国家权力机关，是一个权力集体；人大代表和常委会组成人员作为国家权力机关的一员，是权力集体中的一个个体，个体不能代表集体，这就是我们通常所说的"集体有权、个人无权"。

五、坚持接受人民代表大会监督原则

人民代表大会常务委员会既是人民代表大会的常设机关，又是行使国家权力的机关。监督法第六条规定："各级人民代表大会常务委员会行使监督职权的情况，应当向本级人民代表大会报告，接受监督。"这是各级人大常委会开展监督工作必须遵循的原则。

我国的人民代表大会常务委员会，在人民代表大会举行会议期间，不行使职权；在人民代表大会闭会期间，才行使由宪法、法律赋予的职权。宪法和法律规定，人民代表大会常务委员会是人民代表大会的常设机关，是人民代表大会闭会期间行使国家权力的机关，它对本级人民代表大会负责并报告工作，接受其监督。人大常委会行使监督职权的情况，与人大常委会行使其他法定权力一样，应当向本级人民代表大会报告并接受监督，各级人民代表大会有权改变或者撤销其常务委员会的不适当的决定。

为了保障人大代表对人大常委会工作的知情权，便于人民代表大会监督常委会的工作，监督法第十四条、第二十条、第二十七条等条文规定，人大常委会在具体监督工作中的有关报告及处理情况等，要向本级人民代表大会代表通报。

六、坚持公开原则

各级人大及其常委会行使监督权要向社会公开，接受人民群众的监督，这是由我国人民代表大会制度的性质决定的。我国宪法规定，国家的一切权力属于人民，人民行使国家权力的机关是全国人民代表大会和地方各级人民代表大会。为了保证人民代表大会代表人民的利益，按照人民的意志决定问题，宪法和法律规定，各级人大对人民负责，受人民监督。在这个意义上，人大及其常委会行使监督权，对"一府一委两院"进行监督，应当把行使监督权的情况向人民公开，以使人民能够了解人大及其常委会监督工作的情况。可以说，公开原则是保证人大及其常委会的监督符合人民的意志、代表人民的利益，同时也是把人大及其常委会的监督工作置于人民监督之下的重要保障。

　　各级人大及其常委会对"一府一委两院"的监督，除了涉及国家秘密，或者涉及具体案件中的商业秘密、个人隐私、未成年人保护等依法应当保密、不宜公开的，其他有关监督的内容、监督的议题和方式、程序，作出的决议或决定，以及"一府一委两院"对监督的反馈等，都应当公开。将人大及其常委会行使监督权的情况向人民公开，既保证了人民的知情知政权，也是人大及其常委会保持同人民群众的联系，倾听人民群众的意见，接受人民群众监督的重要方面。各级人大及其常委会在监督工作中只有加强与人民群众的联系，自觉接受人民群众的监督，才能真正代表人民的意愿，人大的监督工作才有坚实的群众基础，才能保持蓬勃生机和旺盛活力。

第四节　人大监督的根本要求

　　党的十八大以来，以习近平同志为核心的党中央从坚持和完善党的领导、巩固中国特色社会主义制度的战略全局出发，推进人民代表大会制度理论和实践创新，形成习近平总书记关于坚持和完善人民代表大会制度的重要思想，为做好人大监督工作指明了方向，提供了根本遵循。坚持正确监督、有效监督、依法监督，是习近平总书记关于坚持和完善人民代表大会制度的重要思想的要求，是新时代人大监督工作的重要理论成果，是高质量做好新时代人大监督工作的根本要求。

习近平总书记在中央人大工作会议上的讲话中指出："人民代表大会制度的重要原则和制度设计的基本要求，就是任何国家机关及其工作人员的权力都要受到监督和制约。要更好发挥人大监督在党和国家监督体系中的重要作用，让人民监督权力，让权力在阳光下运行，用制度的笼子管住权力，用法治的缰绳驾驭权力。各级人大及其常委会要把宪法法律赋予的监督权用起来，实行正确监督、有效监督、依法监督，维护国家法治统一、尊严、权威，确保法律法规得到有效实施，确保行政权、监察权、审判权、检察权依法正确行使。"[1] 2021 年 11 月 2 日党中央印发的《关于新时代坚持和完善人民代表大会制度、加强和改进人大工作的意见》指出："各级人大及其常委会要把宪法法律赋予的监督权用起来，实行正确监督、有效监督、依法监督。坚持围绕中心、突出重点、增强实效，寓支持于监督之中，确保各国家机关依法行使权力、依法落实相关工作责任，确保公民、法人和其他组织的合法权益得到有效维护。"[2] 栗战书委员长指出："习近平总书记指出人大要实行正确监督、有效监督、依法监督，这是本届全国人大常委会监督工作始终遵循的重要原则。坚持正确监督，就是在党的领导下，从大局和全局出发开展监督工作，寓支持于监督之中，形成加强和改进工作的合力。坚持有效监督，就是把宪法赋予人大的监督权用起来，深入查找问题，准确提出建议，强化督促整改，切实保证宪法法律全面有效实施，切实推动有关国家机关解决问题、改进工作、完善制度，切实维护人民群

---

〔1〕 习近平：《在中央人大工作会议上的讲话》，《求是》2022 年第 5 期。

〔2〕 《关于新时代坚持和完善人民代表大会制度、加强和改进人大工作的意见》，《求是》2022 年第 5 期。

众合法权益。坚持依法监督，就是严格依照法定职责、限于法定范围、遵守法定程序、监督检查法律实施，确保有关方面履行法定职责、落实法律责任、依法推进工作。"[1] 实践证明，只有坚持正确监督、有效监督、依法监督，不断创新监督理念、机制和方法，才能强化监督职能，提升监督效果，增强监督工作的针对性和实效性。

一、正确监督。正确监督是指政治要求、政治方向和基本原则，是监督工作的前提和保证。坚持正确监督就是要始终坚持党的全面领导，坚持在规定的职责、范围、程序内行使监督职权，把监督与支持结合起来，正确处理好人大监督与支持"一府一委两院"依法行使职权的关系，坚持寓支持于监督之中，支持推动"一府一委两院"改进工作。

坚持正确监督必须突出坚持党的领导是宪法规定的不可动摇的基本原则，是人大及其常委会充分发挥监督职能作用的根本保证。坚持在党的领导下开展监督工作、履行监督职权，对重大监督活动和重要监督事项，及时向党中央或同级党委请示报告，不折不扣贯彻落实党的决策部署。做到凡是党作出的决策部署，都坚决予以贯彻执行，重要会议、重大监督事项、重大决定事项经党中央或同级党委同意后再进入法定程序，使人大监督工作同党的决策部署相适应，发挥好人大在服务工作大局、促进经济社会高质量发展中的积极作用。坚持正确监督必须突出为民工作导向。突出为民工作导向，就是坚持以人民为中心的发展思想，这既是我们党"全心全意为人民服务"根本宗旨的具体体现，也是人民代表大会这一根本政治制度设计的本质要义，更是我们做好

---

〔1〕 栗战书：《认真学习贯彻党的二十大精神　强化思想引领、把牢正确方向推动新时代人大制度和人大工作完善发展》，《中国人大》2023 年第 1 期。

人大监督工作的出发点和落脚点。在聚焦解决热点难点问题上、保障和发展民生上、改善基本公共服务上发力，可以将人民群众的来信来访作为畅通监督的重要渠道，将社会反响强烈、群众普遍关注、舆论相对集中的焦点和热点作为民生监督的重点，督促"一府一委两院"不断地去解决和落实，推动人民群众生产、生活、生态环境的改善，不断增强人民群众的获得感、幸福感、安全感。

二、有效监督。有效监督是指工作要求、工作方法和工作作风，是监督工作的目标和指向。坚持有效监督就是要始终坚持紧紧围绕中心服务大局，坚持问题导向，坚持创新方式方法，完善监督机制，推动解决问题，切实提高监督效果。坚持有效监督，必须突出增强监督实效，改进和创新监督方式方法，在综合运用多种监督形式、打好人大监督"组合拳"等方面发力，力促改进工作和解决问题。

人大监督实践的一条重要经验，就是把多种监督形式结合起来，综合运用，发挥监督合力，实践中有多种结合方式，即工作监督与法律监督相结合、专项监督与计划预算监督相结合、初次监督与跟踪监督相结合、听取专项工作报告与执法检查相结合、推动自行整改与依法纠正相结合。我们要根据监督对象和事项特点，灵活运用监督形式，凝聚监督合力，增强监督效果。凝聚监督合力，把人大监督、监察监督、审计监督、舆论监督等结合起来，形成以人大监督为主体，其他监督手段积极配合的工作格局，促进人大监督实力和监督实效的提高。注重联动效应，开展重大监督活动时加强上下联动，形成工作合力，提升联动效应和监督效果。

三、依法监督。依法监督是指依照法定职责、限于法定范围、遵守法定程序，统筹运用法定监督方式。坚持依法监督就是要始终坚持以法律为依据、为准绳开展监督。人大监督的对象、内容、范围、方式和程序都要严格符合宪法和监督法等法律的规定，在法定的职权范围内，按照法定的程序，对法定的对象进行监督，既不能越位，也不能缺位。依法监督既要求严格依照法律规定的权限办事，越权违法、越权无效，又要求严格依照法律规定的程序办事，程序违法无效。

人大及其常委会的监督权是宪法和法律赋予的，如果离开了宪法和法律，其监督就失去了法律依据。依照法定职责是"依法监督"的本源起点。人民代表大会制度的重要原则和制度设计的基本要求，就是任何国家机关及其工作人员的权力都要受到制约和监督。人民代表大会是国家权力机关，国家行政机关、监察机关、审判机关、检察机关都由人民代表大会产生，对它负责，受它监督，这种监督体现了国家一切权力属于人民的宪法原则。人大常委会依照宪法和监督法等法律的规定，监督"一府一委两院"的工作，统筹运用听取审议工作报告、执法检查、计划和预算决算审查、备案审查、询问和质询、特定问题调查、撤职等方式，推动"一府一委两院"履行职责。人大对"一府一委两院"进行监督，要坚持依照法定职责、限于法定范围、遵守法定程序的原则，对他们的日常工作，不能越俎代庖，真正在宪法法律范围内履职尽责。

对于人大监督而言，如果说"正确监督"是前进方向，"有效监督"是实现目标，那么"依法监督"就是行动路径。人大监督的正确前进方向就是始终牢牢坚持党对人大监督工作的领导，全面贯彻落实习近平法治思想和习近平总书记关于坚持和完善人民代表大会制度的重要思想。人大监督要实现的目标就是确保国家机关在宪法和法律范围内履行职责、开展工作，确保法律实施主体落实法律责任。无论是把握前进方向，还是达成实现目标，都离不开"依法监督"这个行动路径。[1] 实行正确监督、有效监督、依法监督，其实质就是要坚持以习近平新时代中国特色社会主义思想为指导，坚持党中央集中统一领导，紧紧围绕党中央确定的大政方针和目标任务，科学有效依法行使人大监督职权，推动党中央和各级党委重大决策部署的贯彻落实，确保宪法法律全面有效实施，确保行政权、监察权、审判权、检察权得到正确行使，确保人民权益得到维护和实现。

总之，坚持正确监督、有效监督、依法监督，是做好新时代人大监督工作的关键，是实现人大监督提质增效的"密码"。要深化对人大监督制度科学内涵、基本特征和本质要求的认识，坚持正确监督、有效监督、依法监督的根本要求，高质量行使人大监督职权，为坚持好、完善好、运行好人民代表大会制度，为社会主义民主法治建设作出应有的贡献。

---

[1] 刘懿冰：《依法监督，人大监督的鲜明特点》，中国人大网，http：//www. npc. gov. cn/npc/c30834/202201/223f7f1540b3418c930 a51c3c4332691. shtml。

第一章

人大监督制度发端、挫折与恢复

1954 年 9 月 15 日，第一届全国人民代表大会第一次会议在北京召开。大会通过了《中华人民共和国宪法》和 5 个国家机构组织法，正式以宪法和法律的形式确立了新中国的根本政治制度——人民代表大会制度，人大监督制度随之确立。

第一节　人大监督制度初步确立

1954 年 9 月 15 日，一届全国人大一次会议在北京隆重召开，历时 14 天，于 9 月 28 日圆满闭幕。会议于 9 月 20 日通过《中华人民共和国宪法》（即 1954 年宪法），这是新中国第一部具有社会主义性质的宪法。一届全国人大一次会议的召开和新宪法的颁布实施，标志着我国人民代表大会制度从地方到中央全面系统地建立起来了。

一、一届全国人大一次会议通过《中华人民共和国宪法》

1954 年 9 月 15 日下午，一届全国人大一次会议开幕，毛泽东主持会议开幕式并致开幕词。他说："这次会议的任务是制定宪法和几个重要的法律，通过政府工作报告，选举新的国家领导工作人员。""我们这次会议具有伟大的历史意义。这次会议是标志着我国人民从一九四九年新中国建立以来的新胜利和新发展的里程碑,这次会议所制定的宪法将大大地促进我们的社会主义事业。"[1]

1954 年 9 月 20 日下午,大会举行全体会议。执行主席在会议上宣读中央人民政府委员会修正通过的"中华人民共和国宪法草案"最后定本全文。宣读完毕后,执行主席问代表们对这个最后定本有无意见。代表们没有意见,全场热烈鼓掌。执行主席当即宣布将这个最后定本提付表决。宪法表决采取无记名投票的办法。"通过中华人民共和国宪法表决票"上面印有汉、蒙、藏、维吾尔四种文字。执行主席根据计票人和监票人的报告,宣布对"中华人民共和国宪法"表决的结果:投票数共 1197 张,同意票 1197 张。执行主席宣布:《中华人民共和国宪法》已由一届全国人大一次会议于 1954 年 9 月 20 日通过。同日下午,会议还通过全国人大组织法、国务院组织法、人民法院组织法、人民检察院组织法、地方各级人大和地方各级人民委员会组织法。这五个法律草案都是由宪法起草委员会起草并提交本次会议审议的。各代表小组对这几个法律草案进行了多次讨论,在全体会上逐一宣读法律草案的条文,逐一通过。[2]

1954 年 9 月 23 日,会议听取政务院总理周恩来作政府工作报告。周恩来最后说,全国人大已经通过了《中华人民共和国宪法》。我们相信,即将由全国人大一次会议产生的国家行政机关,根据这个伟大的人民的宪法所规定的各项原则,依靠全国人民的

---

〔1〕《毛泽东文集》第六卷,人民出版社 1999 年版,第 350 页。

〔2〕 刘政:《第一届全国人民代表大会第一次会议盛况实录》,《中国人大》(增刊) 2013 年 3 月。

支持和全国人大的监督，一定能够尽到自己的责任，把我们国家的各项事业推向新的更大的胜利。

二、1954 年宪法确立人大监督职权

1954 年宪法对我国的国体和政体等都作了更为明确、具体的规定，进一步肯定、确认了适合我国国情、便于人民行使国家权力的人民代表大会制度。1954 年宪法第二条规定："中华人民共和国的一切权力属于人民。人民行使权力的机关是全国人民代表大会和地方各级人民代表大会。""全国人民代表大会、地方各级人民代表大会和其他国家机关，一律实行民主集中制。"

1954 年宪法既继承共同纲领关于人民代表大会制度的基本精神，又总结五年来国家机关工作经验和各级各界人民代表会议的经验，并加以丰富发展，以国家根本法的形式，对我国实行人民代表大会制度作出了系统的、全面的规定。其中，对全国人大及其常委会和地方人大及其常委会监督职权作了规定。

（一）全国人民代表大会监督职权

1. 监督宪法的实施；

2. 审查和批准国家的预算和决算；

3. 全国人民代表大会有权罢免下列人员：中华人民共和国主席、副主席；国务院总理、副总理、各部部长、各委员会主任、秘书长；国防委员会副主席和委员；最高人民法院院长；最高人民检察院检察长。

4. 全国人民代表大会代表有权向国务院或者国务院各部、各委员会提出质问，受质问的机关必须负责答复。

（二）全国人大常委会监督职权

1. 监督国务院、最高人民法院和最高人民检察院的工作；

2. 撤销国务院的同宪法、法律和法令相抵触的决议和命令；

3. 改变或者撤销省、自治区、直辖市国家权力机关的不适当的决议；

4. 全国人民代表大会认为必要的时候，在全国人民代表大会闭会期间全国人民代表大会常务委员会认为必要的时候，可以组织对于特定问题的调查委员会。

（三）地方各级人民代表大会监督职权

1. 在本行政区域内，保证法律、法令的遵守和执行；

2. 审查和批准地方的预算和决算；

3. 地方各级人民代表大会选举并且有权罢免本级人民委员会的组成人员；县级以上的人民代表大会选举并且有权罢免本级人民法院院长；

4. 地方各级人民代表大会有权改变或者撤销本级人民委员会的不适当的决议和命令。县级以上的人民代表大会有权改变或者撤销下一级人民代表大会的不适当的决议和下一级人民委员会的不适当的决议和命令。

三、新中国成立初期的全国人大监督工作十分活跃

从 1954 年 9 月至 1957 年底，一届全国人大共举行 4 次会议，常委会举行了 89 次会议，全国人大及其常委会审议通过了 80 多部法律、法令和有关法律问题的决定。在监督方面，主要做了以下工作。

全国人大开始定期听取和审议人民政府、人民法院和人民检察院工作报告，并形成制度。从一届全国人大一次会议开始，全国人大每次会议都审议政府工作报告，一届全国人大二次会议开

始审议国民经济计划报告和财政预决算报告，一届全国人大四次会议审议最高人民法院和最高人民检察院的工作报告。由于一部分常委会委员是民主人士，如爱国的知识分子、起义的国民党将领、民族工商业者等，因此，为了便于他们熟悉实际情况，审议、决定国家重大问题，一届全国人大常委会共听取政府有关部门专题工作汇报 37 次，国务院有关部门都派部长、副部长到会解答问题，并听取常委会委员的意见。对国民经济计划和财政预算执行中需部分变更的，国务院也及时提请全国人大常委会讨论批准。[1]

第二节　人大监督工作的徘徊

从 1957 年下半年开始，反右派斗争扩大化以及随之而来的"左"的思想发展和强调阶级斗争，整个国家的政治、经济和文化生活都出现了极其不正常的情况。从 1957 年反右派斗争开始到 1966 年"文化大革命"爆发，在"左"的思想影响下，对社会主义民主政治建设越来越不重视，忽视人民代表大会制度建设，削弱各级人大的工作。虽然全国人大及其常委会、地方各级人大做了大量工作，在个别方面也有所进步，但总体来说，我国人民代表大会制度建设和人大工作不仅没有进步，反而在经过一段时间徘徊之后退步了。

---

〔1〕　万其刚主编：《人民代表大会制度简史》，中国民主法制出版社 2015 年版。

一、全国人大无法有效行使法定职权

1957 年反右派斗争严重扩大化，成为我国人民代表大会制度建设和各级人大工作逐步走下坡路的一个转折点。从 1957 年到 1966 年，可以说是人民代表大会制度曲折发展的时期。随着社会主义民主政治生活逐步遭到破坏，人大及其常委会难以充分、有效地行使宪法和法律赋予的职权，这些职权往往被忽视甚至受到任意侵犯，更无法正常行使。

从 1957 年底开始，国家的一些重大问题，往往是由几个人甚至一个人决定，即使提交到全国人大及其常委会，也只是走走形式而已。在二届、三届全国人大常委会所举行的 170 次会议上，先后听取国务院有关部门工作报告达 97 次，但并不是为了行使全国人大常委会的职权，讨论和决定这些报告中所涉及的国家重大问题。实际上，国务院只是给全国人大常委会通通气而已。全国人大及其常委会在人们眼里逐渐演变为走形式的"橡皮图章"。

二、人大监督工作乏善可陈

按照 1954 年宪法规定，只有全国人大才能"决定国家经济计划""审查和批准国家的预算和决算"，全国人大常委会没有这些职权。但是，一些年份国民经济计划的决定、国家财政预算的审批被放到全国人大常委会的议程（如二届全国人大常委会第九十九次、第一百次、第一百零一次会议，三届全国人大常委会第十三次会议）。1965 年 7 月 22 日，依据三届全国人大一次会议的授权，三届全国人大常委会第十三次会议通过《关于 1964 年国家决算和 1965 年国家预算的决议》，批准 1964 年国家决算和 1965 年国家预算。[1] 在个别年份，甚至连全国人大常委会审议这个形式也不经过，国民经济计划和国家财政预算直接由党中央或政府部门决定。比如，1965 年 12 月 21 日，中共中央批准国家计划委员会提出的《1966 年国民经济计划纲要》。[2]

1959 年之后，尽管党和国家的政策有一些调整，一定程度上恢复了对民主法制的建设，但只是局部的、暂时的。下面是 1958 年一届全国人大五次会议到 1964 年三届全国人大一次会议，依法行使监督职权的情况。

1958 年 2 月 1 日—11 日，一届全国人大五次会议举行。会议同意全国人大常委会的建议，通过《关于罢免全国人民代表大会常务委员会民族委员会法案委员会和国防委员会中的右派分子黄绍竑等十人的职务的决议》；会议分别听取国务院副总理兼财政部部长李先念作《关于 1957 年国家预算执行情况和 1958 年国家预算草案的报告》，国务院副总理兼国家计划委员会主任薄一波作《关于 1958 年度国民经济计划草案的报告》。

1959 年 4 月 18 日—28 日，二届全国人大一次会议举行。毛泽东主席主持开幕式。会议听取国务院总理周恩来作政府工作报告，国务院副总理兼国家计划委员会主任李富春作《关于 1959 年国民经济计划草案的报告》，副总理兼财政部部长李先念作《关于 1958 年国家决算和 1959 年国家预算草案的报告》，全国人

---

〔1〕　全国人大常委会预算工作委员会预决算审查室编：《历届全国人民代表大会及其常务委员会审查通过的预决算文件集》（第一届—第六届），中国财政经济出版社 2002 年版，第 266—267 页。

〔2〕　中央档案馆、中共中央文献研究室编：《中共中央文件选集（1949 年 10 月—1966 年 5 月》第四十九册（1965 年 7 月—12 月），人民出版社 2013 年版，第 331—355 页。

大常委会副委员长兼秘书长彭真作全国人大常委会工作报告。

1960 年 3 月 30 日—4 月 10 日，二届全国人大二次会议举行。会议听取国务院副总理兼国家计划委员会主任李富春作《关于 1960 年国民经济计划草案的报告》，副总理兼财政部部长李先念作《关于 1959 年国家决算和 1960 年国家预算草案的报告》；全国人大常委会向大会提交书面的工作报告；会议通过《关于 1960 年国民经济计划、1959 年国家决算和 1960 年国家预算的决议》，决定在 1960 年要实现国民经济的"继续跃进"，号召全国各族人民努力完成 1960 年国民经济计划，为提前实现农业发展纲要而奋斗。

1962 年 3 月 27 日—4 月 16 日，二届全国人大三次会议举行。会议听取国务院总理周恩来作政府工作报告，全国人大常委会向大会提交书面工作报告；会议分别通过关于政府工作报告的决议、关于全国人大常委会工作报告的决议，批准这两个报告；会议还通过《全国人民代表大会预算委员会关于 1960 年国家预算的审查报告、关于 1960 年国家决算的决议》。

1963 年 11 月 17 日—12 月 3 日，二届全国人大四次会议举行。会议听取国务院副总理兼国家计划委员会主任李富春作《关于 1963 年国民经济计划执行情况和 1964 年国民经济计划草案的报告》，副总理兼财政部部长李先念作《关于 1963 年国家决算草案和执行情况、1964 年国家预算初步安排的报告》；全国人大常委会向大会提交书面的工作报告；会议通过相关决议，批准这几个报告。

1964 年 12 月 21 日—1965 年 1 月 4 日，三届全国人大一次会议举行。会议听取国务院总理周恩来作政府工作报告；会议审议二届全国人大常委会的书面工作报告；通过代表资格审查委员会关于代表资格的审查报告，确认本届 3037 名代表资格全部有效；会议听取谢觉哉作最高人民法院工作报告，张鼎丞作最高人民检察院工作报告，这是自 1957 年 7 月一届全国人大四次会议听取"两高"工作报告 6 年之后，重新听取"两高"工作报告；会议通过《关于政府工作报告、1965 年国民经济计划主要指标和 1965 年国家预算初步安排的决议》，批准周恩来作的政府工作报告，批准国务院提出的 1965 年国民经济计划主要指标和 1965 年国家预算的初步安排，并且授权全国人民代表大会常务委员会，在 1965 年国家预算草案编成以后，连同 1964 年的国家决算，加以审查和批准。

第三节　人大监督制度遭受严重破坏

持续时间长达十年的"文化大革命"，给党和人民造成严重灾难，人民代表大会制度建设同样遭受劫难。从 1966 年 5 月"文化大革命"开始到 1975 年，人民代表大会制度遭受严重破坏，人大工作全面停止。

1966 年 7 月 7 日，三届全国人大常委会第三十三次会议召开，在没有经过讨论的情况下，会议作出决定：三届全国人大二次会议改期召开，具体日期另行决定[1]。第三十三次会议是三届全国人大常委会的最后一次会议。此后，在长达 8 年零 6 个月

---

[1]《全国人大常委会关于改期召开第三届全国人民代表大会第二次会议的决议》，《〈全国人大常委会公报〉停刊期间全国人民代表大会及其常务委员会制定或者批准的法律及部分文件》（1966—1979 年卷），中国法制出版社 2004 年版，第 32 页。

的时间内，全国人大及其常委会没有举行过一次会议。

"文化大革命"期间，不仅没有单独编制政府预算草案（仅仅在国民经济计划中列出预算），更谈不上执行宪法关于向全国人大报告预算和决算的规定。全国人大及其常委会仅仅在名义上还保留着，实际上已名存实亡，失去了国家权力机关的作用。全国人大及其常委会的工作机构也被严重破坏。在地方，人大被彻底砸烂，被"临时权力机构"——革命委员会所取代。

第四节　人大监督职权从取消到初步恢复

四届全国人大一次会议于 1975 年 1 月 13 日—17 日召开，这标志着全国人大工作开始恢复。

一、1975 年宪法取消全国人大及其常委会监督宪法的实施和监督行政、审判、检察机关工作的职权

四届全国人大一次会议表决通过修改后的《中华人民共和国宪法》（即 1975 年宪法）和《关于修改宪法的报告》。1975 年宪法由序言，以及总纲，国家机构，公民的基本权利和义务，国旗、国徽、首都等四章组成。修改后的条文从 1954 年宪法的 106 条缩减为 30 条，不到 1954 年宪法的三分之一。

1975 年宪法关于政体或政权组织形式的规定，取消了 1954 年宪法中许多合理的规定，因而出现了较大的倒退。规定"全国人民代表大会是中国共产党领导下的最高权力机关"，同时大幅

度地取消和限制全国人大及其常委会的职权，如取消了监督宪法的实施和监督行政、审判、检察机关的工作等重要的职权。肯定地方各级革命委员会，用地方各级革命委员会代替地方各级人民代表大会，规定地方各级革命委员会是地方各级人民代表大会的常设机关，同时又是地方各级人民政府。从而，进一步肯定和发展了党政不分、政企不分、以党代政的现实，弊端非但未除，反而固化了、加剧了。

二、五届全国人大一次会议重新修改的宪法恢复全国人大监督职权

1976 年 10 月 6 日，中共中央政治局一举粉碎了"四人帮"。之后，全国人大常委会恢复活动，地方各级人民代表大会陆续召开。1978 年 2 月 26 日—3 月 5 日，五届全国人大一次会议举行。会议通过重新修改的《中华人民共和国宪法》（即 1978 年宪法），这是新中国的第三部宪法。1978 年宪法比 1975 年宪法有所进步，它在一定程度上纠正了 1975 年宪法中反映"左"的指导思想的条文。1978 年宪法采取列举的方式，分别规定了全国人大、全国人大常委会的职权，全国人大的重要职权之一是"监督宪法和法律的实施"。1978 年宪法规定，地方各级人大在本行政区域内"保证宪法、法律、法令的遵守和执行"。

五届全国人大常委会委员长叶剑英在关于修改宪法的报告中指出，从宪法的原则精神到具体条文规定，都要保证全部实施。不论什么人，违反宪法都是不能容许的。对于破坏社会主义法制、危害国家和人民的利益、侵犯人民权利的行为，必须严肃处理，情节严重的要依法制裁。我们还要依据新宪法，修改和制定

各种法律、法令和各方面的工作条例、规章制度。还要充分发挥工会、贫下中农协会、共青团、妇联和其他人民团体以及政协等的作用。为了动员和依靠广大群众的力量来保证宪法的实施，当前应该结合深入揭批"四人帮"在全国进行一次普遍的宪法宣传教育。以后还要经常进行宣传教育。[1]

---

[1] 叶剑英：《关于修改宪法的报告》，《〈全国人大常委会公报〉停刊期间全国人民代表大会及其常务委员会制定或者批准的法律及部分文件》（1966—1979 年卷），中国法制出版社 2004 年版。

/ 第二章 /

人大监督制度重新确立和发展

以党的十一届三中全会后召开的五届全国人大二次会议为标志，到1982年五届全国人大五次会议通过并公布施行《中华人民共和国宪法》（即现行宪法），人民代表大会制度实现了从初步恢复到全面恢复的过渡，人大监督制度逐步确立，人大监督实践工作逐步活跃。

第一节　人大监督制度重新确立

1978年12月18日—22日，党的十一届三中全会在北京隆重召开。会议全面深刻地总结了新中国成立以来正反两方面的经验教训，特别是"文化大革命"的沉痛教训，在作出把党和国家的工作重点转移到社会主义现代化建设上来的重大决策的同时，提出"加强社会主义民主，健全社会主义法制"的目标和任务。这次会议具有重大转折意义，重新确立了党的正确的思想路线和组织路线，开辟了我国改革开放和社会主义现代化建设的新局面，使我国社会主义民主法制建设进入了一个新的时期，人民代表大会制度建设迎来一个明媚的春天。

一、五届全国人大二次会议召开标志着人大监督制度得到全面恢复

1979年6月18日—7月1日，五届全国人大二次会议召开。

这次会议先后听取国务院副总理兼国家计划委员会主任余秋里作的《关于 1979 年国民经济计划草案的报告》，财政部部长张劲夫作的《关于 1978 年国家决算和 1979 年国家预算草案的报告》，恢复了中断 13 年的听取和审议国家预决算报告制度。

这次会议讨论了全国人大常委会提出的《关于修正〈中华人民共和国宪法〉若干规定的议案》。该议案是根据中共中央的建议，由全国人大常委会向全国人民代表大会提出的。会议通过《关于修正〈中华人民共和国宪法〉若干规定的决议》，自 1980 年 1 月 1 日起施行。该决议规定：县和县以上的地方各级人民代表大会设立常务委员会，将地方各级革命委员会改为地方各级人民政府，将县的人民代表大会改为由选民直接选举，将上级人民检察院同下级人民检察院的关系由监督改为领导。修正宪法若干规定的决议就人大监督职权作出以下规定。

1. 地方各级人民代表大会选举并且有权罢免本级人民政府的组成人员。县和县以上的地方各级人民代表大会选举并且有权罢免本级人民代表大会常务委员会的组成人员、本级人民法院院长和本级人民检察院检察长；

2. 地方各级人民代表大会代表有权向本级人民政府、人民法院、人民检察院和人民政府所属机关提出质询。受质询的机关必须负责答复；

3. 最高人民法院对全国人民代表大会和全国人民代表大会常务委员会负责并报告工作。地方各级人民法院对本级人民代表大会和它的常务委员会负责并报告工作；

4. 最高人民检察院对全国人民代表大会和全国人民代表大会常务委员会负责并报告工作。地方各级人民检察院对本级人民代表大会和它的常务委员会负责并报告工作。

　　此次修改宪法为新制定的全国人民代表大会和地方各级人民代表大会选举法、地方各级人民代表大会和地方各级人民政府组织法、人民法院组织法、人民检察院组织法提供了宪法依据。7月1日，会议通过刑法、刑事诉讼法、全国人民代表大会和地方各级人民代表大会选举法、地方各级人民代表大会和地方各级人民政府组织法、人民法院组织法、人民检察院组织法、中外合资经营企业法等七部法律。

二、全国人大依法行使监督职权步入正轨

　　1979年6月—1981年12月，全国人民代表大会召开了3次会议，分别是五届全国人大二次、三次、四次会议。五届全国人大会议共听取国务院的政府工作报告3个，国务院的计划预算报告3个，全国人大常委会工作报告3个（包括1个书面报告），最高人民法院和最高人民检察院工作报告各3个（包括各1个书面报告），修改宪法1件，制定法律14部。在监督方面，听取《关于1980、1981年国民经济计划安排的报告》《关于1979年国家预算、1980年国家预算草案和1981年国家概算的报告》《关于1980年国家决算和1981年国家概算执行情况的报告》等。

　　这一时期，自五届全国人大常委会第六次会议开始至第二十五次会议，共召开了20次常委会会议。在监督方面，听取和审议《关于邓小平副总理访问美国情况的报告》《关于李先念副总理访问坦桑尼亚、莫桑比克、赞比亚、扎伊尔非洲四国和顺访巴基斯坦情况的报告》《关于1979年工业交通生产情况和1980年任务设想的汇报》《关于中外合资经营企业法实施以来的情况汇报》《关于整顿城市治安的情况汇报和今后工作的意见》《关于

1979 年国民经济计划执行情况和 1980 年国民经济计划的安排》《关于调整 1981 年国民经济计划和国家财政收支的报告》《关于国际形势和外交工作的报告》《关于学位工作和加强学校思想政治教育工作情况的汇报》《关于目前文化艺术工作的一些情况和问题的汇报》《关于第二次中日政府成员会议的总结报告》《关于我国海上石油对外合作勘探开发情况的汇报》《关于 1982 年经济和社会发展计划草案的报告》《关于 1982 年国家预算草案的报告》《关于 1981 年国家决算的报告》《关于中美就解决美国售台武器问题达成协议的情况报告》等。[1]

三、地方人大监督制度初现雏形

五届全国人大二次会议通过的地方各级人民代表大会和地方各级人民政府组织法包括：总则，地方各级人大，县级以上的地方各级人大常委会，地方各级人民政府，共 4 章 42 条。该法对地方人大及其常委会、人民公社和镇人民代表大会的监督职权作出具体规定。

（一）县级以上的地方各级人民代表大会监督职权

1. 审查和批准本行政区域的国民经济计划和预算、决算；

2. 听取和审查本级人民代表大会常务委员会的工作报告；

3. 听取和审查本级人民政府和人民法院、人民检察院的工作报告；

4. 改变或者撤销本级人民政府的不适当的决议和命令；

5. 改变或者撤销下一级人民代表大会的不适当的决议和下一

---

〔1〕 万其刚主编：《人民代表大会制度简史》，中国民主法制出版社 2015 年版。

级人民政府的不适当的决议和命令；

6. 地方各级人民代表大会有权罢免本级人民政府的组成人员。县级以上的地方各级人民代表大会有权罢免本级人民代表大会常务委员会的组成人员和由它选出的人民法院院长、人民检察院检察长。罢免人民检察院检察长，须报经上级人民检察院检察长提请该级人民代表大会常务委员会批准；

7. 地方各级人民代表大会举行会议的时候，代表向本级人民政府和它所属各工作部门以及人民法院、人民检察院提出的质询，经过主席团提交受质询的机关。受质询的机关必须在会议中负责答复。

（二）县级以上的地方各级人民代表大会常务委员会监督职权

1. 监督本级人民政府、人民法院和人民检察院的工作，联系本级人民代表大会代表，受理人民群众对上述机关和国家工作人员的申诉和意见；

2. 改变或者撤销下一级人民代表大会的不适当的决议。

（三）人民公社、镇的人民代表大会行使下列职权

1. 人民公社、镇的人民代表大会听取和审查人民公社管理委员会、镇人民政府的工作报告；

2. 改变或者撤销人民公社管理委员会、镇人民政府的不适当的决议和命令。

第二节　人大监督制度逐步健全

1982 年 9 月、11 月，党的十二大和五届全国人大五次会议相继召开，我国人民代表大会制度进入全面恢复和发展的时期。

以公布实施现行宪法为标志，人民代表大会制度进一步健全，相应地，人大监督得到进一步发展。

一、党的十二大提出建设高度的社会主义民主

1982 年 9 月，党的十二大在北京召开。党的十二大报告提出："努力建设高度的社会主义民主，是我们的根本目标和根本任务之一。""我们一定要按照民主集中制的原则，继续改革和完善国家的政治体制和领导体制，使人民能够更好地行使国家权力，使国家机关能够更有效地领导和组织社会主义建设。社会主义民主要扩展到政治生活、经济生活、文化生活和社会生活的各个方面，发展各个企业事业单位的民主管理，发展基层社会生活的群众自治。"党的十二大通过的《中国共产党章程》规定，中国共产党领导人民发展社会主义民主，健全社会主义法制，巩固人民民主专政；应当切实保障人民管理国家事务和社会事务、管理经济和文化事业的权利；党的领导主要是政治、思想和组织的领导。当时，胡耀邦明确提出"党必须在宪法和法律范围内活动""党是人民的一部分。党领导人民制定宪法和法律，一经国家权力机关通过，全党必须严格遵守"[1]。党的十二大通过对六年来民主法制建设经验的总结，继承、丰富和发展了党的十一届三中全会关于社会主义民主和法制建设的认识，进一步重申和确认了按照民主集中制的原则，在党的领导下制定和完备各种法律的要求，成为党关于进行人大制度建设的总体指导原则。

---

〔1〕 胡耀邦：《全面开创社会主义现代化建设的新局面》，《十二大以来重要文献选编》（上），中央文献出版社 2011 年版。

二、现行宪法重塑人大监督制度

1982 年 11 月 26 日—12 月 10 日，五届全国人大五次会议在北京举行。会议听取国务院总理作《关于我国国民经济和社会发展第六个五年计划的报告》，财政部部长王丙乾作《关于 1982 年国家预算执行情况和 1983 年国家预算草案的报告》，通过《关于批准国务院 1982 年国家预算执行情况和 1983 年国家预算报告的决议》。全国人大常委会、最高人民法院、最高人民检察院分别向大会提出书面工作报告。

此次会议最重要的一项议程就是修改宪法。12 月 4 日，五届全国人大五次会议举行全体会议。会议采用无记名投票方式，表决通过《中华人民共和国宪法》（现行宪法）。现行宪法包括：序言，公民的基本权利和义务，国家机构，国旗、国徽、首都，共 4 章 138 条。这次会议通过了《中华人民共和国全国人民代表大会组织法》《中华人民共和国国务院组织法》，作出关于修改《中华人民共和国地方各级人民代表大会和地方各级人民政府组织法》的若干规定的决议。

现行宪法对新时期的根本任务和国家制度等作了一系列规定，特别是对人民代表大会制度进行了完善，使我国人民代表大会制度的发展进入一个新阶段。现行宪法对全国人大及其常委会的监督职权作出具体规定。

（一）全国人民代表大会监督职权

1. 监督宪法的实施；

2. 审查和批准国民经济和社会发展计划和计划执行情况的报告；

3. 审查和批准国家的预算和预算执行情况的报告；

4. 改变或者撤销全国人民代表大会常务委员会不适当的决定；

5. 全国人民代表大会有权罢免下列人员：中华人民共和国主席、副主席；国务院总理、副总理、国务委员、各部部长、各委员会主任、审计长、秘书长；中央军事委员会主席和中央军事委员会其他组成人员；最高人民法院院长；最高人民检察院检察长；

6. 全国人民代表大会选举并有权罢免全国人民代表大会常务委员会的组成人员。

（二）全国人民代表大会常务委员会监督职权

1. 解释宪法，监督宪法的实施；

2. 在全国人民代表大会闭会期间，审查和批准国民经济和社会发展计划、国家预算在执行过程中所必须作的部分调整方案；

3. 监督国务院、中央军事委员会、最高人民法院和最高人民检察院的工作；

4. 撤销国务院制定的同宪法、法律相抵触的行政法规、决定和命令；

5. 撤销省、自治区、直辖市国家权力机关制定的同宪法、法律和行政法规相抵触的地方性法规和决议；

6. 全国人民代表大会和全国人民代表大会常务委员会认为必要的时候，可以组织关于特定问题的调查委员会，并且根据调查委员会的报告，作出相应的决议；

7. 全国人民代表大会代表在全国人民代表大会开会期间，全国人民代表大会常务委员会组成人员在常务委员会开会期间，有权依照法律规定的程序提出对国务院或者国务院各部、各委员会的质询案；受质询的机关必须负责答复。

另外，1982年12月10日五届全国人大五次会议通过的《中华人民共和国全国人民代表大会组织法》第十七条规定：在全国人民代表大会审议议案的时候，代表可以向有关国家机关提出询问，由有关机关派人在代表小组或者代表团会议上进行说明。

三、人大监督制度逐步健全

1982年至1989年近十年间，全国人大和地方人大依据宪法和法律，积极健全人大监督制度、行使监督职权，人大监督工作取得突出进展。

（一）全国人大监督制度进一步健全

1985年，彭真同志对全国人大及其常委会如何行使监督职权作了重要论述，他说："最高国家权力机关监督什么？一个是法律监督，一个是工作监督。全国人大和它的常委会对法律实施的监督，主要是监督宪法的实施，包括履行宪法规定的职权。任何机关、任何地方如果做出同宪法相抵触的决议、决定，全国人大和它的常委会有权力、有责任予以撤销。至于对行政、审判、检察工作的监督，首先是听取和审议政府工作报告，它包括过去工作的总结和今后工作的部署。再就是审查和批准国民经济和社会发展计划，审查和批准国家的预算决算，计划和预算决算反映了各方面的工作。对最高人民法院、最高人民检察院的监督，主要也是听取和审议它们的工作报告。这是全面的基本的监督。有了重大问题，能不能管？能管。按照法律规定，权力机关有权提出质询案，必要时还可以组织关于特定问题的调查委员会。"[1]

---

〔1〕 彭真：《论新时期的社会主义民主与法制建设》，中央文献出版社1989年版，第270—271页。

第七届全国人大常委会工作要点中明确指出，工作监督的重点是加强对国民经济和社会发展计划、国家预算执行情况的监督。国务院在执行计划和预算过程中所作的部分调整方案，必须报常务会批准。提请七届全国人大二次会议审议的全国人大常委会工作报告中进一步明确和规定了两点：一是明确审查和批准国民经济和社会发展计划和计划执行情况的报告，审查和批准国家的预算和预算执行情况的报告，是人民代表大会对政府工作监督的重要内容。这些报告过去往往是临开会时发给代表，今后应提前把报告草案送交代表。计划和预算一经人民代表大会批准，政府必须遵照执行。二是规定每年第三季度，由国务院向全国人大常委会分别作计划、预算执行情况的报告。1989 年 4 月 4 日七届全国人大二次会议通过的《中华人民共和国全国人民代表大会议事规则》第三章对审查国家计划和国家预算的程序作了以下具体规定。

（1）全国人大会议举行的一个月前，国务院有关主管部门应当就计划及其执行情况、预算及其执行情况的主要内容，向全国人大财经委员会和有关专门委员会汇报，由财经委员会进行初步审查；

（2）全国人大举行会议的时候，国务院应当向会议提出计划及其执行情况的报告、预算及其执行情况的报告，并将计划主要指标（草案）、国家预算收支表（草案）和国家预算执行情况表（草案）一并印发会议，由各代表团进行审查，并由财经委员会和有关的专门委员会审查。财经委员会根据各代表团和有关专门委员会的审查意见，向主席团提出审查结果的报告，主席团审查通过后，印发会议，并将关于计划、预算的决议草案提请大会全体会议表决；

（3）计划、预算批准后，在执行过程中必须作部分调整的，国务院应将调整方案提请全国人大常委会审查和批准。

1987年11月24日，六届全国人大常委会第二十三次会议通过全国人大常委会议事规则。该规则第二十一条规定：常务委员会认为必要的时候，可以组织关于特定问题的调查委员会，并且根据调查委员会的报告，作出相应的决议；第二十二条规定：常委会全体会议听取国务院及其各部、各委员会和最高人民法院、最高人民检察院向常委会的工作报告；第二十三条规定：常委会全体会议听取工作报告后可以由分组会议和联组会议进行审议。委员长会议可以决定将工作报告提交有关的专门委员会审议，提出意见；第二十四条规定：常委会认为必要的时候，可以对工作报告作出决议。该规则细化了质询案的程序：质询案必须写明质询对象、质询的问题和内容；质询案由委员长会议决定交由有关的专门委员会审议或者提请常务委员会会议审议；质询案由委员长会议决定，由受质询机关的负责人在常务委员会会议上或者有关的专门委员会会议上口头答复，或者由受质询机关书面答复。在专门委员会会议上答复的，专门委员会应当向常务委员会或者委员长会议提出报告；质询案以书面答复的，应当由被质询机关负责人签署，并印发常务委员会组成人员和有关的专门委员会；专门委员会审议质询案的时候，提质询案的常务委员会组成人员可以出席会议，发表意见。

全国人民代表大会议事规则对全国人民代表大会行使询问、质询和特定问题调查、罢免权作出较具体的规定。

1. 询问。各代表团审议议案和有关报告的时候，有关部门应当派负责人员到会，听取意见，回答代表提出的询问。各代表团全体会议审议政府工作报告、关于国民经济和社会发展计划及计划执行情况的报告、关于国家预算及预算执行情况的报告的时候，国务院和国务院各部门负责人应当分别参加会议，听取意见，回答询问。主席团和专门委员会对议案和有关报告进行审议的时候，国务院或者有关机关负责人应当到会，听取意见，回答询问，并可以对有关议案作补充说明。

2. 质询。全国人民代表大会会议期间，一个代表团或者三十名以上的代表联名，可以书面提出对国务院和国务院各部门的质询案。质询案必须写明质询对象、质询的问题和内容。质询案按照主席团的决定由受质询机关的负责人在主席团会议、有关的专门委员会会议或者有关的代表团会议上口头答复，或者由受质询机关书面答复。在主席团会议或者专门委员会会议上答复的，提质询案的代表团团长或者代表有权列席会议，发表意见。提质询案的代表或者代表团对答复质询不满意的，可以提出要求，经主席团决定，由受质询机关再作答复。在专门委员会会议或者代表团会议上答复的，有关的专门委员会或者代表团应当将答复质询案的情况向主席团报告。主席团认为必要的时候，可以将答复质询案的情况报告印发会议。质询案以书面答复的，受质询机关的负责人应当签署，由主席团决定印发会议。

3. 特定问题调查。全国人民代表大会认为必要的时候，可以组织关于特定问题的调查委员会。主席团、三个以上的代表团或者十分之一以上的代表联名，可以提议组织关于特定问题的调查委员会，由主席团提请大会全体会议决定。调查委员会由主任委员、副主任委员若干人和委员若干人组成，由主席团在代表中提名，提请大会全体会议通过。调查委员会可以聘请专家参加调查工作。调查委员会进行调查的时候，一切有关的国家机关、社会团体和公民都有义务如实向它提供必要的材料。提供材料的公民要求调查委员会对材料来源保密的，调查委员会应当予以保密。调查委员会在调查过程中，可以不公布调查的情况和材料。调查委员会应当向全国人民代表大会提出调查报告。全国人民代表大会根据调查委员会的报告，可以作出相应的决议。全国人民代表大会可以授权全国人民代表大会常务委员会在全国人民代表大会闭会期间，听取调查委员会的调查报告，并可以作出相应的决议，报全国人民代表大会下次会议备案。

4. 罢免。主席团、三个以上的代表团或者十分之一以上的代表，可以提出对于全国人民代表大会常务委员会的组成人员，中华人民共和国主席、副主席，国务院的组成人员，中央军事委员会的组成人员，最高人民法院院长和最高人民检察院检察长的罢免案，由主席团交各代表团审议后，提请大会全体会议表决；或者依照本规则第六章的规定，由主席团提议，经大会全体会议决定，组织调查委员会，由全国人民代表大会下次会议根据调查委员会的报告审议决定。罢免案应当写明罢免理由，并提供有关的材料。罢免案提请大会全体会议表决前，被提出罢免的人员有权在主席团会议和大会全体会议上提出申辩意见，或者书面提出申辩意见，由主席团印发会议。全国人民代表大会常务委员会组成人员、专门委员会成员的全国人民代表大会代表职务被原选举单位罢免的，其全国人民代表大会常务委员会组成人员、专门委员会成员的职务相应撤销，由主席团或者全国人民代表大会常务委员会予以公告。

（二）地方人大监督制度进一步完善

从 1977 年到 1982 年，地方各级人大工作得到了比较快的恢复和比较大的发展，各省、自治区、直辖市人大及所属各县、市人大都相继建立了常委会。按照《中华人民共和国全国人民代表大会和地方各级人民代表大会选举法》和《中华人民共和国地方各级人民代表大会和地方各级人民政府组织法》的规定，1979年下半年，66个县、自治县、不设区的市和市辖区进行了直接选举的试点工作，第一批66个县级人大常委会产生。1979年8月，西藏自治区和青海省分别召开人大会议，先后成立了省级人大常委会。根据五届全国人大常委会第十次会议通过的决议，到1979年底，21个省、自治区、直辖市人大设立了常委会，其他省级人大常委会则在1980年内全部建立。设区的市、自治州的人大常委会基本上也都在1980年内建立起来了。自此，我国人民代表大会制度建设和地方人大工作进入了一个崭新的发展阶段。[1]

1986年12月2日，六届全国人大常委会第十八次会议作出关于修改《中华人民共和国地方各级人民代表大会和地方各级人民政府组织法》的决定。该决定就地方人大及其常委会询问、质询、特定问题调查、撤职、罢免以及规范性文件审查等监督职权作出规定。

1. 询问。在地方各级人民代表大会审议议案的时候，代表可以向有关地方国家机关提出询问，由有关机关派人说明。

2. 质询。地方各级人民代表大会举行会议的时候，代表十人以上联名可以书面提出对本级人民政府和它所属各工作部门以及人民法院、人民检察院的质询案，由主席团决定交受质询的机关。受质询的机关必须在会议中负责答复。在常务委员会会议期间，省、自治区、直辖市、自治州、设区的市的人民代表大会常务委员会组成人员五人以上联名，县级的人民代表大会常务委员会组成人员三人以上联名，可以向常务委员会书面提出对本级人民政府、人民法院、人民检察院的质询案，由主任会议决定交受

---

〔1〕 全国人大常委会办公厅研究室编著：《人民代表大会制度建设四十年》，中国民主法制出版社1991年版。

质询机关答复。

3. 特定问题调查。县级以上的地方各级人民代表大会及其常务委员会可以组织对于特定问题的调查委员会。

4. 撤职。在本级人民代表大会闭会期间，决定撤销个别副省长、自治区副主席、副市长、副州长、副县长、副区长的职务；决定撤销由它任命的本级人民政府其他组成人员和人民法院副院长、庭长、副庭长、审判委员会委员、审判员，人民检察院副检察长、检察委员会委员、检察员，中级人民法院院长，人民检察院分院检察长的职务。

5. 罢免。县级以上的地方各级人民代表大会举行会议的时候，主席团、常务委员会或者十分之一以上代表联名，可以提出对本级人民代表大会常务委员会组成人员、人民政府领导人员、人民法院院长、人民检察院检察长的罢免案，由主席团提请大会审议。乡、民族乡、镇的人民代表大会举行会议的时候，主席团或者五分之一以上代表联名，可以提出对乡长、副乡长，镇长、副镇长的罢免案，由主席团提请大会审议。

6. 审查规范性文件。对审查规范性文件作了更具体的规定：县级以上地方各级人大有权"改变或者撤销本级人民代表大会常务委员会的不适当的决议"；"撤销本级人民政府的不适当的决定和命令"；乡、民族乡、镇人大有权"撤销乡、民族乡、镇人民政府的不适当的决定和命令"；县级以上地方各级人大常委会有权"撤销下一级人民代表大会及其常务委员会的不适当的决议"；"撤销本级人民政府的不适当的决定和命令"。

1987 年 5 月 25 日，全国人大常委会办公厅、国务院办公厅联合发出《关于地方性法规备案工作的通知》。通知规定：地方性法规、自治条例和单行条例应于批准之日起的三十日内，将法规文本、说明、备案报告等有关材料分别报送全国人大常委会和国务院各一式十五份。报送备案的地方性法规、自治条例和单行条例及有关文件应是铅印或打印的正式文本；不要以会议文件或文件汇编的撕页报送；备案报告应加盖省、自治区、直辖市人大常委会的印章。

四、酝酿起草监督法

1982 年宪法实施后，各级人大及其常委会的监督工作有很大的进展。六届全国人大三次会议期间，许多代表对加强人大监督工作提出意见和建议。全国人大常委会从 1986 年开始酝酿监督法。万里委员长高度重视人大监督制度建设。1988 年，万里指出，根据政治体制改革的长远目标和近期目标，人大开展监督工作，需要掌握以下几点：第一，要明确人大及其常委会与其他国家机关的根本目标是一致的，人大常委会依法进行监督，目的是保证人民政府、人民法院、人民检察院有效地执行宪法和法律，是对这些机关工作的支持和促进。第二，人大常委会行使监督权，必须依照宪法和法律办事，必须避免干预或代替人民政府、人民法院、人民检察院职权范围内的工作，以保证政府统一高效运转，保证法院、检察院依法独立行使审判权和检察权。第三，要研究和制定进行监督的具体办法和程序，明确监督的内容和方式，使监督工作逐步走向制度化、法制化。为了规范监督工作制度和监督程序，1986 年 8 月全国人大常委会启动了监督立法调研工作。1990 年 5 月七届全国人大常委会成立监督法起草组开始工作，1990 年 10 月拟出全国人大及其常委会监督法草案。

第三节 人大监督工作体系初步形成

一、逐步加强宪法和法律实施的监督

1982 年至 1989 年近十年间，全国人大和地方各级人大监督宪法和法律的实施，积累了一些经验，主要包括以下三个方面。

（一）审查规范性文件，撤销或纠正同宪法、法律相抵触的法规、决议、决定、命令、规章等

1982 年颁布的现行宪法和以后制定的有关国家机构的法律对各级人大审查规范性文件方面的职权作了新的规定。1982 年宪法规定，全国人大常委会有"解释宪法，监督宪法的实施"的职权。同时规定，全国人大有权"改变或者撤销全国人民代表大会常务委员会不适当的决定"，全国人大常委会有权"撤销国务院制定的同宪法、法律相抵触的行政法规、决定和命令""撤销省、自治区、直辖市国家权力机关制定的同宪法、法律和行政法规相抵触的地方性法规和决议"。1982 年制定的全国人民代表大会组织法规定，全国人大各专门委员会的工作之一是"审议全国人民代表大会常务委员会交付的被认为同宪法、法律相抵触的国务院的行政法规、决定和命令，国务院各部、各委员会的命令、指示和规章，省、自治区、直辖市的人民代表大会和它的常务委员会的地方性法规和决议，以及省、自治区、直辖市的人民政府的决定、命令和规章，提出报告"。这就把全国人大常委会审查规范性文件的范围进一步扩大了。1988 年 7 月，七届全国人大常委会

第二次会议通过的第七届全国人大常委会工作要点，具体规定了审查规范性文件的程序："对向常委会备案的地方性法规（包括自治州、自治县的自治条例和单行条例），秘书长分别交给有关专门委员会审查，如发现有同宪法和法律相抵触的情况，由专门委员会报告常委会作出处理决定。对于自治区报请常委会批准的自治条例和单行条例，由民族委员会审查，向常委会提出批准或修改意见，由常委会决定。"

地方人大对审查规范性文件，主要采用了三种方式：一是发现下一级人大及其常委会和本级政府决议、决定、命令和规章有同宪法、法律和行政法规相抵触的情况，即召开常委会会议作出予以撤销的决定；二是督促下一级人大及其常委会进行纠正；三是人大常委会自行撤销所作出的不适当的决议、决定。如1987年，湖北省兴山县建阳坪乡首届人大四次会议就乡政府筹资办学问题作出了一项决议：全乡的教育费附加一律分摊到学生头上，由学校教师找学生家长征收。乡政府还作出补充规定，如学生拒交，不准其进教室上课，不准参加升学考试；如教师拒收，扣发其工资。这一决议公布后，引起学生家长强烈不满，造成部分学生中途退学、转学，学校教学秩序混乱。县教育委员会发现后曾要求纠正，但该乡相关人员说："这是乡镇人民代表大会会议的决定，任何人无权更改。"为了解决这个问题，兴山县人大常委会召开会议，经过审议，认为该项决议不符合义务教育法的规定，决定予以撤销。又如，1987年5月下旬，湖南省长沙、衡阳、株洲、湘潭、邵阳、岳阳等六个省辖市召开联席会议，研究收取城市市政公用设施配套建设费的问题。会后，这六个城市的政府联合制定、发布了《关于收取城市市政公用设施配套建设费的规定》，要求今后凡进行新建、扩建或改建工程的单位和个人，均要按照规定缴纳配套建设费。据统计，这个规定执行两个多月，就收费七百余万元。对此，各方面意见很大，长沙 11 所高校联名写信给省政府，要求免收这项费用。许多企事业单位还纷纷向省人大反映情况，要求纠正。湖南省人大常委会对该规定进行了调查和审议，认为省辖六市收取城市公用设施配套建设费不但违背了国务院 1986 年 46 号文件和 1987 年 5 号文件关于不准以兴办市政建设和城市公用设施为名向企事业单位摊派的规定，而且联合发布规定的做法也不符合宪法和地方组织法的有关规定。因为这个规定实际上是一个具有一定强制力的规章，而六个城市中只有长沙市有权制定规章，其他五市都没有这一职权，所以建议省人民政府撤销这一联合规定。湖南省人民政府于 1987 年 9 月 3 日决定撤销上述规定，并要求六市将已收钱款退还各单位。1990 年，江苏省兴化市人大常委会撤销市政府不适当的决定——《关于建立人民教育基金的通知》。

（二）加强对宪法和法律实施的监督，支持和督促一些地方和部门纠正违反宪法和法律的行为

全国人大及其常委会在执法监督方面的主要措施是支持和督促一些地方和部门纠正违反宪法和法律的行为。例如，一些地方在选举和任免国家机关工作人员的时候，不尊重人大代表或人大常委会委员的民主权利，对依法应由人大选举或人大常委会决定任命的干部，未履行法律程序就由上级机关直接任命或对外公布；有的不把代表或选民提出的候选人列入候选人名单，取消差额选举；有的任意调动人大选举产生的县、乡、镇干部，并且没有依照法律程序任免；有的人大常委会依法履行职权对提请任命的干部未予批准，竟受到指责；还有的对代表或委员在会议上的发言进行追究；等等。对这些不符合宪法和法律的行为，全国人

大常委会要求有关地方作出必要的处理，严格依法办事。全国人大会议和全国人大常委会会议上，代表或委员对一些地方或部门有法不依、执法不严的现象提出了尖锐批评，这是对法律实施的有力监督。例如，六届全国人大常委会第十二次会议上，委员们指出，一些地方制售假药劣药、有毒有害食品和冒牌商品的违法行为，对国家和人民群众危害很大，必须严肃处理，切实依照药品管理法、食品卫生法（试行）和商标法办事。这次会议对进一步贯彻实施上述三个法律起到很大促进作用。全国人大常委会自身也注意严格依法办事，凡是按照宪法和法律规定应由全国人大审议、决定的事项，都提请全国人大审议，凡是属于政府职权范围内的事项，常委会不作决定；凡是常委会职权范围内的事项，坚持依照宪法和法律的程序去办，认真履行职责。这就避免了一些不符合宪法和法律规定的做法。

地方各级人大及其常委会在执法监督方面也注意随时纠正违法现象。1985 年 11 月，河南省长葛县县委个别领导不经县人大及其常委会讨论决定，擅自免去县人民法院院长和副院长的职务。1986 年河南省人大常委会经过调查，督促长葛县县委、县人大常委会纠正了这一违法事件。1987 年县乡换届选举中，新疆木垒哈萨克自治县选举县人大代表的 68 个选区中，有两个选区未实行差额选举，选举乡镇人大代表的 174 个选区中，有 21 个选区未实行差额选举，其中西吉尔乡共 24 个选区，有 13 个选区搞等额选举，选出的代表占代表总数的 48%，并且已经召开了新的一届乡人民代表大会会议，选出了正副乡长。新疆维吾尔自治区人大常委会了解这一情况后，派人到搞等额选举的地方，与县乡干部一起学习法律和中央关于做好县乡选举工作的文件，引导大家增强依法办事的观念。开始有的人认为，代表已经选出来了，乡人民代表大会会议也开过了，再去纠正，群众怎么想？领导的面子往哪放？后来大家统一思想，认识到应当有错必纠，纠正错误的过程就是最生动、最实际的民主法制教育的过程。于是，重新选举了代表，西吉尔乡重新召开了人民代表大会会议。为了吸取这一教训，防止其他地方出现类似现象，新疆维吾尔自治区人大常委会还发出了《关于必须坚持差额选举的通知》。

（三）有选择地对一些法律的实施情况进行调查、视察或检查

第七届全国人大常委会工作要点在"加强监督工作"中规定："常委会要有选择地对一些重要法律的实施情况进行检查，如发现违宪违法问题，包括司法机关在处理重大案件中的违法行为，要向有关执法部门提出意见，督促其严肃执法。有关执法部门要将处理结果报告常委会。必要时，常委会可组织特定问题调查委员会，并作出相应的决议。"这一规定，既是对地方人大进行执法检查做法的肯定，也是总结全国人大各专门委员会的实践经验而作出的。1986年，根据委员长会议的决定，全国人大教科文卫委员会、财经委员会会同国务院有关部门，就实施义务教育法的问题，分赴江苏、湖南、四川等省进行调查，重点了解实施九年义务教育的规划、存在的主要问题和采取的措施，提出要区别不同地区、不同情况，因地制宜、实事求是地制定实施义务教育法的规划，促进了这个法律的贯彻实施。1989年，全国人大常委会组织森林法执行情况视察组，分赴六省、自治区，比较全面地了解森林法实施的情况和存在的主要问题，强调必须依法护林，坚决打击毁林犯罪行为，健全林业法制，使森业法的实施进一步落到实处。

这一时期，一些地方人大常委会有针对性地对一些法律、法

规、决议的实施情况进行视察和检查，取得较好的效果。1983 年
5 月中旬，沈阳市第九届人大常委会对宪法贯彻落实情况进行了
为期一个月的执法检查。这次执法检查是在 1982 年宪法实施后
不久进行的，也是我国地方人大常委会开展的第一次执法检查。
此后，不少省、自治区、直辖市的人大常委会定期进行执法检
查，形成制度，有的还在监督条例中作了专门规定。如黑龙江省
人大常委会主任工作暂行条例中专设"检查"一节，规定"检
查是省人大常委会在本行政区域内对宪法、法律、行政法规、地
方性法规以及权力机关的决议、决定的执行情况进行的检查和督
促活动"，并对检查的程序作了规定。地方人大常委会组织的执
法检查，通常同政府、法院、检察院或下级人大常委会一起进
行，发现问题后或作出严格执法的决定，或把建议、批评和意见
告知有关党组织，以促进法律的实施。1985 年 10 月 11 日，陕西
省人大常委会组织各级政府和林业有关部门，以及省市县各级人
大代表 7000 多人，进行了一次森林法贯彻执行情况的检查。检
查组深入 27 个县及一些林业场站进行重点检查，先后查看了百
余处抚育、采伐和木材交易现场，访问了上千户林业专业户，召
开了 50 多次座谈会。通过检查，对一批毁林案件落实了查处措
施；对一些长期遗留下来的山林权属争议，提出了解决办法；纠
正了一些地方作出的与森林法相抵触的规定，对依法护林、制止
乱砍滥伐起到积极作用。1983 年以来，四川省一些地方不按土地
法规办事，土地管理失控、乱占滥用土地的现象比较严重。从
1985 年 7 月至 1986 年底，四川省人大常委会先后四次听取了省
政府关于乱占滥用土地情况的汇报，对国家建设征用土地条例及
土地管理法的实施情况进行了调查和检查，提出了依法强化土地
管理的意见，要求省政府采取有力措施，认真贯彻执行土地法

规。在四川省人大常委会的监督和推动下，省政府对 1983 年以来的非农业用地进行了清理，一大批违法占地案件得到处理，刹住了乱占土地、滥用耕地的歪风。

二、逐步加强对行政、审判、检察机关的工作监督

对行政、审判、检察机关的工作监督主要是监督"一府两院"的工作是否符合宪法、法律的原则，是否正确执行党和国家的方针政策，是否符合人民的根本利益。这一时期，各级人大及其常委会对"一府两院"的工作监督逐步加强。主要表现在三个方面。

（一）加强了对国民经济和社会发展计划、财政预算的审查监督

根据宪法和法律的规定，全国人大审查和批准国民经济和社会发展计划和计划执行情况的报告，审查和批准国家的预算和预算执行情况的报告；全国人大常委会在全国人大闭会期间审查和批准国民经济和社会发展计划、国家预算在执行过程中所必须作的部分调整方案；地方各级人大在本行政区域内，审查和决定地方的经济建设、文化建设和公共事业建设的计划，审查和批准本行政区域内的国民经济和社会发展计划、预算以及它们的执行情况的报告；县级以上的地方各级人大常委会根据本级人民政府的建议，决定对本行政区域内的国民经济和社会发展计划、预算的部分变更。行使上述职权，是国家权力机关对政府工作监督的重要方面。

据统计，1982 年 1 月至 1989 年 9 月，从五届全国人大五次会议开始至党的十三届四中全会，全国人大会议共召开 7 次。全

国人大会议听取和审议《关于 1984 年国民经济和社会发展计划草案的报告》《关于 1983 年国家决算和 1984 年国家预算草案的报告》《关于 1985 年国民经济和社会发展计划草案的报告》《关于 1984 年国家预算执行情况和 1985 年国家预算草案的报告》《关于 1987 年国民经济和社会发展计划草案的报告》《关于 1986 年国家预算执行情况和 1987 年国家预算草案的报告》《关于 1988 年国民经济和社会发展计划草案的报告》《关于 1987 年国家预算执行情况和 1988 年国家预算草案的报告》《关于 1989 年国民经济和社会发展计划草案的报告》《关于 1988 年国家预算执行情况和 1989 年国家预算草案的报告》等。[1]

地方人大在计划和预算监督方面作了一些可贵的尝试和探索。1988 年 10 月，安徽省七届人大常委会第六次会议制定了《安徽省预算管理暂行办法》，其中第十八条规定：由本行政区域经济发展变化引起的预算变动，属预算变更。省级预算变更达到下列幅度之一的，必须报省人大常委会审议决定：（1）实现支出预算总额预计超过预算总额 5% 以上；（2）收入预算一类实现额预计低于本类预算额 10% 以上；（3）基本建设、支援农业生产、文教卫生事业费、科学事业费、科技三项费用、行政管理费等类支出中一类的实现额预计超过或低于本类预算的 10% 以上。从本省实际出发，对"部分变更"作出数量界定，是财政监督的重要突破和进展。又如，1989 年，山西省人大及其常委会对计划和预算监督工作作了以下改进：一是人大常委会事先了解政府对计划和预算的安排情况，提出初审意见和建议；二是人大常委会全体会议对计划和预算草案进行初审，并提出书面意见供政府修订计

---

〔1〕 万其刚主编：《人民代表大会制度简史》，中国民主法制出版社 2015 年版。

划、预算时考虑；三是在人民代表大会会议期间成立计划和预算审查委员会，负责对计划和预算进行正式审查，并集中代表们的审议意见，向大会提出审查报告。由于参与早、工作细，提出的审查意见受到政府的重视，促使计划、预算监督工作前进了一步。在预算监督方面，武汉市七届人大常委会第四十次会议通过的《关于批准追加 1987 年能源交通基金支出预算的决定》也是一个突出的例子。1987 年 8 月 27 日，武汉市人民政府向市人大常委会提请审议追加 1987 年能源交通基金支出预算的报告。报告提出："市七届人大五次会议审议批准我市 1987 年支出预算为85385 万元，其中能源交通重点建设项目支出预算为 850 万元，由于汉口民用煤气、葛化热电站等项目建设进度加快，国家计委又先后批准了两个小型热电项目，需要进行设计和订购设备，致使能源交通重点建设项目支出预算增加为 1450 万元。为了尽快把这几个项目搞上去，建议追加 1987 年财政支出预算 600 万元，追加财政支出预算资金在上年能源交通重点建设基金结余中安排。"市人大常委会主任会议研究认为，对财政预算的部分变更，属于法律有明确规定的地方人大常委会讨论决定的重大事项，决定提交人大常委会审议，并责成财经工作委员会在调查的基础上提出意见。财经工作委员会调查了解后认为，市政府报告中反映的情况属实，建议追加的 600 万元资金来源正常，用途正当，市财政部门对这笔资金的支出也严格按法律程序办事。在 9 月举行的市人大常委会第四十次会议上，市人民政府副市长作了关于提请审议追加 1987 年能源交通基金支出预算的报告，有关部门负责人作了关于追加财政支出预算的说明，市人大常委会财经工作委员会负责同志汇报了财经工作委员会调查的情况和意见。最后，经过委员们认真审议，一致通过了《关于批准追加 1987 年能源交通基金支出预算的决定》。

(二) 听取和审议"一府两院"的工作报告逐步形成制度

这一时期,全国人大常委会每年都要围绕经济建设和改革开放的重大问题听取国务院及其有关部门或最高人民法院、最高人民检察院的报告。据统计,从1983年3月5日五届全国人大常委会第二十六次会议开始,到1989年3月9日七届全国人大常委会第七次会议,共召开34次会议。听取或审议国务院及其部门、最高人民法院、最高人民检察院的多项报告。听取或审议国务院及其有关部门的报告、汇报主要有:《关于文化艺术工作中精神污染的一些情况和问题的报告》《关于加强学校思想政治工作保护青少年健康成长的报告》《关于广播电视系统精神污染的一些情况和问题的报告》《关于当前国际形势和一年多来的外交工作的报告》《关于我国当前经济情况的报告》《关于目前对外贸易工作情况的报告》《关于中国体育代表团参加第二十三届奥运会的情况汇报》《关于中国女排夺得奥运会比赛冠军的情况汇报》《关于经济特区建设和沿海十四个城市进一步开放工作进展情况的报告》《关于黄河、长江、淮河、永定河防御特大洪水方案的报告》《关于审计机关建立以来工作情况的报告》《关于当前产品质量状况和改进措施的报告》《关于我国当前的经济形势的报告》《关于今年价格改革的情况的报告》《关于1985年的国际形势和我国的外交工作的报告》《关于1985年国家决算的报告》《关于1985年审计工作的报告》《关于我国核电建设情况和发展方针的报告》《关于劳动制度改革问题的汇报》《关于一些高等院校少数学生闹事的情况汇报》《关于1986年经济发展的情况和1987年经济和社会发展计划重点的汇报》《关于1986年国家预算执行情况的汇报》《关于农业生产情况的汇报》《关于

1986 年贯彻实施全国人大常委会〈在公民中基本普及法律常识的决议〉情况的报告》《关于 1986 年国家决算的报告》《关于大兴安岭特大森林火灾事故和处理情况的汇报》《关于审计工作的报告》《关于农业生产问题的汇报》《关于 1987 年国家决算的报告》《关于我国教育工作一些情况的汇报》《关于公安工作和当前社会治安情况的报告》《关于文物保护法实施情况的报告》《关于价格、工资改革初步方案制定情况的汇报》《关于当前农业生产形势和明年工作安排的汇报》《关于当前经济情况和明年的计划安排的汇报》《关于普及法律常识工作情况的报告》等。听取最高人民法院、最高人民检察院的报告或汇报主要有：《关于严厉打击流氓团伙分子利用海淫性物品进行犯罪活动的情况汇报》《关于严厉打击严重经济犯罪活动的几个问题的汇报》《关于检察机关打击严重经济犯罪活动工作情况的报告》等。听取全国人大专门委员会的说明或汇报主要有：《谴责美国国会制造"两个中国"严重事件的说明》《关于今年 1 月六届全国人大常委会第十四次会议期间 57 名委员联名提出的议案的处理情况的汇报》等。[1]

　　全国人大及其常委会会议召开之前，代表和常委会组成人员都进行视察和调查研究，在审议工作报告时能够提出比较中肯的、有分量的审议意见，对"一府两院"的工作有很大促进作用。在五届全国人大三次会议上，代表们针对 1984 年我国经济发展过热的问题，在审议政府工作报告时强调，在执行 1985 年国民经济和社会发展计划的过程中，必须坚持实事求是、稳步前进的方针，防止和纠正片面追求增长速度的现象，要在提高经济

---

〔1〕　万其刚主编：《人民代表大会制度简史》，中国民主法制出版社 2015 年版。

效益的前提下求得实实在在的发展速度。在七届全国人大二次会议上，代表们在听取和审议国务院所作的《坚决贯彻治理整顿和深化改革的方针》工作报告后，强调指出要克服在经济建设中急于求成的倾向，坚决抑制需求过旺、经济过热、物价上涨过猛的现象，保证国民经济的长期稳定协调发展。在此后几年的人民代表大会会议上，代表们反映了人民群众普遍关心的物价、工资、农业、教育、社会治安及惩治腐败等"热点"问题，对政府工作既肯定成绩，又指出问题，提出了许多好的意见和建议。国务院对这些意见和建议很重视，在七届全国人大一次会议后，就立即组成了几个专题小组进行调查研究，对代表们提出的问题逐一制定解决的方案。1989 年全国人大常委会听取和审议了国家工商行政管理局关于清理整顿公司情况的汇报，国家监察部关于反贪污、贿赂和反腐败斗争情况的汇报。在听取和审议清理整顿公司情况的汇报时，委员们对清理整顿工作提出许多尖锐批评，对国务院触动很大。国务院随即在常务会议上，制定了关于清理整顿公司的四条措施：一是成立领导小组，加强组织领导；二是首先从国务院做起，下决心清理整顿好国务院及其部门所属的公司；三是请人大代表、政协委员、民主党派成员参加这项工作；四是严格把关，绝不走过场。应国务院邀请，53 位全国人大代表参加了清理整顿公司和物价、税收、财务检查，有力地促进了这些工作的开展。在听取和审议反贪污、贿赂和反腐败斗争情况的汇报时，委员们指出，惩治腐败和严厉打击贪污、贿赂，是关系我们国家生死存亡的严重斗争，必须痛下决心，采取措施，排除阻力，抓出成效；要坚持在法律面前人人平等，该受惩罚的，不管是谁，都要绳之以法；对大案要案要抓紧查处，群众反映强烈的要公之于众，以便取信于民，振奋人心。全国人大各专门委员会也多次听取了国务院有关部门及最高人民法院、最高人民检察院的工作汇报，协助全国人大及其常委会加强工作监督。

（三）在受理申诉、控告、检举方面做了大量的工作

宪法规定，公民对于任何国家机关和国家工作人员的违法失职行为，有向有关国家机关提出申诉、控告或者检举的权利。地方各级人民代表大会和地方各级人民政府组织法在列举县级以上地方各级人大常委会的职权时，也规定可以受理人民群众对"一府两院"及其工作人员的申诉和意见。这是国家权力机关对"一府两院"工作监督的重要内容之一。

第七届全国人大常委会工作要点特别对"认真受理人民群众的申诉、控告和检举"作了规定：凡属直接控告全国人大及其常委会选举、决定和任命的国家工作人员违宪违法情节严重的，由常委会责成有关部门查清事实，进行处理。其他申诉、控告或者检举交由最高人民法院、最高人民检察院、国家监察委员会及地方人大常委会处理，限期向常委会报告结果。这一时期，这类申诉案件日渐增多，全国人大常委会办事机构每年收到人民来信十万多件，其中大部分转有关部门处理，也有一部分由常委会委托专门委员会或办事机构直接过问或组织调查，提出处理意见。如辽宁省鞍山市台安县有三位律师，因履行正常律师的职责被诬为"包庇罪犯"而被判刑，酿成冤案。经全国人大常委会派人反复调查，并督促有关司法机关重新审理，最终给三位律师平反。地方各级人大常委会在受理申诉、控告、检举方面也做了大量工作。如上海市中级人民法院以虞某故意杀人罪判其死刑，缓期二年执行，剥夺政治权利终身。虞某不服，多次上诉，均被驳回。1987年底虞某及其家属用血书"冤"字向上海市人大常委会提出申诉。市人大常委会经过调查研究，并多次听汇报，认为虞案

事实不清，定罪缺乏证据，建议司法机关认真复查。上海市高级人民法院于 1989 年作出再审判决，撤销了原判，对虞某宣告无罪释放。

在受理申诉、控告、检举中，往往牵涉对法院、检察院的工作监督。人大监督要不要涉及具体案件，曾有过不同看法。经过在实践中不断总结经验，各级人大常委会逐渐取得共识。七届全国人大二次会议上全国人大常委会工作报告指出，"人大在监督法院和检察院的工作时，不直接处理具体案件。如对法院、检察院的工作有意见，可以提出质询和询问。纠正错案应由法院、检察院严格按照法律程序去办。人大如果对法院、检察院处理的特别重大案件有意见，可以听取法院、检察院的工作汇报，也可以依法组织调查，如确属错案，可以责成法院、检察院依法纠正或处理"。这样做，就使人大对"两院"的工作监督既尽到国家权力机关的职责，又不妨碍"两院"独立行使审判权和检察权。

三、刚性监督手段在监督实践中得到较广泛运用

国家权力机关的刚性监督手段主要有：询问、质询、特定问题调查、罢免和撤职。随着人民代表大会制度的不断完善，这些刚性监督手段不但从法律规定上日臻完备，而且在监督实践中特别是在地方人大监督实践中得到较广泛运用。

（一）询问和质询

这一时期，在全国人大会议上，国务院及各部委负责人在代表审议报告时，深入各代表团和代表小组，面对面地听取意见，回答询问，受到代表的普遍欢迎。1980 年 9 月，五届全国人大三次会议上，170 多名北京团代表就新中国成立以来投资最大的

"上海宝钢工程建设问题"向冶金部提出质询。代表们还对宝钢建设的规模、环保、进口矿石等问题提出质疑。时任冶金部部长唐克等，回答了代表们的质询，详细介绍了有关数据。地方人大及其常委会经常运用质询手段监督"一府两院"的工作。1985年2月，湖北省邮电局以扩大信函范围、增收各种服务费用为由，变相提高邮资55种。武汉市葛店化工厂的污染问题，长期得不到解决，直接威胁着人民群众的健康。在同年4月召开的湖北省六届人大三次会议上，鄂西土家族苗族自治州代表团、荆州地区22名代表和鄂州市代表团分别就上述两个问题对省邮电局和省石化厅提出了质询。省邮电局、石化厅的负责人和分管副省长对质询作了认真答复和自我批评。事后省邮电局以加急电报通知全省各邮电局立即停止涨价文件，并退还多收用户的邮资32万多元。关于葛店化工厂污染问题，省政府责成环保局会同石化厅、武汉市政府、鄂州市政府组成专门班子，采取措施对污染进行治理。1989年4月，吉林省延边朝鲜族自治州九届人大常委会第十次会议上，有11名常委会组成人员就州内影响较大的7个案件的超审限三年以上问题，向公安局、检察院、法院三家单位提出质询，公、检、法三家单位负责人到会分别作了检讨性答复。事后不到两个月，这7起案件均得到公正处理。1990年6月23日，江苏省兴化市政府发出《关于建立人民教育基金制度的通知》，规定教育基金从全民、集体性质单位的干部、职工收入中按2%征收。在同年7月5日召开的兴化市十届人大常委会第二次会议上，翟林森等8位委员联名提出《关于建立人民教育基金制度有关问题的质询案》。时任兴化市市长胡炼到会作了口头答复。市人大常委会组成人员经过认真审议认为，教育基金从干部、职工收入中征收无法律依据，也不符合中央和省有关文件精神。会议决定，市政府停止执行通知中有关征收的规定。同年 7 月 25 日，兴化市政府发出《关于建立人民教育基金制度的补充通知》，停止执行原通知中的征收规定。[1]

（二）特定问题调查

截至 1989 年，全国人大尚未有组织特定问题调查委员会的先例。这一时期，一些地方人大及其常委会开始运用这一刚性手段。1989 年 5 月，湖南省七届人大二次会议，根据 10 个代表团的 431 名代表提出的议案，决定组织清理整顿公司调查委员会。调查委员会的组成人员由主席团在代表中提名，大会通过。调查委员会通过听取省人民政府和有关部门关于清理公司情况的汇报、对群众反映较大的 5 个公司进行重点抽查以及受理群众举报等方式，积极进行调查工作，最后向省人大常委会提交了调查报告，对全省清理整顿公司工作起到推动作用。1989 年 4 月，在河北省东亭县九届人大三次会议上，有 10 名代表提出了"芦河电化厂尽快停建转项、避免造成重大经济损失"的议案。人民代表大会会议后，县人大常委会为查清和解决这一问题，组织了有部分县人大常委会委员、代表及有关部门的工程师、经济师、会计师等 18 人参加的芦河电化厂特定问题调查委员会。调查委员会通过深入调查，查实该厂确属压缩项目，如不及时下马将会造成重大经济损失。县人大常委会听取了调查委员会和县政府的报告，决定督促县政府对该厂立即采取停建专项措施。

（三）罢免和撤职

截至 1989 年，全国人大尚未行使过罢免权。1987 年，全国人大常委会根据国务院提请，撤销林业部部长职务；1989 年 9

---

[1] 王森：《一件令人难忘的质询案》，《人民代表报》2023 年 5 月 27 日，第 8 版。

月，全国人大常委会根据中央军委主席提请，撤销中央军委副主
席职务。这一时期，一些地方人大对违法失职或不称职的国家机
关工作人员采用了罢免和撤职的监督手段。1985 年，天津市人大
常委会撤销了徇私枉法的市中级人民法院审判员、刑事审判第三
庭副庭长张文举的职务；1986 年，江西省人大罢免了腐化堕落、
滥用职权、包庇走私、泄露机密的倪献策的省长职务；1986 年，
南京市人大常委会撤销了泄露国家机密的丁永安的副市长职务。
1989 年 5 月召开的湖南省七届人大二次会议上，代表们就清理整
顿公司的问题向省政府提出质询案，负责该项工作的副省长杨汇
泉在回答代表质询时，对涉及省政府负责人子女、亲戚在公司任
职等相关情况一问三不知。177 名代表很不满意，联名对杨汇泉
的副省长职务提出罢免案，结果以 506 票赞成、162 票反对、98
票弃权获得通过。

第四节　对地方人大监督工作的积极探索

从 20 世纪 80 年代的中后期开始，在遵守宪法、法律的前提下，
地方各级人大充分发挥主观能动性，不断探索和改进监督方式，拓
宽监督渠道，加大监督力度，监督工作得到不断改进和加强。地方
各级人大常委会从实际出发，对人大监督工作进行了许多新的探索
和尝试，创造了工作评议、述职评议、个案监督等监督形式。

一、工作评议

工作评议一般是指人大及其常委会组织对本级人民政府及其

所属部门、人民法院、人民检察院的工作进行监督的一种形式。

（一）工作评议的起源和发展

1982年，黑龙江省哈尔滨市南岗区人大常委会首开先河，率先组织委员和代表对"一府两院"及街道办事处、派出所的工作进行评议，工作评议由此应运而生。[1] 20世纪90年代初期，全国各地的乡镇人大普遍开展了评议"七所八站"的活动，并逐步向县级延伸。随后，各地的工作评议和述职评议从层次上由乡、县向市、省推进。到1994年，全国各地从乡、镇人大到省级人大普遍开展了评议工作。人大评议经过发展，逐渐成为地方人大开展监督的主要形式，并取得了良好的效果。1995年3月11日，全国人大常委会在第八届全国人大第三次会议上所作的工作报告中指出："近些年来，地方人大及其常委会在开展监督工作方面，创造了一些好的经验和做法，许多地方人大组织代表评议政府、法院、检察院的工作，取得了较好的效果，应当不断总结经验，在实践中进一步完善，使监督工作更富有成效。"此后，全国人大常委会多次对地方人大常委会的评议工作给予肯定和支持，这一监督方式得到地方各级人大常委会普遍重视，成为地方人大对"一府两院"进行监督的一种重要形式。80年代后期到90年代，工作评议由点到面，由下到上，逐步扩大，逐级推进，全国各级地方人大普遍开展了工作评议。

监督法实施后，地方人大对评议工作的探索仍在继续。随着监督法的深入实施，越来越多的人大工作者认识到，开展工作评议能体现人大常委会监督的特点，发挥人大常委会的监督优势。党的十八大以来，地方人大常委会积极推进人民代表大会制度理

---

〔1〕 人民代表大会制度研究所：《地方人大常委会30年——重大事件回放与点评》，人民日报出版社2010年版。

论和实践创新，地方各级人大常委会开展工作评议逐渐增多，工作评议的内容涵盖面越来越广泛。各地开展工作评议的内容主要来源于五个方面：一是事关当地改革发展稳定大局的问题和党委中心工作贯彻落实情况；二是各级人大常委会在开展执法检查中发现的突出问题；三是人大代表对"一府两院"工作提出的建议、批评和意见集中反映的问题；四是各级人大专委会、常委会工作机构在调查研究中发现的突出问题；五是人民来信来访集中反映的问题。地方各级人大开展工作评议总的态势是县级人大最为活跃，市级人大次之，省级人大再次之。以贵州省为例，2015年省人大常委会对食药监局有关全省食品安全工作情况开展工作评议，全省7个市州中只有六盘水市人大常委会没有开展工作评议。贵阳市人大常委会对国有资产监督管理工作、城市综合执法工作、全市扶贫开发工作开展评议；遵义市人大常委会对水务工作开展评议；安顺市人大常委会对市人大常委会关于固体废物污染环境防治法执法检查报告的审议意见落实情况、市人大常委会关于进一步贯彻实施《贵州省扶贫开发条例》的建议落实情况、城乡规划法贯彻实施情况、市级国有资产管理工作、市法院司法公开工作、市检察院公诉案件执法规范化工作开展评议；铜仁市人大常委会对卫生计生工作开展评议；黔东南州人大常委会对州中级人民法院、发改委、民宗委、国土资源局、环保局、文体广电新闻出版局、扶贫办7个部门开展工作评议；黔西南州人大常委会对水务工作开展工作评议。贵阳市所辖9个县市区中，有5个县市区人大常委会开展工作评议。花溪区人大常委会对文化旅游创新区建设工作开展评议；乌当区人大常委会对教育均衡发展、交通安全、食品安全工作开展评议；观山湖区人大常委会对民政局等6家政府工作部门开展工作评议；清镇市人大常委会对扶贫开发工作开展工作评议；修文县人大常委会对工信工作、生态文明建设工作开展评议。[1]

（二）工作评议实践特点

从实践情况看，地方人大开展工作评议形式多样，基本做法大体一致。评议过程一般都经过准备、调查、评议和整改四个阶段。

工作评议实践特点为：一是评议方式多数是结合听取专项工作报告并开展工作评议；二是评议对象主要是政府及其工作部门，较少对法院和检察院开展工作评议；三是工作评议过程中，大多数有进行满意度测评票决环节；四是评议主体主要是常委会组成人员，但有的评议也邀请人大代表参与，或向社会各界征求意见建议。[2]

（三）工作评议制度建设

1987 年，辽宁省各级人大常委会监督司法工作的暂行规定率先将评议工作纳入地方性法规。之后，广东、山西、安徽、江西、内蒙古等省、自治区制定了各级人大常委会或各级人大代表评议工作条例，条例对评议的组织、评议的对象和内容、评议的方式和程序都作出了详细规定，评议工作逐步走上法治化、规范化的轨道。监督法出台后，省级人大把工作评议写入监督法实施办法或监督条例。河南省的监督法实施办法第四条规定："对关系改革发展稳定大局和群众切身利益、社会普遍关注的重大问题，本级人民政府、人民法院和人民检察院工作中存在的问题，

---

〔1〕 贵州省人大常委会研究室调研处：《地方人大开展工作评议的对策思考》，《中国人大制度理论研究》2018 年第 3 期。

〔2〕 胡研：《20 年来省级人大常委会工作实践与探索——全国省级人大常委会负责人座谈会综述》，《人大研究》2000 年第 6 期。

常务委员会可以听取专项工作报告，组织评议。"湖北省的监督法实施办法第十一条规定："常务委员会听取和审议专项工作报告，可以组织常务委员会组成人员、人大代表对报告机关的专项工作进行工作评议。"四川省的监督法实施办法第二十四条规定："常务委员会听取和审议专项工作报告，可以组织常务委员会组成人员、人民代表大会代表对同级人民政府、人民法院、人民检察院的专项工作进行评议。""常务委员会根据工作评议情况可以对专项工作进行满意度测评，测评分为'满意''基本满意''不满意'。"重庆市的监督法实施办法第十六条规定："人大常委会在听取和审议专项工作报告时，可以组织人大常委会组成人员、本级人大代表对报告机关的专项工作进行评议。"贵州省各级人大常委会监督条例第十九条规定："常务委员会听取和审议专项工作报告，可以组织常务委员会组成人员和本级人民代表大会代表进行工作评议。"安徽省各级人大常委会监督条例第二十四条规定："在进行工作评议时，可以要求同级人民政府审计部门提出对被评议单位相关工作的审计报告，并可以组织对被评议单位有关工作人员进行法律知识考试。"贵州省于2014年出台了《贵州省人民代表大会常务委员会关于开展工作评议的实施办法》，办法共18条，对工作评议的对象、内容、程序等作了原则性的规定。同时，其他地方部分市县人大常委会也出台了相应的地方性法规或者规范性文件，比如贵阳市人大于2013年出台了《贵阳市人民代表大会常务委员会工作评议办法》，黔西南州人大制定了《黔西南州人民代表大会常务委员会组织开展工作评议暂行办法》，修文县出台了《修文县人民代表大会常务委员会工作评议暂行办法》。

（四）满意度测评

满意度测评在20世纪90年代就已见公开报道。20世纪80

年代许多地方人大常委会开展工作评议，也有满意度测评之
举。[1] 1999 年 11 月，湖北省竹山县十四届人大常委会第七次会
议听取县政府关于村民委员会组织法贯彻执行情况的报告并进行
无记名投票表决，结果满意票 4 张，基本满意票 3 张，不满意票
10 张，报告没有通过。2007 年 1 月 1 日监督法施行以来，因
"工作评议"未被写进监督法，地方人大常委会一度极少开展工
作评议。虽然监督法没有明确"工作评议"，但是全国人大常委
会有关监督法制定过程的说明和解读中，并没有叫停"工作评
议"，而是把它作为听取和审议专项工作报告的一种延伸和细化。
时任全国人大常委会委员、全国人大法律委员会副主任委员、全国
人大常委会法工委主任胡康生说："监督法从我国的国情和实际出
发，与经济体制、政治体制、文化体制等各方面的改革进程相适应，
稳妥地将述职评议、个案监督规范为工作评议。"[2] 这充分表明，
虽然"工作评议"没有写入监督法，但开展工作评议是符合监督法
要求的，而满意度测评作为工作评议的一种延伸，自然也符合监督
法的法理要求。在实践中，各地人大常委会不仅把满意度测评普遍
运用到专项工作评议中，而且拓展到其他监督工作中。从某种意义
上说，满意度测评的兴起是"述职评议""个案监督"被叫停后，
地方人大监督手段乏力情况下的一种"逆势上扬"。

1. 满意度测评广泛运用

随着监督法的深入实施，满意度测评监督创新实践在全国各
地遍地开花。从各地人大开展满意度测评情况看，主要有以下 9

---

〔1〕 邹庆键、曾文生、温一鹤：《人大满意度测评的若干分析》，《人大研究》
2014 年第 10 期。

〔2〕 胡康生：《监督法的制定过程和指导思想》，中国人大网，http：// www. npc.
gov. cn/zgrdw/npc/xinwen/rdlt/rdjs/2006-11/07/content_353968. htm。

种类型。

（1）测评专项工作报告，即人大常委会会议在听取和审议"一府两院"专项工作报告的基础上，常委会组成人员对专项工作报告进行满意度测评。例如，2008年，广西壮族自治区北海市人大常委会在对环境污染整治工作开展工作评议中投了不满意票后，新闻媒体十分关注，《人民日报》、凤凰卫视等媒体及网络媒体进行了报道，引起很大反响。[1] 2011年9月23日上午，在山西省十一届人大常委会第二十五次会议第三次全体会议上，61位常委会组成人员采用无记名表决方式，对全省水利工作情况的报告进行了满意度测评。经现场统计，委员们对全省水利工作情况表示总体满意。这是山西省人大常委会首次对省政府专项工作报告开展满意度测评。2011年10月21日，湖北省宜都市六届人大常委会第三十五次会议听取和审议了医药卫生体制改革工作情况的专项工作报告。审议结束后，常委会组成人员和列席会议的市人大代表，对市政府深化医药卫生体制工作情况进行了满意度测评，测评满意率为40%，定为"不满意"等次。按照规定，初次测评为不满意的，两个月内听取审议意见落实情况的报告，并就有关事项提出处理的补充报告。2011年12月，宜都市七届人大常委会第三次会议，听取和审议了市政府关于深化医药卫生体制改革工作情况报告审议意见整改落实情况的报告，经满意度测评，该报告全票通过。至此，全市医药卫生体制改革工作情况实现了从首次测评满意率40%到最终满意率100%的嬗变。2014年1月15日—16日，江西省十二届人大常委会第八次会议听取和审议了省政府《关于落实优化发展环境情况专题调研报告及省人

---

[1]　陈书侨：《对工作评议的再认识》，《人大研究》2011年第1期。

大常委会审议意见情况的报告》，就省政府及有关部门优化发展环境专题调研整改落实情况开展了专项工作评议及满意度测评，48 位省人大常委会组成人员参加测评。满意度测评结果表明，常委会组成人员对省政府及有关部门整改工作总体满意度为 89.6%。[1]

（2）测评履职情况。例如，2017 年，河北省石家庄市教育局、交通运输局等政府部门主要负责人向市人大常委会报告履职情况。对于综合评价"不满意"票超过 30% 的负责人，人大常委会建议由市政府主要领导进行约谈、督促整改。2022 年 2 月 24 日，在广东省南雄市十六届人大二次会议期间，首次组织 27 个政府组成部门负责人就 2021 年工作面对面向人大代表述职，其他 33 个垂直管理、窗口单位进行书面述职。人大代表以无记名投票的方式，根据政府组成部门的现场述职情况、实际工作成效，按照"满意""基本满意""不满意"三个等次，现场对"一府两院"及其相关部门履职情况进行测评"打分"。对测评满意度排名靠前的 2 个单位，由市委进行表彰，对排名靠后的 5 个单位将进行约谈，对排名末位的 2 个单位将开展工作评议。

（3）测评审议意见研究处理情况，即人大常委会会议在听取和审议"一府两院"关于审议意见落实情况报告的基础上，常委会组成人员以无记名投票方式，对审议意见提出的具体建议是否落实到位进行满意度测评。例如，2014 年 5 月 22 日，福建省人大常委会首次对关系民生的省政府关于研究处理《省人大常委会会议对我省城市公共交通事业发展情况报告的审议意见》情况的报告进行满意度测评。测评结果分为满意、基本满意、不满意三

---

〔1〕 袁思东：《江西省人大常委会首次开展工作评议和满意度测评》，《信息日报》2014 年 1 月 15 日。

个等次。经到会的 52 位省人大常委会组成人员表决，结果为"基本满意"。[1] 2014 年 4 月 25 日，浙江省宁波市十四届人大常委会第十六次会议对法院、公安、司法等行政机关办理落实有关加强检察机关法律监督工作的审议意见情况进行满意度测评。这是宁波市人大常委会首次对审议意见落实情况进行满意度测评。[2]

（4）测评审计问题整改情况。例如，2016 年 7 月 26 日，在湖南省十二届人大常委会第二十三次会议上，省审计厅厅长胡章胜受省人民政府委托作了《关于 2015 年度省级预算执行和其他财政收支的审计工作报告》。8 月，中共湖南省委办公厅转发了《中共湖南省人大常委会党组关于建立和完善审计查出问题整改情况向省人大常委会报告机制的意见》。该意见要求，省人大常委会听取和审议审计查出问题整改情况报告后，对被审计单位的整改情况按照单位进行满意度测评，对测评结果较差、问题整改不到位的单位进行跟踪监督，必要时还可以开展质询或者启动特定问题调查。12 月 2 日，省十二届人大常委会召开第二十六次会议，57 位常委会组成人员对省发展和改革委员会等 18 个单位审计整改报告进行满意度测评，此举在湖南省人大常委会历史上尚属首次。测评结果显示：18 个被测评单位中，省教育厅、省民宗委这两个单位测评满意率最高，均为 98.25%，满意率超过 90%的还有省发展和改革委员会、省政府外侨办、省工商联、省司法厅、省妇联；有 8 个单位的测评满意率超过 80%；省国有资产监

〔1〕 李白蕾：《福建省人大常委会首次开展满意度测评》，《福州日报》2014 年 5 月 23 日。

〔2〕 龚哲明：《宁波市人大常委会首次进行满意度测评》，《宁波日报》2014 年 4 月 26 日。

督管理委员会、省财政厅、省安全生产监督管理局的测评满意率低于80%。[1] 2017 年 10 月，湖南省永州市人大常委会出台《关于对审计查出问题整改情况的报告开展满意度测评的试行办法》。办法规定，满意度测评采用百分制计算，对整改态度、意见落实、制度建设、具体问题整改等四个方面进行测评，测评分为满意、基本满意、不满意三个等次。测评结果为满意或基本满意，但问题整改没有完全到位的，由市审计局跟踪督办，市人大财政经济委员会跟踪监督；测评结果为不满意的，市人大常委会责成市人民政府及被审计单位继续整改，并在下次常委会会议上由被审计单位报告整改情况，并再次进行满意度测评；测评结果仍为不满意的，市人大常委会依法开展质询或启动特定问题调查。当年 12 月 12 日，湖南省永州市五届人大常委会第九次会议听取和审议市中级人民法院、市人民检察院、市财政局、市工商局、市信访局、市质监局 2016 年度审计问题整改情况报告，并进行了满意度测评，当场公布了测评结果。经过测评，会议对 6 个单位的整改情况表示满意。[2] 2017 年 11 月 22 日，湖北省武汉市十三届人大常委会第三十九次会议审议通过了《武汉市人民代表大会常务委员会对审计查出突出问题整改情况报告进行满意度测评的办法》。42 名常委会组成人员首次以电子计票的方式，对审计发现问题整改情况进行满意度测评。此次参评的 3 个审计整改情况的报告均显示为"基本满意"。[3]

---

〔1〕 金果林、刘永学：《湖南省人大：测评剑指审计查出问题"屡审屡犯"》，《中国人大》2016 年第 23 期。

〔2〕 朱振华：《把脉审计问题整改 永州市人大常委会首次开展满意度测评》，红网，https：//hn. rednet. cn/c/2017/12/13/4502351. htm。

〔3〕 张霆：《武汉市人大常委会创新推出审计整改满意度测评办法并进行首次测评》，武汉人大网，http：//www. whrd. gov. cn/html/jdzh/2017/0117/11875. shtml。

（5）测评决定或决议落实情况，即对人民代表大会或人大常委会作出的决议或决定落实情况进行满意度测评。例如，2012年7月27日，浙江省十一届人大常委会第三十四次会议听取和审议省公安厅、省人民检察院、省高级人民法院、省司法厅贯彻落实《关于加强检察机关法律监督工作的决定》情况报告，与会省人大常委会组成人员分别对四个部门的报告进行满意度测评，结果四个部门都获得较高的满意率。[1]

（6）测评代表议案、建议办理工作，即人大代表、常委会组成人员对有关方面办理人大代表所提议案、建议的质量、效率进行满意度测评。例如，2009年，福建省厦门市同安区人大常委会会议在听取和审议区政府关于区十五届人大三次会议重点建议办理措施的专项工作报告时，开展了满意度测评。当时，大多数常委会组成人员对"加大对农村财政投入，化解镇村债务"重点建议办理专项工作报告不满意，投了"不满意"票，该专项工作报告被退回重新报告。2015年11月27日，福建省十二届人大常委会举行第十九次会议，出席会议的53位省人大常委会组成人员分别对省十二届人大三次会议上代表提出的《关于要求加大农村环境综合整治工作力度的建议》《关于大力扶持和推进养老事业发展的建议》《关于政府建立居住楼宇电梯维修和评估协同监管机制的建议》办理情况进行满意度测评。测评分为满意、基本满意和不满意三个等次，测评结果当场公布。对3件代表建议办理情况均为"基本满意"。这是福建省人大常委会首次对代表建议

---

〔1〕　范跃红：《浙江省人大常委会首次对贯彻决定开展满意度测评》，正义网，http：//www.jcrb.com/procuratorate/highlights/201207/t20120727_914388.html。

办理情况开展满意度测评。[1] 2019 年 9 月 25 日，青海省十三届人大常委会第十二次会议听取和审议了省司法厅、省人力资源和社会保障厅、省文化旅游厅、省林草局关于代表建议办理情况的报告，常委会组成人员和列席代表、专委会委员对报告进行了满意度测评。[2]

（7）测评民生实事工作完成情况。例如，2021 年 12 月 21 日，广东省河源市七届人大常委会第六十四次会议听取和审议了市政府关于 2021 年市十件民生实事工作完成情况的报告，并进行了满意度测评。其中，"促进学前教育普惠健康发展""实施出生缺陷项目诊断与免费筛查""加强困难群众生活保障，实施兜底民生服务社会工作'双百'工程""推进城镇老旧小区改造""加强食品药品安全监督检测""继续加强地质灾害综合治理及地质灾害隐患排查整治""加强中小学、幼儿园校园安全保障""提高城乡居民基本医疗保障水平"等 8 项获评"满意"；"加强公共安全视频监控系统建设"和"市区学府大桥项目建设"两项获评"基本满意"。[3]

（8）结合执法检查测评。例如，2021 年 7 月—9 月，河南省人大常委会执法检查组对省"一府两院"及有关单位贯彻执行优化营商环境"两条例"情况进行执法检查。9 月 27 日，河南省十三届人大常委会第三十五次会议听取省人民政府关于优化营商环境执法检查整改情况的报告。9 月 30 日下午，省十三届人大常

---

〔1〕 郑昭：《福建省人大常委会首次开展代表建议办理情况满意度测评》，《福建日报》2015 年 11 月 28 日。

〔2〕 乔欣：《青海省人大常委会首次开展代表建议办理情况满意度测评》，《青海日报》2019 年 9 月 27 日。

〔3〕 方新苗：《河源市人大常委会对市十件民生实事进行满意度测评》，《河源日报》2021 年 12 月 22 日。

委会第三十五次会议对省政府相关部门执法检查整改情况进行满意度测评。此次测评将整改任务涉及的牵头单位和协办单位等21个部门均列为测评对象，采取无记名投票方式，设置"满意""基本满意""不满意"三个评价档次分别计票。根据常委会组成人员和省人大代表的评测情况，并参考各地部分市场主体的评测情况，汇总出对省政府相关部门优化营商环境执法检查整改情况满意度测评结果。[1] 2022年5月—12月，湖南省衡阳市十六届人大常委会在全市范围内组织开展了《中华人民共和国安全生产法》《湖南省安全生产条例》执法检查。市人大常委会组成人员针对执法检查中发现的问题提出审议意见。2023年2月28日，市十六届人大常委会召开第九次会议，副市长陈礼洋受人民政府委托报告审议意见落实情况。44位市人大常委会组成人员对审议意见落实情况进行满意度测评。会议主持人当场宣布：满意39票，基本满意5票。[2]

（9）结合专题询问、质询、特定问题调查测评。例如，2015年6月29日—30日，福建省泉州市十五届人大常委会召开第二十五次会议。会议听取了市政府研究处理《泉州市人民代表大会常务委员会关于专题询问水资源保护审议意见》的情况报告，并开展审议意见办理情况满意度测评，结果为"满意"。[3] 2008年10月30日，湖南省永州市三届人大常委会第十三次会议听取和

---

〔1〕 高利国：《以满意度测评"小举措"推动监督实现"大纵深"——河南省人大常委会以法治力量推动营商环境优化工作纪实》，河南人大网，https：//www.henanrd.gov.cn/2022/09-30/147784.html。

〔2〕 兴文柯、石珊：《43年来首次！衡阳人大常委会开展审议意见落实情况满意度测评》，衡阳政府网，http：//www.hengyang.gov.cn/xxgk/dtxx/hydt/20230307/I2943711.html。

〔3〕 王虎文：《泉州市人大常委会对专题询问水资源保护审议意见进行满意度测评》，福建人大网，http：//www.fjrd.gov.cn/ct/11-95978。

审议了"得月舫"游轮整改情况的报告，并对"得月舫"问题的整改报告进行了满意度测评。全体常委会组成人员对整改工作投了不满意票。市人大常委会最终作出了《关于组织特定问题调查委员会对潇湘平湖"得月舫"游轮有关问题进行调查》的决定，并成立了特定问题调查委员会。2009年2月24日，永州市三届人大常委会第十七次会议审议特定问题调查委员会的报告。会议作出了《关于"得月舫"游轮问题的调查报告的决议》，要求市政府依法采取果断措施处置"得月舫"游轮，启动问责机制，促进工作落实。当年6月25日，永州市三届人大常委会第十九次会议听取市人民政府《关于"得月舫"游轮处理情况的报告》。[1] 2022年8月31日，河南省信阳市五届人大常委会第四十三次会议期间，9名市人大常委会委员领衔，对2021年度全省营商环境排名靠后的3个牵头市直单位依法提出质询案。市五届人大常委会第七十六次主任会议决定，将这3个质询案交由受质询的单位负责人在常委会会议上作口头答复。质询会上，质询人现场宣读质询案，就有关问题进行质问，3个单位的班子成员先后作出口头答复。每轮质询结束后，市人大常委会组成人员分别对答复情况进行满意度测评。

2. 满意度测评向规范化和制度化方向发展

监督法实施以来，地方人大开展不同形式的满意度测评，积累许多有益的经验，满意度测评逐步向规范化和制度化方向发展。有些省、市人大常委会专门出台满意度测评办法、工作规则或工作方案，对满意度测评的适用范围、测评项目、测评原则、测评方法、测评等次、测评结果的处理等作出具体规定。

---

〔1〕 朱振华：《永州人大启动特定问题调查委员会》，《检察日报》2009年9月21日。

在满意度测评的具体规定方面。2011 年 4 月，广东省广州市人大常委会出台了《专项工作报告满意度测评办法》。2011 年 10 月，深圳市人大常委会运用经济特区立法权制定《听取和审议专项工作报告满意度测评工作规则》。2013 年 11 月，安徽省人大常委会制定《听取和审议专项工作报告及满意度测评办法》。2014 年 2 月，浙江省宁波市人大常委会出台《专项工作报告满意度测评办法》。2014 年 5 月，福建省人大常委会主任会议通过《开展满意度测评工作方案》。2014 年 6 月，福建省厦门市人大常委会出台《开展满意度工作暂行办法》。

中共江西省委将"满意度测评"写入加强新时代地方人大工作的意见中。2019 年 12 月 1 日，中共江西省委出台《关于加强新时代地方人大工作的意见》，意见第二条"健全党领导人大工作制度"要求，"人大常委会开展工作评议及满意度测评的意见和结果，应提供给同级党委组织部门作为干部选拔任用的重要参考"；第六条"健全人大对'一府一委两院'监督制度"提出，"人大常委会对审计查出问题整改落实情况进行督办并开展满意度测评""健全人大常委会听取和审议专项工作报告制度，必要时对审议意见研究处理情况开展满意度测评"；第十一条"认真办理代表议案、建议"规定，"各承办单位应依照法律规定，优化代表建议、批评、意见办理和答复流程，提高解决率和满意度"。

2020 年 3 月 26 日，四川省绵阳市七届人大常委会第二十九次会议通过《绵阳市人民代表大会常务委员会关于开展满意度测评工作的办法（试行）》。办法规定，市人大常委会对"一府一委两院"以下工作和有关情况进行满意度测评：重要专项工作情况；贯彻实施法律法规情况；执行市人大及其常委会决议决定情况；办理常委会审议意见、专题询问意见和专项工作评议意见情况；常委会任命人员履职情况；市人民代表大会会议票决出的年度民生实事项目推进实施情况；主任会议认为需要进行满意度测评的其他工作。满意度测评分为"满意""基本满意""不满意"三个等次。满意票数达到到会常委会组成人员60%及以上的，为满意等次；满意票数不足60%，但加基本满意票数达到70%及以上的，为基本满意等次；满意票数加基本满意票数不足70%的，为不满意等次。满意度测评结果为不满意等次的，被测评机关或被测评人应及时研究整改，并在九十日内向常委会报告整改情况。常委会会议应当对整改情况再次进行满意度测评。如整改情况满意度测评结果仍为不满意等次，可以通过专题询问、质询等方式进一步跟踪监督，并依法依规对有关责任主体进行问责。

在满意度测评结果的运用方面。2010年初，重庆市潼南县人大常委会制定《关于任命的国家机关工作人员报告年度履职情况暂行办法》，办法规定："测评结果为'不满意'者应制订整改方案，并于一个月内将整改方案报送县人大常委会，经主任会议同意后，在两个月内向县人大常委会书面报告整改落实情况，县人大常委会对其整改落实情况再次进行测评，如测评仍为'不满意'者，按照法定程序提出撤职案。"2012年12月，福建省武平县人大常委会制定《关于对政府工作部门开展工作评议的办法》，办法规定，"对常委会的评议意见和测评结果，建议县委作为考核领导班子、调整使用干部和推动'一府两院'改进工作的依据之一""满意度测评中，被测评单位的满意票和基本满意票，占有效票数比例低于80%的，向县委建议当年度考核不得评为优秀班子""对再次评议仍低于60%的，常委会将向县委提出人事调整意见""垂直管理或双重管理的单位视情况同时报其上级管理部门"。

二、述职评议

述职评议是地方人大及其常委会通过听取"一府一委两院"国家机关工作人员述职，并由常委会组成人员或一定数量的人大代表对其履职情况进行评议，督促其依法履职的一种监督形式。

（一）述职评议的起源和发展

述职评议始于 20 世纪 80 年代初，由地方人大常委会率先探索，90 年代得到迅速发展。

述职评议发端于县级人大。1981 年 7 月，黑龙江省肇源县人大常委会探索性地组织常委会组成人员和部分人大代表，对由县人大常委会任命的政府、法院和检察院工作人员进行了评议。1984 年，重庆市南岸区人大常委会对任命干部开展了述职评议活动，引起了《人民日报》等中央媒体的关注。1988 年，浙江省杭州市下城区人大常委会开展对人大常委会任命的"一府两院"工作人员进行述职评议活动，并于次年出台了述职评议试行办法。此后，述职评议在市级、省级人大也开展起来。

1994 年 6 月，全国人大常委会办公厅新闻局对 30 个省级人大的问卷调查显示，绝大部分县级人大开展了评议工作。据统计，全国 20 个省级人大常委会开展对省级或厅（局）领导的述职评议，基层开展述职评议尤为普遍。湖南省自 1989 年 1 月由益阳县人大常委会拉开述职评议的帷幕后，14 个市州和 120 个县市区均已开展述职评议；广西 118 个市县区有 90 个开展评议，其中 33 个县市评议"一府两院"负责人；陕西省 95% 的市县开展述职评议，共对 552 名国家机关工作人员进行评议；1994 年，浙江省委批转了省人大常委会党组关于开展述职评议的报告，这一年全省 97 个市、县、区中，有 88 个开展了述职评议活动。[1]
从 1995 年开始，全国人大常委会在工作报告中连续四年肯定了
地方人大创造的述职评议监督形式，述职评议在地方人大如火如
荼地开展起来。

1994 年，浙江省磐安县人大常委会在述职评议中指出粮食局
局长违反政策和严重失职，随后的投票测评该局长得零票，被撤
销职务，震撼全县；2000 年 8 月，湖南省麻阳苗族自治县人大常
委会对 10 名局长、主任进行评议测评，县林业局、水电局局长
因"不称职"被免职；2003 年 9 月，宜章县教育局局长黄有德
因人事安排、教师调动和基建工程中"暗箱操作"，"长期不廉
政"等问题，教师和群众反映强烈，述职评议中获不称职票过半
数；两个月后，县十四届人大常委会第八次会议决定撤销其县教
育局局长职务。2003 年，河南省郑州市二七区人大常委会会议对
所任命的法院、检察院工作人员 127 人进行了集中述职评议，根
据投票结果，有 3 名法官和 1 名检察官所得称职票数未达到常委
会组成人员总数的二分之一，区人大常委会决定分别撤销其审判
员和检察员职务。1995 年，陕西省人大常委会开始把副省长纳入
评议范围；2004 年 6 月 5 日，山西省人大常委会评议副省长范堆
相履职情况，并进行无记名票决，他成为山西省首位被评议的副
省长。2004 年 7 月 28 日，北京市人大常委会听取副市长牛有成
的述职报告，并面对面进行评议，这是 2001 年以来北京市第三
次对副市长进行评议。[2]

---

〔1〕 人民代表大会制度研究所：《地方人大常委会 30 年——重大事件回放与点
评》，人民日报出版社 2010 年版。

〔2〕 人民代表大会制度研究所：《地方人大常委会 30 年——重大事件回放与点
评》，人民日报出版社 2010 年版。

（二）述职评议制度建设

21 世纪初，全国各地人大及其常委会开展述职评议的状况，无论从广度看，还是从深度看，都呈蓬勃之势。在组织形式方面，由组织部分代表和常委会组成人员进行评议，发展到在人民代表大会会议和常委会会议上进行评议。在评议内容方面，由对评议对象的一般性评议，发展到对评议对象的全面评议和专题评议。在评议对象方面，由对人大常委会任命的国家工作人员进行评议，发展到对人民代表大会会议选举的国家工作人员进行评议；由对副职领导干部的评议，发展到对正职领导干部的评议。

在国家监督法未出台的情况下，不少地方已经开始制定有关述职评议的地方性法规或规范性文件。1995 年，安徽、山西两省出台了述职评议工作条例；同年，陕西省制定了县级以上人大及其常委会选举任命国家工作人员的述职办法；1998 年，江西省人大常委会颁布了述职评议条例。2006 年监督法出台前，全国 31 个省、市、自治区都制定了关于述职评议的地方性法规或者在规范性文件中作出了相关规定。

2006 年 8 月 27 日，十届全国人大常委会第二十三次会议表决通过《中华人民共和国各级人民代表大会常务委员会监督法》，述职评议没有被纳入法定的监督形式，述职评议工作自此停滞。

（三）述职评议焕发生机

党的十八大以来，地方人大深入研究"述职评议"理论渊源和法律依据，不断深化、拓展"述职评议"。有些地方将"述职评议"改称"履职评议"。自此，"述职评议"作为地方人大探索的有效监督形式焕发新的生机。

2014 年 5 月 21 日，安徽省十二届人大常委会第十一次会议通过《安徽省人民代表大会常务委员会关于省人民政府、省高级人民法院、省人民检察院工作人员任前审查和任后监督的规定》。规定要求，省人大常委会任命的省人民政府秘书长以及组成部门主要负责人，省高级人民法院副院长、审判委员会委员，省人民检察院副检察长、检察委员会委员，每年应当向省人大常委会书面述职；经主任会议研究，也可以在省人大常委会会议上口头述职。省人大常委会任命的其他法官、检察官每五年至少应当向省人大常委会书面述职一次。次年，95名"一府两院"相关人员首次向省人大常委会述职。在2015年7月16日召开的安徽省十二届人大常委会第二十二次会议上，省财政厅厅长罗建国、省人力资源和社会保障厅厅长刘莉、省环境保护厅厅长缪学刚、省水利厅厅长纪冰、省审计厅厅长戴克柱等5名厅长口头述职，其他省政府组成部门主要负责人和省高级人民法院法官、省人民检察院检察官作书面述职。据统计，参加述职的"一府两院"人员中有厅级干部34名，其中，省人民政府组成部门主要负责人17名、省高级人民法院副院长和其他副厅级干部7名、省人民检察院副检察长和其他副厅级干部10名。[1] 从2008年开始，为加强对人大选举或任命干部的任后监督，苍南县人大常委会分别在届中和届末两次听取和审议副县长履职情况报告。截至2018年，听取和审议了25位副县长的履职报告。在2018年10月16日—17日召开的浙江省苍南县十届人大常委会第十六次会议上，杨德听、肖剑、徐顺和、李上清、曾迎玲、陈久喜、潘旭光等7位副县长分别汇报了任职以来主要工作开展情况。[2] 2019年11月28

---

〔1〕 郭庆峰：《任后监督不放松——95名"一府两院"相关人员首次向省人大常委会述职》，《江淮法治》2015年第17期。

〔2〕 林超群：《县十届人大常委会召开第十六次会议 7位副县长上台述职接受监督》，苍南新闻网，https：//www.cnxw.com.cn/system/2018/10/19/010859613.shtml。

日，重庆市五届人大常委会第十三次会议召开第二次全体会议。会议听取了市人大常委会任命的有关人员履职情况的报告。市文化旅游委主任刘旗、市经济信息委主任陈金山、市住房城乡建设委主任乔明佳、市农业农村委主任路伟、市高级人民法院副院长孙启福、市人民检察院副检察长梁田分别向大会报告了任职以来的履职情况。[1] 2021 年 3 月 24 日举行的浙江省十三届人大常委会第二十八次会议听取和审议了省经济和信息化厅、省生态环境厅、省卫生健康委员会主要负责人作个人依法履职情况报告，以及 21 名省政府组成部门主要负责人提交书面报告。这 24 位省政府组成部门主要负责人的依法履职情况报告，围绕相关法律法规执行、省人大常委会决议决定和审议意见及省人大代表建议的办理落实、检察建议落实、行政复议诉讼和出庭应诉等方面情况，既讲实绩，又摆问题。省人大常委会审议这些报告后，形成审议意见，交由省政府及有关部门研究落实，并对落实情况加强跟踪监督。[2]

有的地方人大在进行定性评议的基础上，尝试把满意度测评引入述职评议或履职评议。2017 年，湖北省黄冈市黄州区人大常委会积极创新对人大常委会任命的国家机关工作人员监督机制，以开展履职满意度测评为切入点，推出全程跟踪的监督模式。对区政府工作部门负责人、区人民法院副院长、区人民检察院副检察长进行了履职满意度测评。测评涵盖测评对象的政治表现、依法履职、接受监督等多个方面，对测评对象的"德、能、勤、

---

〔1〕　赵紫东：《重庆市五届人大常委会第十三次会议第二次全体会议开幕　多位政府部门"一把手"报告履职情况》，华龙网—新重庆客户端，2019 年 11 月 28 日。

〔2〕　蒋欣如：《浙江 24 位部门"一把手"报告依法履职情况》，《浙江日报》2021 年 3 月 25 日。

绩、廉”进行全面测评。[1] 2019 年 7 月 17 日，在安徽省淮南市十六届人大常委会第十二次会议上，市商务局、市交通运输局、市水利局主要负责人向市人大常委会报告履职情况，并接受常委会组成人员的满意度测评。会前，市人大常委会组成三个评议调研组，深入述职人员所在机关、下属单位和工作联系较多的部门及县区调查研究，了解其履职情况，并形成了翔实的述职评议调研报告。会上，常委会组成人员以无记名投票方式，按照“满意”“较满意”“一般”“不满意”等次进行测评，评议结果当场公布。据悉，述职人员将根据评议意见，两个月内向市人大常委会书面报告整改情况。依据《淮南市人大常委会述职评议暂行办法》，对测评结果“一般”“不满意”得票数达到或超过实到人数 30% 的，责成述职人员在下次常委会会议上再次进行口头报告，相关工委室跟踪监督其整改情况。市人大常委会将根据整改情况，或开展询问、质询，或列入下一年度重点监督对象。[2] 2019 年 10 月 24 日，山西省阳泉市十五届人大常委会第二十六次会议上，市发展和改革委员会等 10 个政府部门主要负责同志和市中级人民法院常务副院长、人民检察院常务副检察长作了述职报告。出席会议的 33 位常委会组成人员和列席会议的 5 位人大代表采取无记名投票方式，对被评议人员进行满意度测评。参加本次述职评议的任命人员测评结果都为满意。[3] 2020 年 9 月 29日，湖北省荆门市人大常委会召开 2020 年述职评议大会。会议

---

〔1〕 傅明山：《创新履职测评机制　提升人大监督效能》，《楚天主人》2018 年第 3 期。

〔2〕 朱庆磊、黄新：《干部履职好不好述职评议考一考　市人大常委会开展述职评议提升干部任后监督质效》，《淮南日报》2019 年 7 月 18 日。

〔3〕 王海平：《述职“看”初心　评议“问”担当——市人大常委会对任命人员开展述职评议纪实》，《阳泉日报》2019 年 11 月 23 日。

分别听取了市司法局局长胡孝光、市财政局局长王俊、市商务局局长朱延琳、市文化和旅游局局长鲁海兵、市政府国资委主任张先胜、市统计局局长董良华所作的关于接受人大评议的述职报告，并对 6 位被评人员履职情况进行了满意度测评。测评结果经主任会议确认并予以公布，测评结果均为满意。[1] 在 2022 年 3 月 28 日举行的广东省深圳市七届人大常委会第八次会议上，市发展和改革委员会主任郭子平、市教育局局长陈秋明、市司法局局长蒋溪林、市水务局局长胡嘉东、市退役军人事务局局长张悦华、市市场监管局局长李忠依次向市人大常委会报告过去一年依法履职工作情况。6 位部门"一把手"报告了过去一年依法行政、落实人大决定决议和审议意见、议案建议办理和支持代表工作、主动接受监督等方面的工作情况。会前，市人大常委会各专委会委员和人大代表组成调研组，深入 6 个单位开展调研，全面了解报告人依法履职情况。综合会前调研和会议现场听取报告的情况，市人大常委会委员进行了满意度测评。根据计划，深圳市人大常委会每年将选取 20% 的政府工作部门主要负责人在市人大常委会会议上作依法履职情况报告并开展满意度测评。[2] 在 2023 年 2 月 27 日召开的深圳市七届人大常委会第十六次会议上，市财政局局长代金涛、市生态环境局局长李水生、市交通运输局局长韩立清、市文化广电旅游体育局局长曾相莱、市应急管理局局长马鸿雁、市口岸办主任王刚报告了过去一年的依法履职情况，并接受市人大常委会委员的满意度测评。2022 年，四川达州

〔1〕　章辉、孟亚利、车庐君：《市人大常委会召开 2020 年述职评议大会》，《荆门日报》2020 年 9 月 30 日。

〔2〕　李舒瑜：《6 位市政府部门"一把手"向市人大常委会报告依法履职情况》，《深圳特区报》2022 年 3 月 29 日。

市人大常委会首次开展法官、检察官履职评议工作。履职评议贯穿全年始终，分为前期准备、部署启动、调研评价、集中评议、反馈整改 5 个阶段。12 月 27 日，达州市人大常委会召开法官、检察官履职评议大会，10 名被评议法官、检察官依次报告履职情况，调查组作评议调查情况报告。之后，常委会组成人员现场问询并采取无记名方式进行了满意度测评，现场公布了测评结果。评议大会结束后，监察司法委认真梳理了常委会组成人员的评议意见，及时将评议结果和综合评议意见以常委会文件形式转发法检两院，要求三个月内书面报告整改落实情况。[1] 2023 年 4 月 20 日，四川省华蓥市人大常委会组织召开述职评议大会，市人大常委会全体组成人员和部分市人大代表、公民代表与会。雷旭、杜建平、曾远见、熊巧利、孟欣、肖荣幸、张登明等 7 位副市长轮流上台述职。在现场审议环节中，市人大常委会组成人员提出 20 余条意见建议，参加述职的各位副市长一一回应，并提出了解决措施。根据 7 位副市长的述职情况，市人大常委会全体组成人员和部分市人大代表、公民代表对各位副市长的述职情况进行了满意度测评，并当场公布了结果。[2]

（四）关于述职评议的争议

理论界对述职评议这种人大监督形式的合法性、正当性、必要性、有效性等存在不同理解。专家学者围绕述职评议有无法律依据，有无作为独立监督形式的必要，与党管干部原则是否存在冲突，实践效果和作用发挥程度等问题争议不断。

---

〔1〕 廖小丹、陈静、王毅：《达州人大：首次开展法官检察官履职评议》，"四川人大"微信公众号，2023 年 2 月 22 日。

〔2〕 游青：《人大常委会"出题" 7 名副市长"应考"》，广安在线，http://www.gazx. org/content/2023-04/25/content_133522. html。

1. 关于合法性。一种观点认为，监督法并未规定述职评议的监督形式，开展述职评议工作缺乏法律依据。另一种观点认为，监督法虽然没有明确规定述职评议这种监督形式，但述职评议符合宪法和有关法律精神。述职评议只要按照人大监督的定位和原则有序开展，合法性就不存在问题。[1]

2. 关于必要性。一种观点认为，人大常委会对"一府两院"的监督主要集中在工作上的监督，不应涉及对干部个人的评判。另一种观点认为，人大常委会开展述职评议是必要的，能够有效促进国家机关工作人员依法履职，述职评议与专项工作评议不是相互替代的关系。

3. 关于正当性。一种观点认为，党管干部是干部工作的基本原则，地方党委及纪检、组织部门每年会对党政领导干部开展全覆盖的述职述廉考核、晋升考核以及党建工作考核等，人大常委会开展述职评议有逾越党管干部原则之嫌。另一种观点认为，人大常委会开展述职评议是对党的干部管理工作的有益补充，与党管干部原则并不冲突，有利于党管干部原则的具体落实和不断深化。[2]

4. 关于有效性。一种观点认为，一些地方述职评议存在"走过场"，有的评功摆好，有的越俎代庖，述职评议的形式大于内容，在治理绩效与预期效果之间存在较大差距。另一种观点认为，述职评议用好了是一种有效的监督方式。

---

〔1〕　刘兵：《地方人大常委会开展述职评议的若干思考》，常德人大网，http：//www. cdsrd. gov. cn/llyj/zdyj/content_54656。

〔2〕　张春生、席文启：《关于述职评议的几个问题》，《新视野》2017 年第 2 期。

三、关于个案监督的争议

个案监督一直以来都是一个较有争议的话题。专家学者站在各自的立场上，对个案监督有着截然不同的态度。部分专家学者对于人大监督司法案件制度持肯定的态度，认为人大对司法案件的监督对我国司法体系的有序运作有着积极的促进作用。部分理论界学者对个案监督持质疑态度，认为人大对司法案件的监督会给司法系统带来一定的负面影响。个案监督有两个方面的问题引起理论界和司法界的热烈讨论：一是个案监督有无宪法和法律依据；二是个案监督是否影响法院和检察院独立行使审判权和检察权。

席文启认为，从历史看来，个案监督的存在有其深刻的理论依据和法律依据，在此基础上应当鼓励各地进行个案监督的试验。[1] 龙太江认为，人大在中国政治和社会生活中的作用必将得到进一步发挥，因为人大监督是严肃的法律行为，特别在重大案件中，人大作为国家权力机关的权威应该足以排除任何干扰，人大介入监督是司法机关排除干扰、依法办案的强有力的支持与保证。[2] 涂龙科、姚魏、刘品认为，我国的司法体制并不追求司法独立，而是强调审判独立，法院在审判过程之外应当接受人大的控制和监督。应当将监督司法聚焦于审判机关、检察机关在办理案件过程中所发生的违法行为、失职行为上，只要违法行为、失职行为发生，不论此时是在案件审理中还是在审结后，人大都可以进行监督、追究，以体现国家权力机关对司法工作的监

---

[1] 席文启：《关于人大个案监督的几个问题》，《新视野》2016 年第 2 期。
[2] 龙太江：《辩"个案监督难以有实效"》，《人大研究》2000 年第 3 期。

督和人民群众的参与。[1]

宪法明确规定了人民法院独立行使审判权，人民检察院独立行使检察权，其核心要义是司法权的行使不受行政机关、社会团体和个人的干涉。很多学者担心人大个案监督在没有宪法和法律明确授权的情况下，侵犯了人民法院独立行使审判权、人民检察院独立行使检察权的原则。周永坤认为，司法的中立性决定了不能由其他的社会主体对司法过程与司法结果进行评价与干预。[2]

---

〔1〕　涂龙科、姚魏、刘品：《人大监督司法的重点和突破口》，《政治与法律》2013 年第 5 期。

〔2〕　刘德兴、李嬉锋：《人大个案监督与法院独立审判的矛盾性和兼容性探析》，《四川师范大学学报（社会科学版）》2011 年第 4 期。

/ 第三章 /

监督法

监督法以宪法为依据，从我国实际出发，总结实践经验，对全国和地方各级人大常委会监督"一府两院"的形式和程序作了较为全面的规定。这对坚持和完善人民代表大会制度，加强人大监督工作，促进依法行政、公正司法，推进社会主义民主政治的制度化、规范化、程序化具有重要意义。

第一节　监督法的制定过程

监督法的制定，从最初谋划全国人大及其常委会监督法，到改为草拟全国人大和地方各级人大监督法，再到最终出台各级人大常委会监督法，历时二十年，可谓"二十年磨一剑"。监督法从 1986 年开始酝酿，第七、八、九届全国人大常委会组织起草，2002 年 8 月监督法草案提交九届全国人大常委会第二十九次会议初审，此后十届全国人大常委会又经过三次审议。2006 年 8 月 27 日，十届全国人大常委会第二十三次会议表决通过《中华人民共和国各级人民代表大会常务委员会监督法》。监督法制定过程，大体可以分为三个阶段。

一、酝酿研究阶段

监督权是宪法赋予人大及其常委会的一项重要职权。党的十一届三中全会以后，特别是 1982 年宪法实施后，各级人大及其常委会的工作有很大进展，但如何开展监督工作却是人大工作的一个薄弱环节。在 1985 年召开的六届全国人大常委会第十次会议和六届全国人大三次会议期间，许多代表和委员对全国人大常委会的监督工作提出了意见和建议。同年 9 月，全国人大常委会办公厅研究室的一份调查报告反映了地方人大工作特别是监督工作中遇到的一些困难和挑战。根据六届全国人大常委会领导同志的要求，全国人大常委会办公厅到各地就人大工作问题进行调查，并于 1986 年 8 月起草了关于加强人大工作几个问题的文件。六届全国人大常委会委员长彭真在反复考虑后提出，现在正在进行政治体制改革，在涉及体制上的一些问题解决之前，全面讨论人大工作的条件还不具备。他提出，当前要对人大监督问题，人大常委会联系代表、代表联系选民问题，健全全国人大常委会办事机构问题，加强人大机关法律和理论学习问题，开展调查研究。根据委员长会议的决定，由陈丕显、黄华副委员长主持进行人大监督问题的调查研究，提出加强人大监督工作的意见。在 1988 年 3 月召开的七届全国人大一次会议上，陈丕显副委员长代表六届全国人大常委会所作的工作报告指出，要从政治体制改革和建设社会主义民主政治的高度，进一步提高对人大监督工作的认识。从人大来讲，需要认真总结这几年来开展监督工作的经验，制定监督工作条例，对监督的内容和范围、监督的程序和方式作出更加明确的规定，使监督工作逐步制度化、规范化。同年 7 月，七届全国人大常委会工作要点提出，要制定有关监督方面的法律。1989 年 3 月，彭冲副委员长代表全国人大常委会所作的工作报告中提出了改进人大监督工作的一些建议：每两个月一次的全国人大常委会会议可以根据需要，听取和审议国务院及其部委、最高人民法院、最高人民检察院的工作汇报，一般不需要作出决议，委员提出的质询和询问，有关部门应认真负责地作出答复；每年第三季度，由国务院向全国人大常委会分别作关于计划、预算执行情况的报告（注：1994年预算法制定后，改为每年六月的常委会会议听取和审议国务院的决算报告；审计法实施后，从1996年起，每年六月的常委会会议还听取和审议国务院的审计工作报告。从此，听取和审议国务院计划执行情况的报告、决算报告和审计工作报告，成为每年六月的全国人大常委会会议的法定议程）；人大在监督法院和检察院的工作时，不直接处理具体案件，如对法院、检察院的工作有意见，可以提出质询和询问，纠正错案应由法院、检察院严格按照法律程序去办，人大如果对法院、检察院处理的特别重大的案件有意见，可以听取法院、检察院的汇报，也可以依法组织调查；如确属错案，可以责成法院、检察院依法纠正或处理。这是全国人大常委会在总结监督工作经验的基础上作出的监督工作制度化、规范化的规定。

从1986年到1990年初，全国人大常委会办公厅系统地搜集、整理了关于各级人大及国外代议机构开展监督工作的情况、经验、案例等方面的大量材料，为起草监督法做了一定的准备工作。

二、组织起草阶段

1990年3月，党的十三届六中全会通过的《中共中央关于加强党同人民群众联系的决定》指出，要建立和完善党内监督和党外监督的制度，"建议全国人大常委会拟定实行工作监督和法律监督的监督法"。同月，江泽民总书记在参加全国"两会"党员负责同志会议上的讲话谈到人大监督工作时指出："在我们国家生活的各种监督中，人大作为国家权力机关的监督是最高层次的监督。监督'一府两院'的工作是人大及其常委会的一项重要职责。这种监督，既是一种制约，又是支持和促进。工作监督应该抓住重大问题，如人民代表大会会议通过的政府工作报告、计划和预算、决议以及决定的执行情况；治理整顿和改革中的重大事项；突发性的事件以及国家机关的廉政建设问题。"江泽民总书记强调指出："人大既要敢于监督，又要善于监督。只有把两者很好地结合起来，才能达到监督的目的。"从这以后，中央政治局常委会又多次把制定监督法作为立法任务列入年度工作要点。七届、八届、九届、十届全国人大常委会都把制定监督法列入立法规划。

1990 年 5 月，七届全国人大常委会成立了监督法起草组，开始监督法的第一轮起草工作。经反复研讨和论证，两易其稿，于 1990 年 10 月形成了《中华人民共和国全国人民代表大会及其常务委员会监督法（草案修改稿）》，共 6 章 89 条。调整范围为全国人大及其常委会的监督工作，不涉及地方人大的监督工作。从 20 世纪 80 年代的中后期开始，一些地方人大在监督工作方面作了许多新的探索和尝试，创造了执法检查、代表评议"一府两院"的工作、执法责任制，以及述职评议、个案监督等多种新的监督形式。1991 年底，七届全国人大常委会委员长万里在一次谈话中提出，要把对法律执行情况的监督检查同制定法律放在同等重要的地位。1992 年全国人大常委会开始进行执法检查工作。这些工作都为新一轮监督法的起草工作提供了经验。1992 年的全国人大常委会工作报告提出，要继续抓紧制定人大监督法。在八届全国人大常委会成立后三年多的时间里，全国人大常委会办公厅研究室集中主要研究人员和精力，对人大监督的理论问题进行研究，对地方人大及其常委会行使监督职权的做法和经验进行调查和总结，同时研究了国外议会监督的做法，整理出各种论证和参考资料 30 多份。

1993 年 3 月，八届全国人大常委会产生后，继续进行监督法的立法工作。1993 年 9 月 2 日，八届全国人大常委会第三次会议通过《全国人民代表大会常务委员会关于加强对法律实施情况检查监督的若干规定》[1] 这是第一个关于全国人大常委会监督工作方面的单行法律决定。1996 年 9 月，成立了监督法起草领导小组和起草办公室。10 月，全国人大常委会党组关于起草人大监督法的请示经党中央批准后，启动了第二轮起草工作。监督法起草办公室由全国人大常委会办公厅研究室，全国人大内务司法委员会司法室，全国人大财政经济委员会计划预算室，全国人大常委会法工委国家法室、行政法室和经济法室，山东省人大常委会研究室，陕西省人大常委会研究室抽调的人员组成。起草办公室开展深入的调查研究，同国务院有关部委、最高人民法院、最高人民检察院有关同志座谈，赴黑龙江、吉林、内蒙古、福建、浙江、上海、湖南、广东、广西等省、自治区、直辖市广泛征求意见。经过近一年的紧张工作，七易其稿，于 1997 年 8 月完成了《中华人民共和国全国人民代表大会和地方各级人民代表大会监督法（内部试拟稿）》，共 10 章 116 条。试拟稿与 1990 年形成的草稿相比较，扩大了调整范围，其调整范围不仅包括全国人大及其常委会，而且包括地方各级人大的监督工作，特别是总结吸收

---

〔1〕 2009 年 6 月 27 日，十一届全国人大常委会第九次会议通过《全国人民代表大会常务委员会关于废止部分法律的决定》，《全国人民代表大会常务委员会关于加强对法律实施情况检查监督的若干规定》废止。

了地方人大在监督工作中创造的成熟经验和做法。

1998年3月，九届全国人大常委会组成后，制定了九届全国人大常委会立法规划，继续将监督法列为立法项目。九届全国人大常委会委员长李鹏多次就制定监督法的问题到地方进行调查研究，特别是调研对司法机关重大违法案件进行监督的问题，提出了对审判、检察工作的监督要遵循坚持党的领导的原则，集体行使监督权的原则，不代行审判权、检察权的原则，监督的目的是推动司法机关启动内部的监督机制，督促和支持审判机关、检察机关依法办案、公正司法的指导性意见，全国人大常委会工作报告确认了这个意见。同时，九届全国人大常委会肯定地方人大监督工作的新做法，支持和鼓励地方人大积极探索，创造性地开展监督工作。

在1999年4月召开的九届全国人大常委会第九次会议闭幕会上，李鹏委员长指出，监督法是一部非常重要的法律，起草的工作量很大，有一定难度，出台要有一个过程。但即使有难度，也必须努力去做。首先组织专门起草小组，进行监督法的调研、论证和起草工作。在监督法出台前，为了使各级人大的监督工作按照一定的规范和程序进行，全国人大常委会要抓紧制定若干专项监督的决定。通过专项监督决定的实施，进一步规范监督工作，也为监督法的制定积累经验、创造条件。此后，由全国人大法律委员会、全国人大常委会法工委和全国人大常委会办公厅人员组成的监督法起草班子在前几届工作的基础上，开始了第三轮监督法起草工作。1999年，全国人大内务司法委员会向全国人大常委会提交了《关于对审判、检察机关重大违法案件实施监督的决定（草案）》，于当年8月举行的九届全国人大常委会第十一次会议进行审议，10月召开的第十二次会议进行了第二次审议，由于争议较大，这个草案被废止。全国人大常委会于 1999 年 12 月作出《关于加强中央预算审查监督的决定》，2000 年 3 月作出《关于加强经济工作监督的决定》。这既是监督法起草工作的阶段性成果，也为监督法草案的最终形成打下了良好的基础。

监督法起草班子经过三年多的反复调研，十二易其稿，完成了《中华人民共和国全国人民代表大会和地方各级人民代表大会监督法（草案）》。这个草案以宪法为依据，总结我国人大监督工作的实践经验，吸收各级人大监督工作行之有效的做法，从我国的国情和当时的实际情况出发，对人大行使监督权应当遵循的基本原则、监督的内容、监督的形式、监督的程序等问题，作了具体规定，共 7 章 73 条。草案包括以下内容：一是人大及其常委会行使监督权的原则；二是监督宪法和法律的实施；三是听取和审议"一府两院"的工作报告；四是审查和批准国家计划、预算及其执行情况的报告；五是监督审判和检察工作；六是质询和特定问题调查；还有一章附则。2002 年 8 月 16 日，九届全国人大常委会委员长会议决定将上述草案提请九届全国人大常委会第二十九次会议审议。

三、审议通过阶段

九届全国人大常委会对监督法草案进行了初次审议。会后，全国人大常委会法制工作委员会将草案印发中央有关部门、地方人大常委会和部分法学教学研究单位征求意见。在审议和征求意见过程中，各方面都认为制定监督法是必要的，但对草案的总体看法和几个重大问题，意见分歧较大，难以统一。主要看法有两种：一种是对草案不满意，认为草案基本上是对宪法和法律有关规定的汇编，新的内容不多。特别是草案没有充分反映地方人大多年来在开展监督工作方面的经验和做法，与地方人大的期望值差距甚大。如果出台这样一部监督法，不仅不能推动地方人大监督工作的开展，反而会影响地方人大在监督工作方面的探索。另一种是认为制定监督法的条件、时机尚不成熟。根据党的十六大精神，继续积极稳妥地推进政治体制改革，涉及改革和完善党的领导方式和执政方式、干部人事制度改革、司法体制改革、对权力的制约和监督等方面的内容。制定监督法过程中有关干部述职评议、个案监督等焦点和难点问题，都涉及上述改革，而这些改革只能在党中央的统一领导下逐步向前推进。在缺乏实践经验的情况下，不要急于制定监督法。

2003 年 3 月，十届全国人大常委会组成后，高度重视监督工作和监督法的制定工作。在制定五年立法规划时，对监督法的制定问题进行了专门研究，列入了第二类立法项目，进一步调查研究，条件成熟时安排审议。按照立法法第三十九条的规定，列入常委会会议审议的法律案，搁置审议满两年的，将终止审议，成为废案。监督法草案于 2002 年 8 月列入常委会会议初次审议后，由于对草案意见分歧较大，在近两年的时间里一直未能再次列入常委会会议审议，到 2004 年 8 月，监督法草案列入常委会初次审议将满两年，急需对监督法草案作出妥善处理。为慎重起见，2004 年 5 月，十届全国人大常委会委员长吴邦国委托王兆国副委员长、盛华仁副委员长兼秘书长在上海举办的全国人大常委会宪法学习培训班期间，专门听取了参加学习的各省、自治区、直辖市人大常委会负责同志的意见。地方人大的一致意见主要有两点：一是监督法草案既然已经初审，就不能轻易让它自动终止，否则，影响不好，对地方人大及其常委会探索、研究如何有效地开展监督工作也会产生负面影响；二是建议对草案作适当修改后，重新启动审议程序，对有分歧意见的问题可以继续调查研究、总结经验。全国人大常委会根据各地意见，继续进行监督法草案的修改工作。此后，监督法草案经历了激活、完善、诞生的过程。

1. 激活监督法草案继续审议。上海座谈会后，全国人大法律委员会经研究，就实践经验比较成熟、意见比较一致的几个问题，提出了修改意见，形成了监督法草案二次审议稿，于2004年8月提请十届全国人大常委会第十一次会议继续审议。修改后的草案二次审议稿共7章77条，其内容与初次审议稿基本相同，只是增加了撤职的规定，完善了一些具体规定。在审议中，全国人大常委会组成人员认为，多年来，全国和地方各级人大及其常委会在加强和改善人大监督工作方面进行了积极探索和实践，取得了显著成绩，这些都应予以充分肯定。但是，对监督法草案的意见分歧仍然比较大，主要集中在干部述职评议如何处理好与党管干部的关系，个案监督如何处理好与法院、检察院依法独立行使审判权、检察权的关系等问题上。常委会组成人员建议对草案进一步修改完善，争取早日出台。

2. 修改完善好监督法草案。按照常委会领导的要求，全国人大法律委员会、全国人大常委会法制工作委员会成立了研究修改监督法草案的专门工作班子，制定了比较详细的工作方案。2005年1月、4月和5月，法律委员会、法制工作委员会先后在北京、西安、郑州召开监督法草案分片座谈会，邀请各省、自治区、直辖市的人大常委会负责同志和部分党委组织部、政府、法院、检察院有关负责同志参加，就监督法的定位、干部述职评议、个案监督等几个主要问题座谈讨论。西安、郑州座谈会结束后，还分别到陕西、河南的部分市、县进行调研，听取基层有关部门的意见。在此基础上，吴邦国委员长于2005年10月29日在湖南长沙主持召开湖南、河南、四川、安徽、陕西、山西、辽宁等7省人大常委会负责人座谈会，听取了与会同志的意见，并对草案修改工作发表了重要意见。法律委员会、法制工作委员会经过对各方面的意见进行汇总研究，对监督法草案作了较大修改，形成了草案修改稿。2006年4月、5月，王兆国副委员长、盛华仁副委员长兼秘书长主持召开四个座谈会，分别听取各省、自治区、直辖市人大常委会负责同志和中组部、国务院办公厅、国务院法制办、人事部、国家发展和改革委员会、财政部、审计署、最高人民法院、最高人民检察院的负责同志以及全国人大常委会部分委员对草案修改稿的意见。2006年6月6日，胡锦涛总书记主持召开了党外人士座谈会，专门就监督法草案听取各民主党派中央、全国工商联的负责同志以及无党派同志的意见。法律委员会、法制工作委员会认真研究了几个座谈会上提出的修改意见，对草案修改稿进一步作了修改，形成了监督法草案三次审议稿。

3. 监督法诞生。监督法草案三次审议稿于2006年6月提请十届全国人大常委会第二十二次会议审议，该稿与前两次审议稿相比较，作了较大修改。在统一认识的基础上，将调整范围确定为规范各级人大常委会的监督工作，进一步完善人大常委会对"一府两院"工作实施监督的形式和程序，处理好监督法与宪法和有关法律的衔接问题。草案三次审议稿共9章48条，内容包括：总则；听取"一府两院"的专项工作报告；审查和批准决算，听取和审议国民经济和社会发展计划、预算的执行情况报告，听取和审议审计工作报告；执法检查；规范性文件的备案审查；询问和质询；特定问题调查；审议和决定撤职案；附则。全国人大常委会组成人员对草案三次审议稿给予较好评价，认为草案三次审议稿已经比较成熟，建议进一步修改完善后争取早日出台，同时也对草案三次审议稿提出了一些修改意见。根据常委会组成人员的审议意见，法律委员会、法制工作委员会又进行了研究，对草案三次审议稿进行了修改完善，形成了草案四次审议稿，草案仍为 9 章 48 条，经十届全国人大常委会第二十三次会议审议并进一步修改后，于 2006 年 8 月 27 日表决通过。同日，国家主席胡锦涛签署主席令，公布监督法。

监督法这部具有里程碑意义的法律，对全国人大常委会和地方各级人大常委会监督"一府两院"工作的基本原则、监督方式和监督程序作出较为全面的规定，使人大监督工作进一步制度化、规范化和程序化。

第二节　制定监督法的指导思想

一、坚持党的领导、人民当家作主和依法治国三者有机统一

加强人大监督是坚持和完善人民代表大会制度、发展社会主义民主政治、实施依法治国基本方略的重要内容。制定监督法，要处理好加强人大监督和坚持中国共产党领导的关系，处理好加强人大监督和支持政府、法院、检察院依法开展工作的关系，政治性很强，必须把坚持党的领导、人民当家作主和依法治国有机统一起来，走中国特色政治发展道路。这既是制定监督法的一条

重大原则，也是制定监督法的一项重要指导思想。

党的领导是人民当家作主和依法治国的根本保证。制定监督法，最根本、最重要的是始终坚持党的领导。主要体现在两个方面：一是让党的主张经过法定程序成为国家意志。中央高度重视监督法的制定工作。从 1990 年党的十三届六中全会提出要制定监督方面的法律，到起草、修改、通过监督法草案的全过程，党中央一直予以高度重视。十届全国人大产生后，中共中央政治局常委会三次听取全国人大常委会党组关于制定监督法情况的汇报。胡锦涛总书记在纪念全国人大成立 50 周年大会和 2006 年 3 月"两会"党员负责人会上的讲话中，都强调了要进一步加强人大监督工作。2006 年 6 月 6 日，胡锦涛总书记在党外人士座谈会上，对加强人大监督工作的重要性，制定监督法的必要性，对干部述职评议和个案监督等重大问题作了深刻阐述，强调要从讲政治、讲大局的高度统一思想，并就监督法通过后的实施工作提出了要求。党中央对人大监督工作和制定监督法的指示精神具有很强的针对性和指导性，为坚持中国特色社会主义政治发展道路，完善人民代表大会制度，做好新形势下的人大监督工作，制定好监督法，指明了方向。二是实施好监督法必须坚持党的领导。中国共产党是中国特色社会主义的领导核心。人大的各项工作都要有利于加强和改善党的领导，有利于巩固党的执政地位，这一点在任何时候都必须毫不动摇地坚持。监督法明确规定，各级人大常委会行使监督职权，应当坚持中国共产党的领导。各级人大常委会对"一府两院"的工作实施监督，监督的都是关系改革发展稳定大局和群众切身利益、社会普遍关注的重大问题，对于全面贯彻科学发展观，推进经济建设，发展社会主义民主政治，构建社会主义和谐社会都有重大影响。各级人大常委会都要自觉在党的领导下依法履行监督职责。各级人大常委会党组要自觉接受党委领导，遇到重大问题及时向党委请示报告，在取得党委原则同意后按照法定程序办理。在人大工作的党员，要牢固树立党的观念，模范贯彻党的路线方针政策。各级党委应当支持人大依法履行职责。只有这样，才能牢固地坚持党的领导，切实保证监督法得到正确实施。

人民当家作主是社会主义民主政治的本质要求。人民代表大会制度是我国的根本政治制度，是人民当家作主的重要途径和最高实现形式。人民通过民主选举产生的人民代表大会行使国家权力，人大产生政府、法院、检察院，并且监督"一府两院"依法行政、公正司法，这是人民当家作主的一项最重要权利。制定监督法必须体现人民的意志，把实现好、维护好、发展好最广大人民的根本利益作为出发点和落脚点。

一是在制定监督法过程中，坚持走群众路线，充分发扬民主，广泛听取各方面意见。充分听取人大代表和常委会组成人员的意见，从1987年六届全国人大五次会议到2006年十届全国人大四次会议期间，全国人大历次会议上都有人大代表对制定监督法提出议案，共计222件，参与联名代表共计4000余人次，反映了人民的意愿。充分听取地方各级人大的意见，将监督法草案印发地方人大征求意见，召开地方人大座谈会直接听取意见。地方人大结合本地开展监督工作的实践经验，提出了许多很好的建议和意见。充分听取社会各方面意见，包括听取党委、政府、法院、检察院等部门以及法律专家的意见，并深入基层进行调研，听取人民群众的意见。坚持民主立法、科学立法，反映民情，体现民意，集中民智，使党的主张和人民的意志相统一。二是在监督法中体现人民群众参与人大的监督工作，切实解决人民群众的实际问题。监督法明确规定，各级人大常委会听取和审议政府、法院、检察院的专项工作报告的议题，根据下列途径反映的问题确定：本级人大常委会在执法检查中发现的突出问题；本级人大代表提出的建议、批评和意见集中反映的问题；本级人大常委会组成人员提出的比较集中的问题；本级人大专门委员会、常委会工作机构在调查研究中发现的突出问题；人民来信来访集中反映的问题；社会普遍关注的其他问题以及公民认为最高人民法院、最高人民检察院作出的具体应用法律的解释同法律规定相抵触的；等等，可以向全国人民代表大会常务委员会书面提出进行审查的建议。上述规定，使人民群众可以直接向人大常委会或者通过人大代表、人大有关专门委员会、常委会工作机构提出需要监督的问题，以使人民群众普遍关心的问题能够得到充分反映和切实解决。

依法治国是党领导人民治理国家的基本方略。依法治国的前提是有法可依。宪法和有关法律已经赋予人大常委会对"一府两院"工作的监督权，监督法不需要赋予其新的监督权。实践中的突出问题是监督的形式和程序不够完善，而各地在探索中的做法又不尽一致，迫切需要通过立法加以规范、引导。针对这种情况，制定监督法重点是对全国和地方各级人大常委会监督"一府两院"工作的基本原则、监督方式和监督程序作出较为全面的规定，使人大的监督工作进一步制度化、规范化、程序化；同时处理好与宪法和有关法律的关系，互相衔接，避免重复，增强监督工作的针对性和可操作性。监督法作为程序法，以较为完善的监督程序保障监督职权的正确行使，切实增强监督实效。

监督法把坚持党的领导、人民当家作主和依法治国有机统一起来，有利于坚持和完善人民代表大会制度、更好地发挥这一制度的特点和优势，有利于健全人大监督机制，有利于促进依法行政、公正司法。

二、正确处理加强人大监督工作和加强党的领导、支持"一府两院"开展工作的关系

人大监督涉及国家的政治制度和国家体制，需要处理好加强人大监督工作和加强党的领导、支持"一府两院"开展工作的关系。2006 年 10 月 8 日，胡锦涛总书记在党的十六届六中全会第一次全体会议上就监督法专门讲了一段话，他说："监督法是一部十分重要的法律，涉及我国的政治制度和国家体制，各方面都很关注，中央政治局高度重视，强调制定监督法是发展社会主义民主政治、实施依法治国基本方略的必然要求，在制定的过程中要正确处理加强人大监督工作和加强党的领导、支持'一府两院'依法开展工作的关系。"从我国的政体来讲，我国的根本政治制度是人民代表大会制度，"一府两院"由人大产生，对人大负责，受人大监督，在人民代表大会统一行使国家权力的前提下，对行政机关、检察机关、司法机关的职权又有一个明确的划分。人大和"一府两院"的关系是既有监督又有支持，但监督又不代行行政权、审判权、检察权。同时，人大与"一府两院"又都是党领导下的国家机关，虽然分工不同，但是出发点和目标是一致的，都是在党的领导下协调工作，都是维护国家和人民的根本利益，这是我们国家政治制度的优势和特点。这样一个政治体系，人大监督权力的行使就势必涉及两个关系，既涉及党和国家机关之间的关系，又涉及国家机关之间的关系，这是我国的政治特色。只有正确处理加强人大监督工作和加强党的领导、支持"一府两院"依法开展工作的关系，才能准确把握人大监督的特点，充分发挥人大监督的优势。

从国家监督体系讲，人大的监督工作只是党和国家监督体系

中的一个组成部分。人大的监督是国家最高层次的监督，但是并不意味着人大的监督就可以涵盖和代替其他所有的监督形式，人大的监督和其他的监督形式也不存在主从关系。人大监督制度同其他监督制度一起共同构成了我们党和国家的监督体系，这个监督体系是全方位、多层次的，实践证明也是符合我国的国情和实际，是行之有效的。在党的领导下把各方面监督制度结合起来，形成合力，充分发挥党和国家监督体系的整体功能，这样才能增强监督实效。作为党和国家监督体系的重要组成部分，人大常委会对政府、法院、检察院进行监督的目的是"三个确保"：第一是确保宪法和法律得到正确的实施；第二是确保行政权、审判权、检察权得到正确的行使；第三是确保公民、法人和其他组织的合法权益得到尊重和维护。人大常委会如果不把工作监督做好，就是失职，如果人大常委会代替"一府两院"去办事情就是越权。人大常委会既不能失职又不能越权，这是人大监督的准确定位。

三、从人大监督实际出发，与改革发展进程相适应

按照宪法的规定，各级人大及其常委会作为权力机关，其监督权力是非常广泛的。制定监督法须从实际出发，区别不同情况作出规定：实践经验比较成熟的，加以深化、细化，作出具体规定；实践经验尚不成熟，又需要规定的，作出原则规定，为进一步改革留下空间；缺乏实践经验，各方面的意见又不一致的，暂不作规定，待条件成熟时再作补充完善。应该说，这是我国立法工作所秉承的一贯做法，也是比较切合实际的。

监督法从人大开展经常性监督工作的实际需要出发，将调整

范围确定为规范人大常委会的监督工作。各级人大和县级以上各级人大常委会都有对本级"一府两院"的监督权，但人民代表大会与人大常委会的具体监督职权有所不同，而且各级人大每年通常只开一次会，不可能对"一府两院"工作实施经常性的监督。按照宪法有关规定，对"一府两院"工作实施经常性监督的职权是由人大常委会行使的。监督法将调整范围确定为人大常委会的监督工作，体现了立法着眼于现实需要，立足解决实际问题，使监督法具有较强的针对性。

　　监督法从实际出发，与经济体制、政治体制、文化体制等各方面的改革进程相适应，稳妥地将述职评议、个案监督规范为工作评议。地方各级人大及其常委会为加强对"一府两院"工作监督进行了积极的探索和实践，已经形成工作评议、述职评议两种监督方式，这两种方式都为制定好监督法提供了有益的经验。地方人大通过对干部的述职评议，对督促被评议的"一府两院"干部进一步增强人大意识、法律意识、改进自身工作发挥了积极的作用。但是随着干部述职评议工作的开展，在实际中出现了一些难以回避的问题，关键是如何处理好人大监督与坚持党管干部原则的关系。党的领导主要是政治、思想和组织领导。坚持党管干部的原则，才能从政治上、组织上确保党的执政地位。加强人大常委会对"一府两院"工作的监督，把述职评议纳入工作评议，把有关主管干部的工作业绩和存在的问题寓于评议专项工作之中，实际上也体现了人大对主管干部的监督，有助于党委及其组织部门对领导干部的考察。党委组织部门与人大常委会建立起联系、沟通的工作制度，把人大常委会对"一府两院"工作的评议意见，作为评价、使用干部的一项重要依据，这样就把对工作的监督和对个人的监督很好地结合起来了，既能够比较好地处理加强人大监督工作与党管干部原则的关系，又能够增强监督的针对性和实效性。

地方人大为加强对本级法院、检察院的工作监督进行了很多探索和实践，探索出个案监督的形式，对促进公正司法起到了积极作用。但个案监督这种形式，宪法和法律都没有明确规定，是从宪法和法律以及人民代表大会制度的精神中延伸出来的，在实施过程中遇到诸多问题，关键是如何处理好人大监督与法院、检察院依法独立行使职权的关系。人大常委会对具体案件进行监督，如果说介入司法机关认定事实、适用法律等具体办案程序，实际上人大就代行了审判权和检察权，这不符合人大和审判机关、检察机关的职责划分。我国的政体是人民代表大会制度，在人民代表大会统一行使国家权力的前提下，对行政机关、审判机关、检察机关的职权又有明确的划分，它们虽分工不同，目标却是完全一致的，都要在党的统一领导下依法独立负责地履行职责，协调一致地开展工作。依据宪法规定，法院、检察院依法独立行使审判权、检察权。人大是国家权力机关，不是审判机关、检察机关，不能代替司法机关办理"个案"。从实践经验看，加强人大常委会对法院、检察院的工作监督和法律监督，重点解决审判、检察工作中带有共性的突出问题，更能收到实效。

第三节　监督法规定的监督形式

《中华人民共和国各级人民代表大会常务委员会监督法》于2006年8月27日第十届全国人民代表大会常务委员会第二十三

次会议通过。监督法对全国人大常委会和地方各级人大常委会监督"一府两院"工作的基本原则、监督形式和监督程序作出较为全面的规定，使人大的监督工作进一步制度化、规范化、程序化。监督法明确规定，各级人民代表大会常务委员会依据宪法和有关法律的规定，行使监督职权。各级人民代表大会常务委员会行使监督职权的程序，适用本法；本法没有规定的，适用有关法律的规定。监督法还规定，省、自治区、直辖市的人民代表大会常务委员会可以根据本法和有关法律，结合本地实际情况制定实施办法。

监督法对人大常委会的监督形式进行了规范。人大常委会开展监督的形式主要有如下七种。

一、听取和审议专项工作报告

听取和审议专项工作报告是人大常委会开展监督工作的一种主要形式。监督法第八条第一款规定："各级人民代表大会常务委员会每年选择若干关系改革发展稳定大局和群众切身利益、社会普遍关注的重大问题，有计划地安排听取和审议本级人民政府、人民法院和人民检察院的专项工作报告。"

听取专项工作报告的议题来源主要有六个方面：1. 本级人民代表大会常务委员会在执法检查中发现的突出问题；2. 本级人民代表大会代表对人民政府、人民法院和人民检察院工作提出的建议、批评和意见集中反映的问题；3. 本级人民代表大会常务委员会组成人员提出的比较集中的问题；4. 本级人民代表大会专门委员会、常务委员会工作机构在调查研究中发现的突出问题；5. 人民来信来访集中反映的问题；6. 社会普遍关注的其他问题。此外，人民政府、人民法院和人民检察院可以向本级人民代表大会常务委员会要求报告专项工作。

监督法规定，常务委员会听取和审议专项工作报告前，委员长会议或者主任会议可以组织本级人民代表大会常务委员会组成人员和本级人民代表大会代表，对有关工作进行视察或者专题调查研究。常务委员会可以安排参加视察或者专题调查研究的代表列席常务委员会会议，听取专项工作报告，提出意见。

为了便于人大常委会对专项工作报告进行充分审议，监督法对有关时间期限作了相应规定。1. 人民政府、人民法院或者人民检察院应当在常务委员会举行会议的二十日前，由其办事机构将专项工作报告送交本级人民代表大会有关专门委员会或者常务委员会有关工作机构征求意见。2. 人民政府、人民法院或者人民检察院对报告修改后，在常务委员会举行会议的十日前送交常务委员会。3. 常务委员会办事机构应当在常务委员会举行会议的七日前，将专项工作报告发给常务委员会组成人员。

监督法规定，常务委员会组成人员对专项工作报告的审议意见交由本级人民政府、人民法院或者人民检察院研究处理。人民政府、人民法院或者人民检察院应当将研究处理情况由其办事机构送交本级人民代表大会有关专门委员会或者常务委员会有关工作机构征求意见后，向常务委员会提出书面报告。常务委员会认为必要时，可以对专项工作报告作出决议；本级人民政府、人民法院或者人民检察院应当在决议规定的期限内，将执行决议的情况向常务委员会报告。常务委员会听取的专项工作报告及审议意见，人民政府、人民法院或者人民检察院对审议意见研究处理情况或者执行决议情况的报告，向本级人民代表大会代表通报并向社会公布。

二、审查和批准计划预算

根据监督法规定，国务院应当在每年六月，将上一年度的中央决算草案提请全国人民代表大会常务委员会审查和批准。县级以上地方各级人民政府应当在每年六月至九月期间，将上一年度的本级决算草案提请本级人民代表大会常务委员会审查和批准。国务院和县级以上地方各级人民政府应当在每年六月至九月期间，向本级人民代表大会常务委员会报告本年度上一阶段国民经济和社会发展计划、预算的执行情况。国民经济和社会发展计划、预算经人民代表大会批准后，在执行过程中需要作部分调整的，国务院和县级以上地方各级人民政府应当将调整方案提请本级人民代表大会常务委员会审查和批准。常务委员会对决算草案和预算执行情况报告，重点审查下列内容：1. 预算收支平衡情况；2. 重点支出的安排和资金到位情况；3. 预算超收收入的安排和使用情况；4. 部门预算制度建立和执行情况；5. 向下级财政转移支付情况；6. 本级人民代表大会关于批准预算的决议的执行情况。

监督法规定，常务委员会每年审查和批准决算的同时，听取和审议本级人民政府提出的审计机关关于上一年度预算执行和其他财政收支的审计工作报告。常务委员会组成人员对国民经济和社会发展计划执行情况报告、预算执行情况报告和审计工作报告的审议意见交由本级人民政府研究处理。人民政府应当将研究处理情况向常务委员会提出书面报告。常务委员会认为必要时，可以对审计工作报告作出决议；本级人民政府应当在决议规定的期限内，将执行决议的情况向常务委员会报告。

监督法就国民经济和社会发展五年规划中期评估作出规定：国民经济和社会发展五年规划经人民代表大会批准后，在实施的中期阶段，人民政府应当将规划实施情况的中期评估报告提请本级人民代表大会常务委员会审议。规划经中期评估需要调整的，人民政府应当将调整方案提请本级人民代表大会常务委员会审查和批准。

监督法规定，常务委员会听取的国民经济和社会发展计划执行情况报告、预算执行情况报告和审计工作报告及审议意见，人民政府对审议意见研究处理情况或者执行决议情况的报告，向本级人民代表大会代表通报并向社会公布。

三、执法检查

对法律法规实施情况的检查监督通常称为"执法检查"。执法检查是各级人大常委会富有成效的一种监督形式。人大常委会的执法检查不是一般性的工作检查，而是国家权力机关根据法律的授权，针对法律法规的实施情况开展的专门检查。监督法第二十二条规定，各级人民代表大会常务委员会"每年选择若干关系改革发展稳定大局和群众切身利益、社会普遍关注的重大问题，有计划地对有关法律、法规实施情况组织执法检查"。监督法关于执法检查的规定，明确了人大常委会保证宪法、法律、行政法规得到遵守和执行的具体方式。

执法检查结束后，执行检查组应当及时提出执法检查报告，由委员长会议或者主任会议决定提请常务委员会审议。执法检查报告包括下列内容：1. 对所检查的法律、法规实施情况进行评价，提出执法中存在的问题和改进执法工作的建议；2. 对有关法律、法规提出修改完善的建议。

常务委员会组成人员对执法检查报告的审议意见连同执法检查报告，一并交由本级人民政府、人民法院或者人民检察院研究处理。人民政府、人民法院或者人民检察院应当将研究处理情况由其办事机构送交本级人民代表大会有关专门委员会或者常务委员会有关工作机构征求意见后，向常务委员会提出报告。必要时，由委员长会议或者主任会议决定提请常务委员会审议，或者由常务委员会组织跟踪检查。

监督法规定，全国人民代表大会常务委员会和省、自治区、直辖市的人民代表大会常务委员会根据需要，可以委托下一级人民代表大会常务委员会对有关法律、法规在本行政区域内的实施情况进行检查。受委托的人民代表大会常务委员会应当将检查情况书面报送上一级人民代表大会常务委员会。

四、规范性文件备案审查

规范性文件备案审查是人大常委会日常监督工作的重要组成部分，也是法律监督的主要内容。在我们国家，宪法具有最高的法律效力，一切法律、行政法规、地方性法规、自治条例和单行条例、规章等都不得同宪法相抵触，所以备案审查也是宪法监督的重要形式。监督法第五章就规范性文件的备案审查作出具体规定。

监督法规定，行政法规、地方性法规、自治条例和单行条例、规章的备案、审查和撤销，依照立法法的有关规定办理。县级以上地方各级人民代表大会常务委员会审查、撤销下一级人民代表大会及其常务委员会作出的不适当的决议、决定和本级人民政府发布的不适当的决定、命令的程序，由省、自治区、直辖市的人民代表大会常务委员会参照立法法的有关规定，作出具体规定。县级以上地方各级人民代表大会常务委员会对下一级人民代表大会及其常务委员会作出的决议、决定和本级人民政府发布的决定、命令，经审查，认为有下列不适当的情形之一的，有权予以撤销：1. 超越法定权限，限制或者剥夺公民、法人和其他组织的合法权利，或者增加公民、法人和其他组织的义务的；2. 同法律、法规规定相抵触的；3. 有其他不适当的情形，应当予以撤销的。

监督法就法律解释备案审查作出规定：最高人民法院、最高人民检察院作出的属于审判、检察工作中具体应用法律的解释，应当自公布之日起三十日内报全国人民代表大会常务委员会备案。国务院、中央军事委员会和省、自治区、直辖市的人民代表大会常务委员会认为最高人民法院、最高人民检察院作出的具体应用法律的解释同法律规定相抵触的，最高人民法院、最高人民检察院之间认为对方作出的具体应用法律的解释同法律规定相抵触的，可以向全国人民代表大会常务委员会书面提出进行审查的要求，由常务委员会工作机构送有关专门委员会进行审查、提出意见。全国人民代表大会法律委员会和有关专门委员会经审查认为最高人民法院或者最高人民检察院作出的具体应用法律的解释同法律规定相抵触，而最高人民法院或者最高人民检察院不予修改或者废止的，可以提出要求最高人民法院或者最高人民检察院予以修改、废止的议案，或者提出由全国人民代表大会常务委员会作出法律解释的议案，由委员长会议决定提请常务委员会审议。

五、询问和质询

询问是指各级人大常委会会议审议议案和有关报告时，常委会组成人员有权提出询问，本级人民政府或者有关部门、人民法院或者人民检察院应当派有关负责人到会听取意见，回答询问。监督法规定，各级人民代表大会常务委员会会议审议议案和有关报告时，本级人民政府或者有关部门、人民法院或者人民检察院应当派有关负责人员到会，听取意见，回答询问。

质询是指人大代表和常委会组成人员依照法定的条件和程序，对政府及其部门、人民法院、人民检察院履行法定职责中不清楚、不理解、不满意的方面提出问题，要求有关机关作出说明、解释的活动。监督法对提出质询案的条件和办理程序等作了明确具体规定。

全国人民代表大会常务委员会组成人员十人以上联名，省、自治区、直辖市、自治州、设区的市人民代表大会常务委员会组成人员五人以上联名，县级人民代表大会常务委员会组成人员三人以上联名，可以向常务委员会书面提出对本级人民政府及其部门和人民法院、人民检察院的质询案。质询案由委员长会议或者主任会议决定交由受质询的机关答复。委员长会议或者主任会议可以决定由受质询机关在常务委员会会议上或者有关专门委员会会议上口头答复，或者由受质询机关书面答复。提质询案的常务委员会组成人员的过半数对受质询机关的答复不满意的，可以提出要求，经委员长会议或者主任会议决定，由受质询机关再作答复。

六、特定问题调查

特定问题调查是人大监督的一种重要形式，是指人大及其常委会为查证某个重大问题而依照法定程序所进行的调查活动。关于特定问题调查的启动、组织、程序等，宪法和相关法律都有规定，监督法第七章作了明确具体规定。

监督法规定，各级人民代表大会常务委员会对属于其职权范围内的事项，需要作出决议、决定，但有关重大事实不清的，可以组织关于特定问题的调查委员会。委员长会议或者主任会议可以向本级人民代表大会常务委员会提议组织关于特定问题的调查委员会，提请常务委员会审议。五分之一以上常务委员会组成人员书面联名，可以向本级人民代表大会常务委员会提议组织关于特定问题的调查委员会，由委员长会议或者主任会议决定提请常务委员会审议，或者先交有关的专门委员会审议、提出报告，再决定提请常务委员会审议。

监督法规定，调查委员会由主任委员、副主任委员和委员组成，由委员长会议或者主任会议在本级人民代表大会常务委员会组成人员和本级人民代表大会代表中提名，提请常务委员会审议通过。调查委员会可以聘请有关专家参加调查工作。调查委员会应当向产生它的常务委员会提出调查报告。常务委员会根据报告，可以作出相应的决议、决定。

七、撤职

撤职是指人大常委会依据法律规定对有违法、违纪或者失职、渎职行为的国家机关工作人员，在其任期届满或者正常卸任之前，依法撤销其所任职务的一种行为。撤职不同于因工作变动、离退休等原因的正常免职，具有惩戒性质。监督法第八章对撤职案提出的主体、处理、审议和决定作了明确规定。

监督法规定，县级以上地方各级人民代表大会常务委员会在本级人民代表大会闭会期间，可以决定撤销本级人民政府个别副省长、自治区副主席、副市长、副州长、副县长、副区长的职务；可以撤销由它任命的本级人民政府其他组成人员和人民法院副院长、庭长、副庭长、审判委员会委员、审判员，人民检察院副检察长、检察委员会委员、检察员，中级人民法院院长，人民检察院分院检察长的职务。

可以提出撤职案的主体包括：1. 县级以上地方各级人民政府、人民法院和人民检察院；2. 县级以上地方各级人民代表大会常务委员会主任会议；3. 县级以上地方各级人民代表大会常务委员会五分之一以上的组成人员书面联名提出撤职案，由主任会议决定是否提请常务委员会会议审议；或者由主任会议提议，经全体会议决定，组织调查委员会，由以后的常务委员会会议根据调查委员会的报告审议决定。

监督法规定，撤职案的表决采用无记名投票的方式，由常务委员会全体组成人员的过半数通过。

第四章

全国人大常委会监督工作务实创新

全国人大常委会经常性监督工作主要包括两个方面：一是工作监督，二是法律监督。工作监督是指人大常委会对"一府一委两院"在工作中是否正确实施法律和依法行使职权，是否正确贯彻国家的方针、政策，是否正确执行人大及其常委会作出的决议、决定的情况所进行的监督。工作监督包括：专项工作监督、计划和预算执行情况监督，以及法律法规实施情况的监督等。法律监督是指对规范性文件是否符合宪法和法律规定所进行的监督。

全国人大常委会高度重视监督工作，不断深化对人大监督工作的认识，按照围绕中心、突出重点、讲求实效的工作思路，不断加强工作监督和法律监督，探索、创新监督方式，健全、完善监督工作制度，形成一套行之有效的监督工作机制和方法，监督工作逐步走上制度化和科学化的轨道。

第一节　听取和审议专项工作报告

听取和审议专项工作报告是全国人大常委会最早使用的一个经常性监督工作形式。自全国人大成立起，就一直运用这种监督形式并在实践中不断完善和发展。

一、听取工作报告程序逐步规范

1954 年全国人民代表大会成立以后，听取和审议专项工作报告这个监督形式就开始运用。据史料记载，周恩来总理向全国人大常委会报告工作达 16 次之多。在监督法出台之前，常委会根据宪法和法律的有关规定，每年都围绕若干国计民生的重要问题听取和审议有关国家机关的报告，这个监督形式当时称为"专题工作报告"，而且每年常委会都有一个听取和审议专题工作报告的年度计划。为了规范听取和审议专题工作报告程序，2005 年12 月，十届全国人大常委会秘书长办公会议制定了全国人大常委会听取专题工作报告程序。该程序就专题工作报告选题的提出、年度计划的拟定和批准、先期调研的安排、专题工作报告的提交、报告的听取和审议、审议意见的转办落实等方面作出规定。1. 选题。每年 11 月底以前，全国人大专门委员会应当向常委会提出下一年度常委会听取和审议专题工作报告的选题建议。建议应当包括报告的题目、理由、重点、时间安排以及报告机关等内容。全国人大代表、其他机关和组织也可以书面提出选题建议。2. 年度计划的拟定。常委会办公厅负责收集、汇总专门委员会及其他有关方面关于专题工作报告选题的建议，并于每年 12 月底以前拟出全国人大常委会听取和审议专题工作报告计划稿，提请秘书长办公会议审定。3. 年度计划的批准和通知。专题工作报告计划稿经秘书长办公会议审议通过后，由秘书长提请委员长会议审议批准。批准后，由办公厅印发常委会会议。同时，办公厅以书面形式将专题工作报告计划通知国务院办公厅、最高人民法院、最高人民检察院，并印发各专门委员会、常委会工作委员会和办公厅有关局室。4. 先期调研的安排。相关专门委员会根据常委会听取专题工作报告的年度计划，应当先期组织专题调研，了解和掌握有关情况，写出有分析的调研报告，为常委会听取和审议专题工作报告做好准备工作。专门委员会的先期调研报告经秘书长批准后，由常委会办公厅以参阅文件的形式，印发常委会会议。5. 交换意见。专门委员会应当在常委会会议听取和审议专题工作报告的一个月前，采取预先听取该报告等形式，与报告机关进行沟通，了解报告内容，并就报告是否回答了常委会组成人员和人民群众普遍关心的问题交换意见，为向委员长会议汇报和为常委会会议听取和审议该专题工作报告做准备。6. 专题工作报告的提交。国务院及其部门、最高人民法院和最高人民检察院应当按照常委会听取和审议专题工作报告年度计划的要求，于委员长会议召开的五日前，将专题工作报告送常委会办公厅。7. 报告的听取和审议。常委会全体会议听取专题工作报告时，由国务院负责人或者国务院部门、最高人民法院、最高人民检察院主要负责人作报告。常委会分组会议审议专题报告时，报告机关和相关专门委员会应当派人到会听取意见、回答询问。8. 审议意见的转办落实。常委会办公厅应当将会议对专题工作报告的审议意见，汇总整理成常委会会议审议意见，由秘书长签发，函送国务院办公厅或者最高人民法院、最高人民检察院整改工作时参考。相关专门委员会应进行跟踪督查。必要时，可在三个月内就报告机关的整改情况听取汇报，与有关部门沟通情况，并督促有关部门于六个月内将整改情况书面报告委员长会议和常委会会议。办公厅应将该书面报告送相关专门委员会研究、提出意见，并将该意见连同书面报告一并印发委员长会议和常委会会议。[1]

---

〔1〕 万其刚主编：《人民代表大会制度简史》，中国民主法制出版社2015年版。

二、听取工作报告关注热点难点问题

九届全国人大常委会共听取和审议了国务院、最高人民法院、最高人民检察院的 40 个专题工作报告。九届全国人大常委会注重把改革发展稳定中的重大问题，人民群众关心的热点难点问题，作为听取专题工作报告的重点。1998 年汛期，我国长江流域和松花江、嫩江流域发生特大洪水，全国人民十分关心抗洪抢险的情况。全国人大常委会在当年 8 月下旬召开的常委会会议上，听取和审议了温家宝总理代表国务院所作的关于全国抗洪抢险情况的报告。亚洲金融危机后，常委会听取和审议了金融工作情况的报告；为实施好积极的财政政策和稳健的货币政策，常委会听取和审议了长期国债投资使用情况的报告；根据国有企业三年基本脱困的要求，常委会听取和审议了国有企业改革情况的报告。

十届全国人大常委会共听取和审议了国务院、最高人民法院、最高人民检察院的 41 个工作报告。吴邦国委员长多次强调，听取和审议工作报告要着重"抓两头"：一头是抓关系改革发展稳定全局的重大问题；另一头是抓同老百姓切身利益密切相关的热点、难点问题。就业和再就业问题关系改革发展稳定的大局，关系人民生活水平的提高，不仅是重大的经济问题，也是重大的政治问题。从 2001 年开始，全国人大常委会连续三年听取和审议了国务院关于就业和再就业情况的报告。2003 年、2004 年，面对突如其来的非典疫情和高致病性禽流感，常委会及时调整监督计划，专门安排听取和审议国务院专项工作报告，推动有关方面建立和实施突发公共卫生事件应急机制。

三、监督法对听取专项工作报告作出具体规定

2006 年 8 月 27 日，十届全国人大常委会第二十三次会议表决通过《中华人民共和国各级人民代表大会常务委员会监督法》。监督法第二章用一个专章对专项工作报告的选题、听取、审议、审议意见的转交、研究处理情况的反馈、向社会公开等一系列问题作了明确具体的规定。根据监督法的规定，全国人大常委会每年选择若干关系改革发展稳定大局和群众切身利益、社会普遍关注的重大问题，有计划地安排听取和审议国务院、最高人民法院和最高人民检察院的专项工作报告。听取专项工作报告的议题，通过六个途径反映的问题来确定：1. 常委会在执法检查中发现的突出问题；2. 人大代表对"一府两院"工作提出的建议、批评和意见集中反映的问题；3. 常委会组成人员提出的比较集中的问题；4. 人大专门委员会、常委会工作机构在调查研究中发现的突出问题；5. 人民来信来访集中反映的问题；6. 社会普遍关注的其他问题。上述确定专项工作报告议题的途径突出"问题"意识。这种问题有三个显著特点：一是具有突出性，是各种问题中的重要问题，是主要矛盾的体现；二是具有集中性，是不同群体、不同方面共同反映的问题；三是具有普遍性，是广泛存在的问题，而不是零星的、个别的问题。

十一届全国人大常委会听取专项工作报告强化"问题"意识，许多关系改革发展稳定大局和群众切身利益、社会普遍关注的重大问题纳入全国人大常委会的视野。听取和审议专项工作报告是常委会最经常使用的监督形式。从 2007 年监督法施行开始，全国人大常委会每年都制定包含各种监督工作在内的综合性的监

督工作年度计划，一般有 20 多个监督项目，其中一半以上是听取和审议专项工作报告。十一届全国人大常委会共安排了 146 个监督项目，其中听取和审议专项工作报告 83 个，约占 57%。

第二节　计划和预算监督

计划和预算既是国家宏观调控的重要手段，又是经济运行和政府活动的重要依据，集中反映了党和国家关于经济社会发展的方针、政策、措施，直接关系国计民生和人民群众切身利益。对计划、预算的审查和批准及其执行情况的监督是人大及其常委会的重要职权。

一、探索计划和预算监督制度

从 20 世纪 80 年代初开始，全国人大及其常委会就按照宪法的有关规定开展计划和预算监督。由于计划和预算政策性、专业性、技术性很强，在有限的会期内对"内行说不清、外行看不懂"的计划和预算进行全面有效审查，确实有很大难度。如何使计划、预算监督真正到位而不致流于形式，全国人大常委会开始探索并逐步完善这项监督制度。[1]

1989 年 4 月 4 日，七届全国人大二次会议通过的《中华人民共和国全国人民代表大会议事规则》对审查国家计划和国家

---

〔1〕　万其刚主编：《人民代表大会制度简史》，中国民主法制出版社 2015 年版。

预算作了程序规定。议事规则规定：全国人民代表大会会议举行的一个月前，国务院有关主管部门应当就国民经济和社会发展计划及计划执行情况、国家预算及预算执行情况的主要内容，向全国人大财经委员会和有关专门委员会汇报，由财经委员会进行初步审查。

1994 年 3 月 22 日，八届全国人大二次会议通过《中华人民共和国预算法》。预算法规范了预算监督内容，细化对国家财政收支的审计监督。预算法规定，审计机关对本级各部门、直属单位和下级政府预算的执行情况和决算，以及预算外资金的管理和使用情况，进行审计监督。审计机关对国有企业的资产、负债、损益等方面，进行审计监督。预算法明确国家实行审计监督制度，规定国务院和县级以上地方政府应当每年向本级人大常委会提交审计机关对预算执行和其他财政收支的审计工作报告。

二、设立预算工作委员会

经 1998 年底闭幕的九届全国人大常委会第六次会议审议，全国人大常委会决定设立全国人大常委会预算工作委员会。六届全国人大以来，预算的审查监督工作一直由全国人大财政经济委员会协助全国人大及其常委会进行。历届全国人大财经委在这方面做了不少工作，收到了较好的成效，但由于这方面的工作专业性强、工作量大，全国人大财经委承担的工作范围较宽，难以集中主要力量开展预算的监督工作，致使预算的审查监督基本上处于程序性的审查监督，在一定程度上影响了对预算审查监督的深度和力度。全国人大常委会设立预算工作委员会，为更好地履行全国人大及其常委会对预算的审查、批准和监督的职责创造了工作条件。[1] 预算工作委员会作为全国人大常委会的工作机构，主要职责是协助全国人大财政经济委员会承担全国人大及其常委会审查预决算、审查预算调整方案和监督预算执行方面的具体工作；受委员长会议委托，承担有关法律草案的起草工作和有关法规备案审查的具体工作；协助全国人大财经委承担有关法律草案审议方面的具体工作；承办全国人大常委会及其委员长会议交办和全国人大财经委需要协助办理的其他具体事项。设立预算工作委员会对实现预算实质性审查、促使预算审查走上法治化道路，起到了很大的促进作用。

三、作出加强预算审查监督和经济工作监督决定

1999 年 12 月 25 日，九届全国人大常委会第十三次会议通过《关于加强中央预算审查监督的决定》。该决定提出"五个加强"：1. 加强和改善预算编制工作。各部门、各单位应当按照预算法的要求编好部门预算和单位预算，有关部门要按时批复预算、拨付资金。2. 加强和改善预算审查工作。国务院财政部门应及时向财政经济委员会、预算工作委员会通报中央预算编制情况，在代表大会会议举行一个半月前将预算初步方案提交财经委员会进行初步审查。在代表大会会议期间，财经委员会根据各代表团和有关专门委员会的意见，对中央及地方预算草案进行审查，并提出审查结果报告。3. 加强对中央预算调整方案的审查工作。因特殊情况必须调整中央预算时，国务院应当编制预算调整方案，及时向财政经济委员会、预算工作委员会通报预算调整情

---

〔1〕《瞭望》新闻周刊 1999 年第 1 期。

况，在常委会会议审批一个月前将预算调整初步方案提交财经委员会进行初步审查。4. 加强对中央预算执行情况的监督。严格控制不同预算科目之间的资金调剂，中央预算安排的农业、教育、科技、社会保障预算资金的调减须经全国人大常委会审查批准。国务院有关部门应及时向财政经济委员会、预算工作委员会提交落实代表大会关于预算决议的情况、预算批复情况、预算收支执行情况等。预计超收收入安排使用情况、预算外资金的收支情况要向常委会报告。5. 加强对中央预算执行的审计。国务院应当向全国人大常委会提出对中央预算执行和其他财政收支的审计工作报告。审计部门要按照真实、合法和效益的要求，对中央预算执行情况和部门决算进行审计，限时依法纠正和处理审计出的问题。必要时常委会可以对审计工作报告作出决议。

2000 年 3 月 1 日，九届全国人大常委会第十四次会议通过《关于加强经济工作监督的决定》。该决定就计划草案的报送、计划草案的审查、重大建设项目的审议决定、经济运行的监督、专门委员会听取专题汇报等作出具体规定。1. 计划草案的报送。国务院编制国民经济和社会发展年度计划草案、五年计划草案以及长远规划草案，应当在代表大会会议举行一个月前，报送全国人大常委会。2. 计划草案的审查。代表大会期间，财经委员会根据各代表团和有关专门委员会的审查意见，对计划草案和计划报告进行审查。审查的重点是编制的指导方针、主要目标、主要措施等。审查结果报告经主席团审议通过后，印发代表大会。3. 重大建设项目的审议决定。对涉及面广、影响深远、投资巨大的国家重大建设项目，国务院可以提出议案，由全国人大或者常委会审议并作出决定。4. 经济运行的监督。国务院每年 8 月应向全国人大常委会报告上半年计划执行情况。代表大会批准的年度计划、五年计划和长远规划必须作的部分调整，由国务院提请常委会审查批准。经济运行发生重大变化时，国务院应向全国人大常委会报告，作出说明。常委会可以根据需要，听取和审议国务院经济工作方面的专题汇报，以及国家重点建设项目的工作汇报，进行监督。5. 专门委员会听取专题汇报。受委员长会议的委托，专门委员会可以召开全体会议，听取国务院有关部门的专题汇报。财经委员会应当在 4 月、7 月和 10 月的 15 日前分别召开全体会议，听取国务院有关部门关于季度经济运行情况的汇报，并进行分析研究。专门委员会提出的意见和建议应当报告委员长会议，由委员长会议审议决定是否批转国务院及其有关部门研究处理，并将结果报告全国人大常委会。

《全国人民代表大会常务委员会关于加强中央预算审查监督的决定》《全国人民代表大会常务委员会关于加强经济工作监督的决定》两项决定总结多年来实践经验，对计划、预算监督制度作了补充规定。这些规定极大增强了计划、预算监督的针对性和可操作性。"根据加强中央预算审查监督的决定和加强经济工作监督的决定，常委会加强了对经济运行情况的经常性分析，改进和规范预决算审查监督程序，推动国务院编制部门预算、细化预算和提前编制预算，开展部门预算审查监督，逐步加大对预算外资金和预算超收部分使用情况的监督力度。从 2001 年开始，国务院提交全国人大审查的部门预算已达 26 个部门。"[1]

---

[1] 李鹏：《全国人民代表大会常务委员会工作报告》，2003 年 3 月 10 日在十届全国人大一次会议上。

四、完善计划和预算监督机制

监督法出台后，全国人大常委会计划和预算的监督机制更加完善。比如，监督法第十八条规定了常委会对决算草案和预算执行情况的预算收支平衡情况，重点支出的安排和资金到位情况，预算超收收入的安排和使用情况，部门预算制度建立和执行情况，向下级财政转移支付情况，本级人大关于批准预算决议的执行情况等六方面审查内容。人大常委会对决算草案和预算执行情况报告实行重点审查。全国人大常委会对决算的审查批准主要把握五个环节：一是听取财政部门关于上一年度预算执行和决算草案的报告。决算草案应当按照本级人大批准的预算所列科目编制，按预算数、调整数或者变更数以及实际执行数分别列出，并作出说明。二是听取财政经济委员会、预算工作委员会在调查研究基础上提出的决算审查报告。三是听取审计机关关于上一年度预算执行和其他财政收支情况的审计报告。四是在听取上述报告的基础上，常委会分组对决算草案及报告进行讨论。五是作出关于决算及报告的决定，批准决算，提出相关要求。各环节包含了丰富的信息，从不同方面协助实现审查功能。

全国人大常委会改进听取和审议计划和预算执行情况的报告方式。以往全国人大常委会是把听取决算草案报告和上一阶段预算执行情况报告结合起来，一并安排在6月。为加强对预算执行情况的监督，从2010年开始作了改革，将以往在6月常委会会议上听取审议中央决算报告时一并审议当年前5个月预算执行情况的做法，改为在8月常委会会议上专门听取审议当年预算执行情况的报告，重点审查全国人大批准的预算及预算决议执行情况、中央财政转移支付情况、重点支出资金到位和使用情况等。

全国人大常委会注重审查和批准计划和预算的部分调整。计划和预算是对未来一定时期内经济社会发展、财政收支所作的预测性安排，在实际执行中因客观情况的变化可能需要作适当调整。而人大会议一年一般只召开一次，代表大会对计划和预算部分调整进行审查和批准，难以保证时效。因此，宪法、地方组织法、监督法等规定：人大常委会审查和批准计划和预算的部分调整。计划和预算经批准后，在执行中需要作部分调整的，政府应当将调整方案提请本级人大常委会审查批准。2008 年发生汶川特大地震灾害，国务院设立灾后重建基金，当年安排 700 亿元资金，其中，600 亿元从预算稳定调节基金中调入，50 亿元从车辆购置税中调整安排，10 亿元从彩票公益金中调整安排，40 亿元从国有资本经营预算中调入。中央预算实际支出增加 600 亿元，全国人大常委会为此专门作出预算调整决定。

第三节　执法检查

执法检查是指对法律、法规实施情况的检查，是人大常委会把工作监督和法律监督结合起来的一种法定监督形式。通过执法检查，既能发现执法中存在的问题，推动改进工作，又能发现法律、法规自身存在的不足，为进一步修改完善有关法律、法规提出建议。

一、执法检查溯源

全国人大常委会执法检查工作始于 20 世纪 90 年代初期。全国人大常委会公报中可查到的最早的执法检查报告是 1991 年，时任全国人大财经委员会副主任委员杨波向常委会作报告，报告内容是检查土地管理法实施情况。[1] 1993 年 9 月 2 日，八届全国人大常委会第三次会议通过《全国人民代表大会常务委员会关于加强对法律实施情况检查监督的若干规定》。该规定明确了人大常委会执法检查的性质、原则和要求，执法检查报告的提出和审议，对执法检查中发现重大的典型违法案件的处置，以及如何及时进行宣传报道等内容。

　　1999 年 4 月 23 日，九届全国人大常委会第十四次委员长会议通过《关于改进全国人大常委会执法检查工作的几点意见》。李鹏委员长在九届全国人大二次会议闭幕会上的讲话中指出："执法检查要改进方法，轻车简从，深入群众，力戒形式主义。"根据这一精神，全国人大常委会对执法检查工作提出五条改进意见：1. 检查的法律不宜安排太多；2. 重申常委会执法检查的对象，改进与地方交流情况的方式；3. 执法检查组的组成人员要精干，到地方时不要层层陪同，切实做到轻车简从；4. 突出检查重点，注重检查实效；5. 要从法律实施的角度写好执法检查报告。

二、执法检查的成效

　　全国人大常委会领导同志非常重视执法检查工作，委员们也积极参与，执法检查已经成为委员们除常委会会议外参与最多的一项工作。据统计，1993 年至 1997 年，八届全国人大常委会共检查了 19 部法律和有关法律问题的决定的实施情况，先后组织了 23 次执法检查，有 12 位副委员长 28 人次、69 位常委会委员

---

〔1〕　万其刚主编：《人民代表大会制度简史》，中国民主法制出版社 2015 年版。

175 人次、42 位专门委员会组成人员 94 人次参加了检查工作。检查的内容涉及工业、农业、环保、教育、科技、产品质量、社会治安等领域。1998 年至 2002 年，九届全国人大常委会共检查了 21 部法律和有关法律问题的决定的实施情况，先后组织了 22 次执法检查，有 12 位副委员长 25 人次、68 位常委会委员 132 人次、54 位专门委员会组成人员 117 人次参加了检查工作。检查的内容涉及农业、环保、教育、科技、基层民主建设、社会治安等领域。"十届全国人大常委会由副委员长带队，就 22 件法律的实施情况组织了 25 次执法检查。"[1]

十一届全国人大常委会共对 21 部法律的实施情况开展了执法检查。执法检查已成为全国人大常委会开展监督的一种常态工作方式。2008 年 2 月，全国人大常委会审议通过食品安全法后，当年就在全国范围对这部法律的实施情况开展执法检查，督促有关部门抓紧制定、清理和完善配套法规，尽快制定和修改食品安全标准，着力改善食品安全状况。2011 年，食品安全再度成为老百姓关注的热点，全国人大常委会第二次启动了对食品安全法的执法检查。十一届全国人大常委会针对一部法律实施情况开展两次执法检查的还有劳动合同法。2008 年全国人大常委会对劳动合同法开展执法检查，2011 年再次对该法执法检查。执法检查报告建议抓紧修改完善法律法规，细化关于劳务派遣适用范围的规定，加强对派遣单位和用工单位的监督管理，切实保障劳务派遣人员劳动报酬、社保待遇等合法权益。不久之后，执法检查中发现的这些问题，在修改劳动合同法时得到解决。[2]

---

〔1〕 吴邦国：《全国人民代表大会常务委员会工作报告》，2008 年 3 月 8 日在十一届全国人大一次会议上。

〔2〕 于呐洋：《执法检查使人大监督"沉"下去》，《法制日报》2013 年 2 月 26 日。

三、执法检查步入了规范化、制度化的轨道

2006 年 8 月 27 日，十届全国人大常委会第二十三次会议表决通过《中华人民共和国各级人民代表大会常务委员会监督法》。监督法列专章，将执法检查作为人大常委会监督工作 7 种方式之一予以明确，对执法检查进行了规范，执法检查步入了规范化、制度化的轨道。

根据监督法的规定，全国人大常委会每年选择若干关系改革发展稳定大局和群众切身利益、社会普遍关注的重大问题，有计划地对有关法律实施情况组织执法检查。常委会根据年度执法检查计划，按照精干、效能的原则，组织执法检查组。执法检查结束后，执法检查组应当及时提出执法检查报告，提请常委会审议。执法检查报告的内容包括：对所检查的法律实施情况进行评价，提出执法中存在的问题和改进执法工作的建议；对有关法律提出修改完善的建议。常委会组成人员对执法检查报告的审议意见连同执法检查报告，一并交由国务院、最高人民法院或者最高人民检察院研究处理。"一府两院"应当将研究处理情况由其办事机构送交人大有关专门委员会或者常委会有关工作机构征求意见后，向常委会提出报告。为了增强执法检查的实效，切实解决执法中存在的问题，监督法确立了跟踪检查制度。监督法第二十七条第一款规定，"必要时，由委员长会议或者主任会议决定提请常务委员会审议，或者由常务委员会组织跟踪检查；常务委员会也可以委托本级人民代表大会有关专门委员会或者常务委员会有关工作机构组织跟踪检查"。跟踪检查，就是在执法检查结束后，对执法检查报告所提建议、执法检查报告审议意见的落实情

况进行检查。法律法规实施主管机关对整改工作认识不到位、措施不得力、成效不明显，或者相关法律法规的实施难度很大、需要持续监督推动的，都可以由委员长会议或者主任会议决定对研究处理情况报告提请常委会审议或者组织跟踪检查。

第四节　规范性文件备案审查

规范性文件备案审查是实施立法监督、保证法制统一的一项重要制度。规范性文件备案审查是法律监督的主要内容。宪法具有最高的法律效力，一切法律、行政法规、地方性法规、自治条例和单行条例、规章等都不得同宪法相抵触，所以备案审查也是宪法监督的重要形式。

一、备案审查的发端

全国人大常委会对备案的法规进行审查是从 1982 年开始的。当时，全国人大常委会陆续收到报备的法律近 300 件。常委会办公厅根据常委会领导同志的要求，组织力量对这些法规进行了初步审查，并于 1982 年 8 月提出了审查意见，印发常委会组成人员。之后，几经调整，备案的法规转由专门委员会进行审查。具体做法是，法规报全国人大常委会备案后，由办公厅秘书局负责登记，并分送有关的专门委员会进行审查。专门委员会（或其办事机构）提出审查意见后，多半以办事机构的名义将审查意见送秘书局。秘书局汇总后，转送有关地方人大常委会办公厅研究办理。据统计，从1993年八届全国人大开始到2000年6月立法法实施之前，送交各专门委员会审查的法规近6300件，各专门委员会做了大量的审查工作。由于当时没有明确的法律规定，法规审查工作基本上是工作机构之间的内部沟通。这样的审查方式存在两个问题：一是由秘书局转交的审查意见没有法律效力，地方人大可以考虑，也可以不考虑；二是这种主动审查的方式增加了专门委员会的工作量，特别是一些审查任务比较集中的专门委员会感到压力很大，难以承受。

二、备案审查工作步入法治轨道

2000年3月15日，九届全国人大三次会议通过《中华人民共和国立法法》。立法法的出台，为规范性文件备案审查提供了法律依据。当时，立法法从规范立法权限、解决法律抵触、维护法制统一的角度对备案审查作出了具体规定。立法法规定："国务院、中央军事委员会、最高人民法院、最高人民检察院和各省、自治区、直辖市的人民代表大会常务委员会认为行政法规、地方性法规、自治条例和单行条例同宪法或者法律相抵触的，可以向全国人民代表大会常务委员会书面提出进行审查的要求，由常务委员会工作机构分送有关的专门委员会进行审查、提出意见。前款规定以外的其他国家机关和社会团体、企业事业组织以及公民认为行政法规、地方性法规、自治条例和单行条例同宪法或者法律相抵触的，可以向全国人民代表大会常务委员会书面提出进行审查的建议，由常务委员会工作机构进行审查；必要时，送有关的专门委员会进行审查、提出意见。"立法法除了对法规审查的提出和审查的机构作了规定，还对审查的具体程序作出了明确的规定，把规范性文件备案审查工作纳入了法治轨道。

2000 年 10 月，九届全国人大常委会委员长会议批准《行政法规、地方性法规、自治条例和单行条例、经济特区法规备案审查工作程序》。主要内容包括：1. 行政法规、地方性法规、自治条例和单行条例、经济特区法规，应当自公布之日起三十日内报送全国人大常委会备案。行政法规由国务院办公厅负责报送；地方性法规、自治条例和单行条例由省级人大常委会办公厅负责报送；经济特区法规由制定机关办公厅负责报送。2. 法规备案内容，包括备案报告，国务院令或者公告，有关修改、废止或者批准的决定，法规文本，说明及审议结果报告等有关文件，由全国人大常委会办公厅秘书一局负责接收、登记、存档，并分送有关专门委员会、法制工作委员会。3. 有关国家机关认为法规同宪法或者法律相抵触，向全国人大常委会书面提出审查要求的，常委会办公厅秘书一局接收、登记后，报秘书长批转有关专门委员会会同法制工作委员会进行审查。其他机关和社会团体、企业事业组织以及公民认为法规同宪法或者法律相抵触，向全国人大常委会书面提出审查建议的，由法制工作委员会负责接收、登记，并进行研究；必要时，报秘书长批准后，送有关专门委员会进行审查。4. 专门委员会认为备案的法规同宪法或者法律相抵触的，可以主动进行审查，会同法制工作委员会提出书面审查意见。法制工作委员会认为备案的法规同宪法或者法律相抵触，需要主动进行审查的，可以提出书面建议，报秘书长同意后，送有关专门委员会进行审查。专门委员会应当自收到秘书长批转的审查要求、审查建议之日起三个月内，提出书面审查意见。5. 专门委员会审查后，由秘书长批转法律委员会研究。应当将书面审查意见报秘书长，法律委员会的审查意见与有关专门委员会的审查意见一致，认为法规同宪法或者法律不抵触的，由法律委员会报秘书长同意，送常委会办公厅存档；认为法规同宪法或者法律相抵触的，由法律委员会报秘书长，经秘书长同意，由有关专门委员会向制定机关提出书面审查意见，建议制定机关自行修改或者废止该法规。6. 有关专门委员会向制定机关提出对法规的书面审查意见后，制定机关应当在两个月内研究提出是否修改或者废止的意见，并向专门委员会反馈。7. 有关专门委员会提出书面审查意见后，制定机关对同宪法或者法律相抵触的法规不予修改或者废止的，有关专门委员会可以向委员长会议提出撤销该法规的议案，由委员长会议决定是否提请常委会会议审议；经委员长会议决定提请常委会会议审议的，依照全国人大常委会议事规则的有关规定办理。8. 法规审查工作结束后，常委会办公厅可以根据需要，将审查结果书面告知提出审查要求或者审查建议的国家机关和社会团体、企业事业组织以及公布。2003 年 8 月 15 日，十届全国人大常委会委员长会议第六次会议对《行政法规、地方性法规、自治条例和单行条例、经济特区法规备案审查工作程序》进行修改。这次修改增加了对备案法规有选择地进行主动审查的程序，实行法规审查工作的被动审查与主动审查相结合。修改后的法规备案审查工作程序把主动审查的程序明确下来，在"有告才理"的基础上新增一条："专门委员会对备案的法规认为需要审查的，可以提出书面的报告，经常委会办公厅、法制工作委员会研究，报秘书长同意后，进行审查。"并规定在专门委员会审查后，由法律委员会进一步确认法规同宪法或者法律是否相抵触，以确保备案审查的严肃性和准确性。

2005 年 12 月，全国人大常委会办公厅制定了《司法解释备案审查工作程序》。该程序的内容主要有：1. 最高人民法院、最高人民检察院制定的司法解释，应当自公布之日起 30 日内报送全国人大常委会备案。2. 司法解释分别由最高人民法院办公厅、最高人民检察院办公厅负责报送。备案内容包括备案报告、公告、司法解释文本等有关文件。3. 报送备案的司法解释由全国人大常委会办公厅秘书一局负责接收、登记、存档，并分送内务司法委员会、法制工作委员会。4. 有关国家机关认为司法解释同宪法或者法律相抵触，向全国人大常委会书面提出审查要求的，常委会办公厅秘书一局接收、登记后，报秘书长批转内务司法委员会会同法制工作委员会进行审查。社会团体、企业事业组织以及公民认为司法解释同宪法或者法律相抵触，向全国人大常委会书面提出审查建议的，由法制工作委员会负责接收、登记，并进行研究；必要时，报秘书长批准后，送内务司法委员会进行审查。5. 内务司法委员会认为备案的司法解释同宪法或者法律相抵触的，可以主动进行审查，会同法制工作委员会提出书面审查意见。法制工作委员会认为备案的司法解释同宪法或者法律相抵触，需要主动进行审查的，可以提出书面建议，报秘书长同意后，送内务司法委员会进行审查。6. 内务司法委员会应当自收到秘书长批转的审查要求、审查建议之日起 3 个月内，提出书面审查意见；有特殊情况的，报秘书长同意，可以适当延长。7. 内务司法委员会审查后，应当将书面审查意见报秘书长，由秘书长批转法律委员会研究。法律委员会的审查意见与内务司法委员会的审查意见一致，认为司法解释同宪法或者法律不抵触的，由法律委员会报秘书长同意，送常委会办公厅存档；认为司法解释同宪法或者法律相抵触的，由法律委员会报秘书长，经秘书长同意，由内务司法委员会向制定机关提出书面审查意见，建议制定机关自行修改或者废止该司法解释。8. 内务司法委员会向制定机关提出对司法解释的书面审查意见后，制定机关应当在两个月内研究提出是否修改或者废止的意见。9. 内务司法委员会提出书面审查意见后，制定机关对同宪法或者法律相抵触的司法解释不予修改或者废止的，内务司法委员会可以向委员长会议提出要求制定机关修改或者废止该司法解释的议案，由委员长会议决定是否提请常委会会议审议；经委员长会议决定提请常委会会议审议的，依照全国人大常委会议事规则的有关规定办理。10. 司法解释审查工作结束后，常委会办公厅可以根据需要，将审查结果书面告知提出审查要求或者审查建议的国家机关和社会团体、企业事业组织以及公民。[1]

2006 年 8 月 27 日，十届全国人大常委会第二十三次会议表决通过《中华人民共和国各级人民代表大会常务委员会监督法》。监督法对规范性文件的备案审查作了专章规定。根据监督法的规定，全国人大常委会对行政法规、地方性法规、自治条例和单行条例，以及最高人民法院、最高人民检察院制定的司法解释进行备案审查。有关国家机关和社会团体、企业事业组织以及公民认为上述规范性文件同宪法、法律规定相抵触的，可以向全国人大常委会书面提出进行审查的要求。全国人大常委会也可以主动进行审查。对于行政法规、地方性法规、自治条例和单行条例，由有关专门委员会进行审查，经审查认为上述规范性文件同宪法、法律的规定相抵触的，可以向制定机关提出书面审查意见。如果制定机关不予修改的，可以向委员长会议提出书面审查意见和予以撤销的议案，由委员长会议决定是否提请常委会会议审议决定。对于司法解释，有关专门委员会经审查认为最高人民法院或

---

〔1〕 万其刚主编：《人民代表大会制度简史》，中国民主法制出版社 2015 年版。

者最高人民检察院作出的具体应用法律的解释同法律规定相抵触，而最高人民法院或者最高人民检察院不予修改或者废止的，可以提出要求予以修改、废止的议案，或者提出由全国人大常委会作出法律解释的议案，由委员长会议决定提请常委会审议。

第五节　专题询问

　　询问是人大对"一府一委两院"实施监督的法定形式。根据宪法和法律规定，各级人大常委会会议审议议案和有关报告时，本级人民政府或者有关部门、人民法院或者人民检察院应当派有关负责人到会，听取意见，回答询问。常委会组成人员在审议讨论议案报告过程中有权提出询问。专题询问是全国人大常委会在法律规定的基础上探索形成的一种监督形式。具体讲，就是人大常委会会议对有关议案或者工作报告进行审议的时候，围绕一个相对确定的专题，就人民政府或者人民法院、人民检察院的该项工作进行询问，同时相关单位派人到会听取意见，回答询问，从而达到督促有关部门依法履行职责，发现问题，解决问题，推动相关工作顺利开展的目的。

一、创新专题询问监督形式

　　在 2010 年 3 月召开的十一届全国人大三次会议上，全国人大常委会在报告中首次提出将依法开展专题询问，选择代表普遍关心的问题听取国务院有关部门专题汇报，邀请国务院有关部门主要负责同志到会听取意见、回答询问、答复问题。2010 年 6 月 24 日，十一届全国人大常委会第十五次会议分组会议审议国务院关于 2009 年中央预算执行和其他财政收支的审计工作报告、关于 2009 年中央决算的报告，并结合审议决算报告进行专题询问。受国务院委托，财政部多位负责人到会回答询问。这是全国人大常委会开展的第一次专题询问。

二、专题询问的积极效果

全国人大常委会首次结合审议专项工作报告开展专题询问，产生了积极效果：一是深化了对有关报告的审议，在审议问答中，聚焦问题，分析原因，研究对策，提升质量；二是凝聚共识，引起社会各方面的关注，增加推动力量；三是督促应询机关部门深入思考，回答问题，切实整改。"常委会结合听取审议国务院有关报告，分别采取分组会议、联组会议等形式开展专题询问，邀请国务院有关部门主要负责同志到会听取意见、回答询问，同常委会组成人员深入交流，共同研究解决问题的办法，同时通过电视、网络等媒体进行现场报道和直播，产生积极社会反响。会后，选择常委会组成人员关注的重点问题加强跟踪监督，推动有关方面改进工作。"[1] 十一届人大常委会针对热点问题，开展 9 次专题询问，内容涵盖医疗、教育、住房、饮用水安全等，督促政府有关部门解决"顽疾"。比如，2011 年 10 月 27 日，十一届全国人大常委会第二十三次会议联组审议国务院关于城镇保障性住房建设和管理工作情况的报告。14 位全国人大常委会委

---

〔1〕 吴邦国：《全国人民代表大会常务委员会工作报告》，2013 年 3 月 8 日在十二届全国人大一次会议上。

员就保障性住房的政策设计、保障范围、建设进度、资金保障、分配管理等人民群众普遍关心的问题提出询问。受国务院委托，住房和城乡建设部、国家发展和改革委员会、财政部、国土资源部、中国人民银行和中国银行业监督管理委员会等相关部委负责人到会听取意见、回答询问。此次专题询问促使有关部门建立了可持续的保障性住房建设资金投入机制，严格区分保障性住房和改善性住房的界限；建立了保障性住房公平分配和运营机制，真正使低收入住房困难户得到实惠。2011 年 12 月 30 日，十一届全国人大常委会第二十四次会议召开联组会议，就国务院关于实施《国家中长期教育改革和发展规划纲要（2010—2020 年)》工作情况的报告开展专题询问。委员们频频发问："孩子的书包越来越重，怎么解决？""近期发生了多起校车事故，校车和校园安全问题成为全社会普遍关注的热点问题，怎么解决这些问题？"……此次专题询问有效促进了这些热点问题的解决。

第六节　探索创新监督方法　增强监督实效

全国人大常委会的监督工作求真务实，不断创新，积累了许多有益经验。全国人大常委会探索的"三个结合"监督方式，增强了监督实效，使监督工作更有针对性、更具活力。

一、监督工作与立法工作相结合

执法检查的过程也是修改和完善法律的调研过程。全国人大常委会在开展监督工作时，注重分析现行法律规定不适应不完善的问题，注意收集各方面对法律本身的修改意见，并在执法检查报告中提出相应的建议，为修改完善法律提供重要依据，使法律的修改更具针对性，使法律的规定更具可操作性。

农业法是农业方面的基本法律，自 1993 年开始实施。八届全国人大常委会于 1994 年至 1997 年连续四年检查了农业法的实施情况。1998 年、2000 年，九届全国人大常委会又组织了两次对农业法实施情况的检查。八、九两届全国人大常委会的 6 次执法检查，不仅促进了农业法的实施，也为该法的修改准备了条件。2002 年 12 月，九届全国人大常委会第三十一次会议适时对农业法进行了修订。2004 年，十届全国人大常委会针对人民群众反映强烈的上学难、上学贵等问题，对义务教育法进行执法检查，明确提出修改义务教育法、建立义务教育经费保障机制等重要建议。根据执法检查提出的建议，国务院及时研究起草了义务教育法修订草案，提交全国人大常委会审议通过，有力地促进了义务教育的均衡发展。2008 年汶川特大地震发生后，全国人大常委会在听取和审议国务院有关抗震救灾和灾后恢复重建工作报告、组织力量到灾区实地调研的基础上，对防震减灾法作了全面修订。2011 年，全国人大常委会检查了老年人权益保障法实施情况，围绕执法检查报告中提出的老年社会保障和养老社会服务体系建设滞后等突出问题，修改完善了老年人权益保障法。2012年，十一届全国人大常委会在二次审议《中华人民共和国出境入境管理法（草案）》的同时，安排听取关于外国人入境出境及居留、就业管理工作情况的专项报告。出境入境管理法草案结合报告中提出的问题和审议意见作出修改，细化了出境入境的管理规定，规范了外国人的停留、居留行为，强化了边防检查以及调查、遣返、处罚等措施，使制定的出境入境管理法更具有针对性、实效性。

二、听取专项工作报告与执法检查相结合

听取专项工作报告和执法检查是两种不同的监督形式。前者是由"一府一委两院"来向人大常委会报告工作，后者是人大常委会通过检查形成书面报告，转交"一府一委两院"整改。将听取专项工作报告和开展执法检查结合起来，两者互融互补，可以产生"1＋1＞2"的效应，使监督工作取得更佳效果。

2003年，面对突如其来的非典疫情和高致病性禽流感疫情，全国人大常委会及时调整监督计划，专门安排听取和审议国务院专项工作报告，同时检查传染病防治法、动物防疫法的实施情况，推动有关方面建立和实施突发公共卫生事件应急机制，取得很好效果。为了增强监督工作的针对性，十届全国人大常委会有意识地把听取专项工作报告与执法检查结合起来，对全国人大代表普遍关注的重点难点问题，反复督查、一抓到底。"针对近年来人民群众反映强烈的上学难、上学贵等问题，2004年对义务教育法进行执法检查，明确提出建立义务教育经费保障机制、修改义务教育法等重要建议。根据常委会的建议，国务院及时研究起草了义务教育法修订草案。2006年结合审议义务教育法修订草案，听取和审议普及义务教育和实施素质教育的专项工作报告。2007年又对新修订的义务教育法开展执法检查，重点检查义务教育经费保障机制落实情况，有力地促进了义务教育法的贯彻实施和义务教育的均衡发展。水污染防治工作是一项艰巨而长期的任务。针对水污染日益加剧的严峻形势，我们采取多种形式、连续

不断地跟踪监督。2004 年听取审议水资源节约保护和合理利用情况的专项工作报告；2005 年对水污染防治法和水法进行执法检查；2006 年结合听取审议水环境形势和水污染防治的专项工作报告，再次检查水污染防治法的实施情况；2007 年结合听取审议节约能源保护环境情况的专项工作报告，又对淮河、辽河流域水污染防治情况进行跟踪检查。"[1]

三、初次监督与跟踪监督相结合

跟踪监督是增强监督工作实效，推动解决重点、难点问题的重要方法。对计划中安排的初次监督事项，在监督检查、提出整改建议以后，为促使整改措施有效落实，再进行跟踪监督，务求一抓到底，见到实效。

十届全国人大常委会通过加强跟踪监督，推动解决了拖欠出口退税、拖欠农民工工资、超期羁押等一批长期得不到解决的问题。十一届全国人大常委会在认真总结经验的基础上，更加注重综合运用多种监督形式，就同一问题在一届内或者一年内连续进行监督，就"一府两院"研究处理常委会审议意见情况听取专项报告进行跟踪监督，督促有关方面抓紧整改，取得实实在在的效果。为保证食品安全，保障人民群众身体健康和生命安全，2009 年 2 月，全国人大常委会审议通过了食品安全法。2010 年，全国人大常委会安排了食品安全法执法检查；2011 年，全国人大常委会再次对食品安全法进行执法检查，听取和审议了检查食品安全法实施情况的报告，推动国务院及其有关部门健全食品安全统筹

---

〔1〕 吴邦国：《全国人民代表大会常务委员会工作报告》，2008 年 3 月 8 日在十一届全国人大一次会议上。

协调机制，完善食品安全标准体系，建立风险监测和评估机制，开展食品非法添加、滥用食品添加剂专项整治，依法查处了一批典型案件，有力地推进了食品安全法的有效实施。"为推动劳动合同法有效实施，常委会在这部法律正式实施的当年就进行执法检查，针对国际金融危机背景下我国劳动就业面临的新情况新问题，强调要千方百计稳定和扩大就业，防止拖欠职工工资和大规模裁员，提高中小企业和劳动密集型产业劳动合同签订率。2011年又组织开展第二轮执法检查，并在去年对劳动合同法作出修改，重点解决劳务派遣被滥用及不规范问题，明确劳动合同用工是我国的企业基本用工形式，劳务派遣用工只是补充形式，对劳务派遣工作岗位作出更加明确的界定，严格控制劳务派遣用工数量，强调劳务派遣人员享有同工同酬的权利。"〔1〕

---

〔1〕 吴邦国：《全国人民代表大会常务委员会工作报告》，2013 年 3 月 8 日在十二届全国人大一次会议上。

第五章

新时代全国人大常委会监督工作

党的十八大以来，以习近平同志为核心的党中央从坚持和完善中国特色社会主义制度、推进国家治理体系和治理能力现代化的战略高度，推进人民代表大会制度理论和实践创新，形成习近平总书记关于坚持和完善人民代表大会制度的重要思想，推动人大工作取得历史性成就，人民代表大会制度更加成熟、更加定型。全国人大常委会贯彻习近平法治思想、习近平总书记提出的全过程人民民主重大理念和习近平总书记关于坚持和完善人民代表大会制度的重要思想，全面贯彻中央人大工作会议精神，落实党中央重大决策部署，结合新时代的新要求，坚持正确监督、有效监督、依法监督，守正创新、开拓进取，人大监督工作取得了历史性成就。

第一节　规范性文件备案审查

备案审查是中国特色的宪法监督制度，也是全国人大常委会重要的立法监督制度，担负着维护宪法法律权威、国家法治统一、保护公民合法权益的重要职责，在实现国家治理体系和治理能力现代化目标进程中发挥着重要作用。备案审查工作在全国人大常委会监督工作中占有重要位置。全国人大常委会深入贯彻落实党中央决策部署，不断加强备案审查工作。

一、备案审查制度机制逐步完善

根据法律规定，国务院制定的行政法规、国家监察委员会制定的监察法规、最高人民法院和最高人民检察院制定的司法解释、地方人大及其常委会制定的地方性法规，以及香港、澳门特别行政区立法机关制定的法律都必须在公布后的三十日内向全国人大常委会报送备案，接受审查。全国人大常委会法制工作机构对报送备案的法规、司法解释和特别行政区法律主动进行审查，对违宪违法的法规、司法解释等予以纠正。党的十八大以来，全国人大常委会共依法接收备案各类法规、司法解释和特别行政区法律14261件，其中，行政法规365件，监察法规1件，地方性法规12897件，司法解释630件，香港和澳门特别行政区法律368件。[1]

十三届全国人大以来，常委会进一步加强了备案审查工作。已经形成了党委、人大、政府、军队等各系统分工负责、相互衔接的各类规范性文件备案审查制度机制。制定备案审查工作规程，建立了全国统一的备案审查信息平台，实行有件必备、有备必审、有错必纠，保障宪法、法律实施，维护国家法治统一。全国人大常委会法工委依法对报送备案的各类法规、司法解释、特别行政区本地法律开展主动审查。2018年至2022年，全国人大常委会接收报送备案的行政法规、监察法规、地方性法规、自治条例和单行条例、经济特区法规、司法解释以及香港、澳门两个特别行政区本地法律共7261件。全国人大常委会坚持问题导向，

---

〔1〕 张勇：《加强宪法实施监督　推进备案审查工作》，"全国人大"微信公众号，2022年7月11日。

对审查发现的问题进行认真研究，通过沟通协商、提出书面审查意见、发函、约谈督促等方式，督促推动制定机关纠正改正；需要全国人大常委会作出相关决定的，依法按程序办理，累计督促推动制定机关修改完善或者废止各类规范性文件约 2.5 万件。"有件必备、有备必审、有错必纠"的目标要求已经实现。[1]

二、合宪性审查稳步推进

全面贯彻实施宪法是建设社会主义法治国家的首要任务和基础性工作。2018 年 3 月，十三届全国人大一次会议通过宪法修正案。根据此次宪法修正案的规定，全国人大成立第十三届全国人大宪法和法律委员会，承担宪法相关职责。全国人大常委会法工委成立了宪法室，为全国人大常委会及全国人大宪法和法律委员会履行宪法相关职责提供服务保障。

2019 年 10 月 31 日，党的十九届四中全会通过《中共中央关于坚持和完善中国特色社会主义制度　推进国家治理体系和治理能力现代化若干重大问题的决定》。党的十九大报告指出，加强宪法实施和监督，推进合宪性审查工作，维护宪法权威。2020 年，党中央印发关于推进合宪性审查工作的指导性文件，对推进合宪性审查工作作出具体部署。

十三届全国人大及其常委会深入贯彻落实党中央决策部署，从事前、事中和事后全过程，对规范性文件起草、制定和实施中的合宪性审查责任、程序和机制作了安排，不断推进合宪性审查工作制度化、规范化。完善法律草案审议前、审议中的合宪性审

---

〔1〕　沈春耀：《十三届全国人大以来暨 2022 年备案审查工作情况的报告》，2022 年 12 月 28 日在十三届全国人大常委会第三十八次会议上。

查机制，明确有关方面拟出台的法规规章、司法解释以及其他规范性文件和重要政策、重大举措，凡涉及宪法有关规定如何理解、实施和适用问题的，都应当依照有关规定向全国人大常委会书面提出合宪性审查请求。

十三届全国人大常委会积极稳妥开展合宪性审查工作。加大对法规、司法解释等规范性文件的合宪性审查力度，对公民审查建议中提出的合宪性、涉宪性问题作出研究处理，并给予直接回应。

2018年3月，有全国政协委员提出提案，建议对收容教育制度进行合宪性审查。2019年12月，十三届全国人大常委会第十五次会议作出《全国人民代表大会常务委员会关于废止有关收容教育法律规定和制度的决定》。2018年2月，安徽宣城市居民方诗敏给全国人大常委会法工委写了一封信，内容与最高人民法院的一件司法解释有关。方诗敏在信中指出，《最高人民法院关于审理人身损害赔偿案件适用法律若干问题的解释》确立的残疾赔偿金、死亡赔偿金的计算标准，区别对待城镇居民和农村居民，意味着"同命不同价"，将会导致司法审判实践中出现不公平现象，与宪法有关精神不一致，也不符合民法总则规定的平等、公平原则，建议对该司法解释进行合宪性审查。收到信后，法工委法规备案审查室按照法规、司法解释备案审查工作相关规定，先后征求最高人民法院、法工委民法室意见。经审查研究，法工委向最高人民法院发函，建议最高人民法院适时完善相关制度，并及时向方诗敏反馈了审查研究结果。法工委指出，随着社会发展进步，国家提出城乡融合发展，城乡发展差距和居民生活水平差距逐步缩小，城乡居民人身损害赔偿计算标准的差异也应当随之取消。2019年9月，最高人民法院授权各省、自治区、直辖市高级人民法院、新疆生产建设兵团分院开展统一城乡人身损害赔偿试点工作。2020 年有公民再次提出合宪性审查建议，法工委经研究建议制定机关适时修改完善有关司法解释。2022 年 2 月，最高人民法院修改了《关于审理人身损害赔偿案件适用法律若干问题的解释》，自 2022 年 5 月 1 日起实施，残疾赔偿金、死亡赔偿金以及被抚养人生活费统一采用城镇居民标准计算。又如，有的地方性法规规定，有关行政部门为调查计划生育违法事实，可以要求当事人进行亲子鉴定；对拒不配合的，处以 1 万元以上 5 万元以下罚款。2021 年，有公民对上述规定提出合宪性审查建议。法工委经审查认为，亲子关系属于公民基本权益，受宪法法律保护，地方性法规不宜规定强制性亲子鉴定的内容，也不应对此设定相应的行政处罚、处分、处理措施。经沟通，制定机关已对相关规定作出修改。

三、开展重点领域集中专项清理

在对依法报送备案的有关法规、司法解释等进行审查的同时，为贯彻落实党中央重大决策部署和配合重要法律实施，全国人大常委会在全国范围内还部署开展法规、司法解释、规章等各类规范性文件的专项审查和集中清理工作。2017 年以来，全国人大常委会共部署开展 9 次专项审查和集中清理，累计推动制定机关修改、废止法规、司法解释、规章及其他规范性文件 23800 余件[1] 每一次专项清理，少则解决几百件，多则解决几千件甚至上万件需要修改或者废止的规范性文件，有力地促进了国家的

---

〔1〕 张勇：《加强宪法实施监督　推进备案审查工作》，"全国人大"微信公众号，2022 年 7 月 11 日。

法治统一。

2017 年 4 月，来自 20 多所高校的 108 位知识产权专业硕博研究生，联名致信全国人大常委会法工委。他们认为，部分地方性法规和地方政府规章规定了著名商标的认定和保护制度，不符合现行商标法的立法本意和国际惯例，建议对涉及著名商标的地方性法规进行审查。

全国人大常委会法工委梳理发现，全国 31 个省、自治区、直辖市和 15 个计划单列市中，除个别地方外，都分别以各种形式规定了著名商标制度，不仅涉及地方性法规、政府规章、地方政府规范性文件，还有地方政府的工商行政管理部门制定的相关规范性文件。全国人大常委会法工委认为，地方性法规、地方的规范性文件规定的著名商标制度，是把本地的好的品牌、商品、服务经过评比、认定授予著名商标称号，提供资金、政策支持，给予保护，还允许企业将著名商标称号用于宣传。这种宣传某种意义上讲是政府动用行政权力干预市场公平竞争，这种制度和中央的改革精神价值取向是背离的。当年 11 月 1 日，法工委将研究意见印送相关省、市人大常委会，请相关地方人大常委会对有关著名商标制度地方性法规进行清理。同时，还致函国务院法制办，建议对有关著名商标制度的地方政府规章和政府规范性文件开展清理工作。

2017 年 5 月，王全兴等 4 名劳动法专家建议审查地方计生条例有关超生可开除的规定，全国人大常委会经审查认为，这类规定与实际情况不再适应，需要进行调整。当年 9 月 26 日，全国人大常委会向广东、云南、江西、海南、福建 5 个地方发函，建议这些省份根据实际情况对相关规定适时作出修改。

2018 年 7 月，十三届全国人大常委会加开了一次常委会会议，会议审议通过《关于全面加强生态环境保护依法推动打好污染防治攻坚战的决议》，提出抓紧开展生态环境保护法规、规章、司法解释和规范性文件的全面清理工作，一场生态环保方面规范性文件的全面清理工作就此展开。此次专项清理活动确保了中央精神落地落实、执行到位，成为备案审查工作确保中央令行禁止功能的具体体现。

2020年12月26日，十三届全国人大常委会第二十四次会议审议通过长江保护法。栗战书委员长在长江保护法实施座谈会上指出，要对标长江保护法，尽快对法规文件开展全面清理，确保符合上位法规定，谨防配套法规"小空子"影响长江保护"大工程"。清理发现需要修改或者废止的规范性文件322件，其中，行政法规3件，部门规章和规范性文件14件，省级地方性法规107件，自治条例5件，单行条例15件，地方政府规章和规范性文件178件。

2021年1月22日，十三届全国人大常委会第二十五次会议审议通过新修订的行政处罚法。为保障新修订的行政处罚法贯彻实施，清理发现需要修改或者废止的规范性文件共4012件，其中，行政法规13件，国务院规范性文件7件，部门规章和规范性文件610件，地方性法规725件，单行条例82件，经济特区法规5件，地方政府规章和规范性文件2570件。

2015年，党的十八届五中全会决定，全面实施一对夫妇可生育两个孩子政策。2015年12月，十二届全国人大常委会第十八次会议相应地对人口与计划生育法进行修改，写入"国家提倡一对夫妻生育两个子女"的内容。2021年7月发布的《中共中央国务院关于优化生育政策促进人口长期均衡发展的决定》提出实施三孩生育政策及配套支持措施。2021年8月20日，十三届全国人大常委会第三十次会议审议通过关于修改人口与计划生育法的决定。在这一大背景下，备案审查工作适应人口形势新变化，积极促进人口与经济、社会、资源和环境协调可持续发展，适应社会情况的发展变化，成为贯彻落实党中央重大决策部署的有力抓手。为确保修改后的人口与计划生育法正确实施，开展涉及计划生育内容的法规、规章、规范性文件专项清理，推动有关方面取消社会抚养费征收规定，废止计划生育相关处罚、处分规定以及将个人生育情况与入学、入户、入职等相挂钩的有关规定。此次清理发现，需要修改或者废止的规范性文件共3632件，其中行政法规3件，国务院规范性文件2件，部门规章和规范性文件43件，地方性法规57件，自治条例35件，单行条例11件，地方人大及其常委会决定、决议44件，地方政府规章和规范性文件3437件。

2022年以来，全国人大常委会持续加大纠正力度，巩固和扩大专项清理成果。有的地方性法规规定，业主大会可以在管理规约、业主大会议事规则中，对拒付物业服务费、公共水电分摊费和不交存物业维修资金的业主参加业主大会、行使投票权等权利进行限制。法工委经审查认为，这与民法典有关规定不符。有的地方性法规规定，热用户应当在每年采暖期开始前30日内缴纳本采暖期的热费，不按时缴纳的，供热单位可以对其暂缓供热、限制供热或者停止供热。法工委经审查认为，热用户采暖费的缴纳时间和逾期不缴纳热费的法律责任，应当遵循民法典有关规定。

四、受理审查建议

向全国人大常委会提出对法规、司法解释的审查建议，是立法法、监督法赋予公民的一项重要权利，也是人民群众对法规、司法解释制定工作进行监督的重要渠道。根据有关法律规定，任何国家机关、社会组织和公民个人，如果认为行政法规、监察法规、司法解释、地方性法规等同宪法、法律相抵触，都可以向全国人大常委会书面提出审查建议，由全国人大常委会法制工作机构进行研究，必要时启动审查程序。除了可以书面寄送审查建议，法人、公民和其他组织还可以通过全国人大官方网站开设的网上"审查建议受理平台"提出审查建议。近十年，全国人大常委会收到机关、组织和公民提交的审查建议共计 1.4 万余件。

近年来，全国人大常委会不断加大审查建议工作力度，推动制定机关修改、废止了不少关系群众切身利益的有关规定，切实保护了公民的合法权益。全国人大常委会法制工作机构对这些审查建议逐件登记、研究，必要时与提出审查建议的机关、组织和公民直接沟通，听取意见。一封经过普普通通邮路的挂号信，或者通过一根网线登录中国人大网上的审查建议受理平台，最基层的民意就能启动全国人大常委会的备案审查程序，推动一部法规的修改，进而让有违公民权利的规定得到纠正。据介绍，法工委承担备案审查具体工作，对收到的审查建议逐一进行研究，发现可能存在合宪性、合法性或适当性问题的，征求相关方面意见后，及时提出审查研究意见，督促和推动制定机关纠正，并按规定向审查建议人作出反馈；对不属于全国人大常委会审查范围且可能存在问题的，通过备案审查衔接联动机制，移送有关方面研究处理。

2019 年 12 月 4 日，"审查建议受理平台"在中国人大网开通后，人民群众提出的审查建议大幅增加。三年来，共收到公民、组织网上提出的审查建议 1.18 万件，约占五年来审查建议总数的 66.4% 。2020 年在线收到审查建议 2953 件，2021 年更是达到了 5065 件，2022 年达到了 3782 件。

2020 年 11 月，一位大学教授给全国人大常委会法工委来信，建议对某市的机动车停车条例进行审查。备案审查工作情况报告显示，全国人大常委会法工委审查后认为，停车人逾期未缴纳停车费，行政机关催缴同时并处二百元以上罚款的规定，程序设置失当，规定的罚款额度与行政处罚法确立的过罚相当原则不符。经沟通，制定机关已对相关规定进行修改完善。有公民对小区业主参选业主委员会成员的前提条件之一是必须"按时缴纳物业费等相关费用"提出审查建议；有公民对"特种行业从业人员利用该行业便利进行违法活动受过行政或刑事处罚的，终身不得从事该行业"的规定提出审查建议……全国人大常委会法工委对审查建议逐一进行研究，同有关方面沟通，提出处理意见，并依照规定向审查建议人反馈。制定机关对相关规定作出了修改。

五、备案审查制度和能力建设

党的十九届四中全会决定指出，"加强备案审查制度和能力建设，依法撤销和纠正违宪违法的规范性文件"。近年来，全国人大常委会为贯彻落实党中央部署，积极推进备案审查制度和能力建设，取得了一系列成果。

（一）建立备案审查报告制度

2017 年 12 月 24 日，十二届全国人大常委会第三十一次会议听取了本届全国人大备案审查工作情况的报告。这是全国人大常委会首次听取相关工作情况报告。自此，全国人大常委会每年都会听取法工委备案审查工作情况的报告并形成惯例。

在健全自身工作报告机制的同时，自 2019 年起，全国人大常委会法工委开始着力推动各省级人大常委会听取和审议备案审查工作情况报告。2020 年，省一级听取和审议备案审查工作报告制度实现全覆盖，并已有 200 多个设区的市、自治州人大常委会建立了备案审查工作情况报告制度。在此基础上，全国人大常委会法工委进一步推动报告制度向设区的市延伸，要求尚未开展备案审查工作情况报告的市、州人大常委会，要在 2021 年底前开展向常委会报告备案审查工作，并向区、县一级人大常委会延伸，到 2022 年实现县级以上人大常委会备案审查工作报告全覆盖。

（二）出台法规、司法解释备案审查工作办法

2019 年 12 月 16 日，十三届全国人大常委会第四十四次委员长会议通过了《法规、司法解释备案审查工作办法》。该办法包括总则、备案、审查、处理、反馈与公开、报告工作、附则，共 7 章 57 条，根据备案审查工作面临的新情况、新问题，对备案、审查、处理、反馈、公开、报告等各个环节作出具体规定。该办法的出台具有里程碑意义，是全国人大常委会贯彻党中央决策部署在加强备案审查制度建设方面取得的重要成果，为备案审查工作提供了更明确的规则和更有力的支撑，使全国人大常委会的备案审查工作更加制度化、规范化。2019 年 10 月，十三届全国人大常委会第十四次会议通过《关于国家监察委员会制定监察法规的决定》，明确国家监察委员会根据宪法和法律，制定监察法规，并不得与宪法、法律相抵触。2021 年 9 月 20 日，国家监察委员会公布第一部监察法规——监察法实施条例，国家监察委员会落实"有件必备"工作要求，及时报送全国人大常委会备案。这是全国人大常委会首次收到报送备案的监察法规。

（三）建立审查建议受理平台

2019 年 12 月 4 日，全国人大常委会在中国人大网上正式开通在线提交审查建议功能，公民在线即可向全国人大常委会法工委提交审查建议。"审查建议受理平台"开通后，公民提交备案审查建议可按照以下具体路径进行操作。在中国人大网首页左侧点击进入"审查建议在线提交"模块，即可进入"审查建议受理平台"。在这个平台上，可以查询到法规标题、法规性质、公布时间、报备机构等信息。点击要提交审查建议的法规或者司法解释，填写姓名、身份证号、手机号等注册信息进行实名注册，填写建议审查的理由，保存后点击提交，即可完成审查建议在线提交。据了解，对收到的公民审查建议，全国人大常委会法工委有一套专门的程序进行处理，会逐一进行登记、审查研究，发现存在与法律不适当的问题，积极稳妥处理。对不属于全国人大常委会审查范围的审查建议，通过备案审查衔接联动机制转送有关方面研究处理，并对审查建议的办理情况进行跟踪。[1]"审查建议受理平台"开通上线意味着公民动动手指即可一键启动备案审查，向最高国家权力机关表达利益诉求，寻求法律救济有了更直接、更便捷的渠道。

（四）成立备案审查专家委员会

2021 年 11 月 30 日，全国人大常委会法工委成立备案审查专家委员会。这是全国人大常委会推动新时代备案审查工作与时俱进、完善发展的一个新的重大举措。备案审查专家委员会是全国人大常委会法工委开展法规、司法解释备案审查工作的专家咨询团队，承担为全国人大常委会法工委开展备案审查工作提供专家

---

〔1〕 朱宁宁：《全国人大常委会开通备案审查"网络直通车"》，《法制日报》2019 年 12 月 06 日。

咨询意见等工作。马怀德、王锡锌、王锴、张翔、林来梵、林彦、郑磊、封丽霞、胡锦光、莫纪宏、秦前红、韩大元等12位专家学者受聘成为备案审查专家委员会首批委员。

第二节　预算决算审查监督

预算决算审查监督是新时代坚持好、完善好、运行好人大制度的重要内容，是全面依法治国、依法行政、依法理财的重要载体。党的十八大以来，以习近平同志为核心的党中央把加强人大预算决算审查监督、国有资产监督职能，作为坚持和完善人民代表大会制度、完善国家监督体系、推进国家治理体系和治理能力现代化的一个重要抓手，作出一系列重大决策部署。党的十八大提出"加强对政府全口径预算决算的审查和监督"。党的十八届三中全会提出"加强人大预算决算审查监督、国有资产监督职能"。党的十九届三中全会提出"加强人大对预算决算、国有资产管理等的监督职能"。按照党中央的决策部署，修改相关法律和发布改革文件等一系列重要举措相继出台。

全国人大常委会认真落实党中央的决策部署，努力创新预算决算审查监督机制，计划预算等经济工作的监督机制不断丰富和完善。

一、加强对审计查出突出问题整改情况的监督

审查批准政府预算决算、监督预算执行，是宪法和法律赋予

全国人大及其常委会的重要职责。审计监督，在现代国家治理中发挥着国家利益捍卫者、公共资金守护者的重要作用，是规范权力运行和反腐败的利器。为贯彻落实党的十八届三中全会"加强人大预算决算审查监督、国有资产监督职能"的改革任务，加强对审计查出突出问题整改情况的监督，全国人大常委会出台一系列推动建立加强对审计查出突出问题整改监督的重要举措。

（一）改进和完善审计查出突出问题整改情况向全国人大常委会报告的机制

2015 年 12 月，中共中央办公厅转发全国人大常委会党组《关于改进审计查出突出问题整改情况向全国人大常委会报告机制的意见》。

意见就改进和完善审计查出突出问题整改情况向全国人大常委会报告的机制，提出了以下措施：一是明确报告时间。在全国人大常委会会议听取和审议审计工作报告后的 6 个月内，即 6 月召开的全国人大常委会会议听取和审议审计工作报告，12 月召开的全国人大常委会会议听取审计查出突出问题整改情况报告。二是明确报告主体。由国务院委托审计长代表国务院向全国人大常委会作报告。三是改进报告形式。由以往的书面报告改为口头报告，同时全国人大常委会会议专门安排时间进行审议。四是完善报告内容。应主要报告审计查出突出问题的整改情况，同时重点被审计部门单位的单项整改结果作为报告附件提交审议。五是被审计部门单位派人到会听取意见。相关被审计部门单位和审计署等部门有关负责人到会听取意见，回答询问。六是开展跟踪调研。在全国人大常委会召开会议前，全国人大财经委、全国人大常委会预算工委应当组织开展对审计查出突出问题整改情况的跟踪调研，并提出跟踪调研报告，印发全国人大常委会会议参阅。

七是推进信息公开。审计署应当及时将审计查出突出问题整改情况报告向社会公开，接受社会监督。被审计部门单位要将本部门单位整改结果向社会公告。八是开展专题询问。根据需要，全国人大常委会可就审计查出突出问题整改情况报告开展专题询问。通过这些具体措施，全国人大常委会及其组成人员可以更好地了解审计查出问题的实际整改情况，提出有针对性的意见建议，加大对审计查出问题整改情况的跟踪监督力度，增强监督的针对性和实效性，更好发挥全国人大常委会的重要作用。

（二）跟踪监督审计查出突出问题整改

2015 年 12 月，十二届全国人大常委会第十八次会议听取审议了国务院关于审计查出问题整改情况的报告，并结合审议报告进行了专题询问。这在人大监督工作方面还是第一次。[1] 从 2015 年起，全国人大常委会每年都对审计查出突出问题整改情况开展跟踪监督，听取和审议国务院关于审计查出问题整改情况的报告，推动审计查出问题整改和建立健全整改长效机制。

全国人大常委会预算工委预决算审查室负责人介绍，全国人大常委会持续围绕党中央重要决策部署和民生领域重点支出开展跟踪监督。2015 年至 2021 年，先后就减税降费、基建投资、生态环保、住房保障、政府债务等领域审计查出突出问题开展监督，涉及 22 个部门、27 项具体问题。例如，连续多年对相关减税降费政策措施落实不到位问题开展跟踪监督，推动惠企利民政策落实落细，切实增强市场主体和人民群众的获得感。又如，围绕科技强国重大战略，2020 年对科技资金使用和成果转化问题整改情况开展跟踪监督，推动 2021 年在中央本级支出预算压减情

---

〔1〕　张德江：《全国人民代表大会常务委员会工作报告》，2016 年 3 月 9 日在十二届全国人大四次会议上。

况下，中央本级科技基础研究投入增长 10.6%，推动完善中央财政科研经费管理办法。全国人大常委会还推动被审计部门单位采取积极措施整改问题。[1]

据统计，2015 年至 2022 年，全国人大常委会连续 8 年听取和审议国务院关于审计查出问题整改情况的报告，并先后逐次开展专题询问。8 年中，推动国务院及其部门累计整改问题金额 4.4 万亿元，完善相关规章制度 2.2 万项，问责处理 4.5 万人。

（三）进一步加强各级人大常委会对审计查出突出问题整改情况监督

为贯彻落实习近平总书记关于审计查出问题整改工作的重要批示精神，进一步加强各级人大常委会对审计查出突出问题整改情况的监督，2020 年 6 月全国人大常委会办公厅印发《关于进一步加强各级人大常委会对审计查出突出问题整改情况监督的意见》（以下简称意见）。

意见明确提出五个方面的主要措施：一是深化拓展监督内容。制定跟踪监督工作方案，确定突出问题、运用监督方式方法、使用监督结果等。围绕审计查出普遍存在的问题、反复出现的问题，结合问题性质、资金规模和以往整改情况等，确定跟踪监督的突出问题。督促政府完善整改情况报告和审计工作报告内容。二是用好监督方式方法。听取政府负责人作整改情况报告，政府负责人也可委托审计机关主要负责人作报告。根据需要，人大常委会可听取存在审计查出突出问题责任部门单位的报告。综合运用专题询问、质询、特定问题调查等法定监督方式。通过座谈调研、实地察看、调阅资料等多种形式，提高跟踪监督质量。

探索开展满意度测评。根据需要依法对审计工作报告、整改情况报告作出决议。三是强化监督结果运用。督促政府及有关部门单位落实人大常委会关于审计工作报告、整改情况报告的决议或审议意见。与纪检监察机关和审计、财政等部门建立整改工作联动机制，推动处理违纪违法问题。推动深化体制机制改革，努力做到防患于未然。推动建立健全审计结果及整改情况与政策完善和预算安排挂钩机制。四是与预算决算审查监督、国有资产监督紧密结合。加强整改情况监督，与审查决算草案和监督预算执行紧密结合，与加强国有资产监督紧密结合，与发挥人大代表作用紧密结合，与推进预算联网监督紧密结合。五是政府及其部门应当依法接受人大监督。政府应当健全审计查出问题整改工作机制。审计机关应当对整改情况进行跟踪检查。审计查出问题责任部门单位应当制定可行有效的整改方案，积极整改。强化信息公开，自觉接受社会监督。

意见明确要求，综合运用法定监督方式。在听取整改情况报告的同时，要结合本地区实际情况，运用专题询问、质询、组织特定问题调查等法定监督方式，加大监督力度，拓展监督深度，增强监督效果，督促政府及有关部门单位认真整改。进一步加强对审计查出突出问题整改情况开展专题询问的工作，具备条件的，可以推动专题询问常态化。

二、推进人大预算审查监督重点向支出预算和政策拓展

2018 年 3 月，中共中央办公厅印发《关于人大预算审查监督重点向支出预算和政策拓展的指导意见》（以下简称指导意见）。

指导意见指出："实施人大预算审查监督重点向支出预算和政策拓展，是依法加强和改进人大预算审查监督工作的内在要求，是建立和完善中国特色社会主义预算审查监督制度的重要举措，是提高财政资金使用绩效和政策实施效果的客观需要，也是对预算法、监督法关于人大预算决算审查监督特别是支出预算和政策审查监督规定的细化深化。"

指导意见要求："全国人大及其常委会、地方各级人大及其常委会在开展预算审查监督重点向支出预算和政策拓展工作中，要深入学习贯彻党的十九大精神，以习近平新时代中国特色社会主义思想为指导，坚持党的领导、人民当家作主、依法治国有机统一，以宪法和预算法、监督法等法律为依据，坚持正确监督、有效监督，加强对支出预算和政策的审查监督，提高针对性和有效性，推进依法行政、依法理财，保障党中央重大方针政策和决策部署的贯彻落实。"

（一）人大预算审查监督向支出预算和政策拓展的主要内容

指导意见提出："按照党中央改革部署要求和预算法、监督法规定，人大对支出预算和政策开展全口径审查和全过程监管。"全口径审查就是在预算决算审查工作中，实现对一般公共预算、政府性基金预算、国有资本经营预算、社会保险基金预算审查范围和内容的全覆盖；全过程监管就是将"事前"审查批准、"事中"过程监督、"事后"结果监督有机贯通衔接起来，形成监督闭环。主要内容包括：一是支出预算的总量与结构。审查支出预算总量，重点审查预算安排是否符合党中央确定的年度经济社会发展目标、国家宏观调控总体要求、国民经济和社会发展相关规划、中期财政规划，审查支出政策的可持续性，更好发挥政府职能作用。审查支出预算结构，重点审查支出预算和政策是否体现党中央就各重要领域提出的重大方针政策和决策部署要求，切实提高财政资金配置效率。二是重点支出与重大投资项目。加强对重点支出与重大投资项目的审查，保障党中央重大方针政策和决策部署确定的重点支出与重大投资项目。推动政府健全重点支出与重大投资项目决策机制，合理确定重点支出与重大投资项目范围。加强对重点支出与重大投资项目执行情况的监督，督促实现支出绩效和政策目标。三是部门预算。重点审查监督部门预算贯彻落实党中央重大方针政策和决策部署情况；部门预算编制的完整性情况；项目库建设、项目支出预算与支出政策衔接匹配情况；部门重大项目支出绩效目标设定、实现及评价结果应用情况；审计查出问题整改落实情况等。四是财政转移支付。重点审查监督贯彻党中央重大方针政策和决策部署情况，转移支付与财政事权和支出责任划分的匹配情况；转移支付对促进实现各地区财政平衡及基本公共服务均等化情况；专项转移支付的清理整合情况；专项转移支付的整体绩效情况。监督转移支付预算执行和政策实施，重点是预算批准后在法律规定时间内批复下达以及资金使用绩效与政策实施效果情况等。五是政府债务。硬化地方政府预算约束，坚决制止无序举债搞建设，规范举债融资行为。结合地方政府债务规模、全国经济发展水平等情况，合理评估全国政府债务风险水平。地方政府债务审查监督要重点审查地方政府债务纳入预算管理的情况；要根据各地的债务率、利息负担率、新增债务率等风险评估指标体系，结合债务资金安排使用和偿还计划，评价地方政府举债规模的合理性。积极稳妥化解累积的地方政府债务风险，坚决遏制隐性债务增量，决不允许新增各类隐性债务。六是加强对政府预算收入编制的审查。政府预算收入编制要与经济社会发展水平相适应，与财政政策相衔接，根据经济政策调整等因素科学预测。强化对政府预算收入执行情况的监督，推动严格依法征收，不收"过头税"，防止财政收入虚增、空转。推动依法规范非税收入管理。

（二）人大预算审查监督重点向支出预算和政策拓展的工作成效

按照党中央关于人大预算审查监督重点向支出预算和政策拓展的改革部署要求，全国人大及其常委会对政府预算开展全口径审查、全过程监管，聚焦重点内容，加大监督力度，拓展监督深度，增强监督效果。2019 年，"常委会按照'全口径审查、全过程监管'的要求，制定关于进一步加强各级人大常委会对审计查出突出问题整改情况监督的意见，推动党中央决策部署在预算编制和预算执行中贯彻落实。聚焦财政政策实施、部门预算执行、转移支付下达、地方政府债券发行使用、污染防治政策措施及财政资金安排情况等重点，持续进行跟踪监督，共组织 25 次专项调研，听取 35 次汇报，开展 4 次专题审议，审查 9 项专项资金，进一步加强了对财政资金使用绩效和政策实施效果的审查监督。推动地方人大落实预算审查监督重点向支出预算和政策拓展的改革举措，所有省（区、市）都制定了实施意见。"[1]

2021 年"常委会听取审议关于财政交通运输资金分配和使用情况的报告，开展财政补贴管理与改革情况专题调研，推动科技创新、环境保护、社会保障、卫生健康、乡村振兴等支持政策落地，确保财政支出重点支持和保障党中央重大决策部署的贯彻落实"。"深入推进人大预算审查监督重点拓展改革。制定关于加强地方人大对政府债务审查监督的若干意见，推动预算审查监督重点拓展改革落细落实。开展全口径预算审查、全过程预算监

---

〔1〕 栗战书：《全国人民代表大会常务委员会工作报告》，2020 年 5 月 25 日在十三届全国人大三次会议上。

管，强化'事前'监督，聚焦'事中'监督，做实'事后'监督。加强政策实施效果和资金使用绩效情况监督，建立听取政府预算绩效评价情况及相关部门重要政策和重点资金绩效情况通报机制，推动建立绩效评价结果与完善政策和安排预算的挂钩机制。坚持'线上'监测与'线下'调研分析相结合，推进预算联网监督系统二期建设，为全国人大代表履行预算审查监督职责提供便利。"[1]

（三）预算联网监督

推进预算联网监督工作，是贯彻落实党中央关于人大预算审查监督重点向支出预算和政策拓展改革部署的一项重要举措。2017年12月，全国人大预算联网监督系统一期建成上线，首次为十三届全国人大一次会议审查和批准预算提供服务。2020年12月，系统二期电脑PC端核心模块和手机App上线运行，并于2022年6月通过专家评审验收，并向全国人大代表和人大机关干部开放使用。

在模块设置上，全国人大预算联网监督系统二期电脑PC端包括11个板块，下设44个功能模块，手机App版设有8个功能模块。在数据传输上，横向上与国务院财政、税务、海关等部门建立数据传输机制，纵向上31个省、自治区、直辖市人大常委会预算工委（财经工委）定期传输月度和年度数据。在功能设计上，不断夯实查询、预警、分析、服务四大基本功能，着力提升智能分析功能。在应用范围上，根据工作需要设置9类用户权限。全国人大预算联网监督系统实现了审查智能化、监督全面化、联网体系化、应用场景多样化、服务代表常态化。

---

[1]　栗战书：《全国人民代表大会常务委员会工作报告》，2022年3月8日在十三届全国人大五次会议上。

随着系统二期多场景、多维度分析不断深入，服务能力得到增强。一是服务预算、决算审查。运用系统，在对预算、决算数据梳理汇总基础上，分别从"四本预算"的收支、赤字和债务等方面，进行全景式展示，描述情况、发现问题、分析差异。十三届全国人大以来，提出预算联网监督有关参阅材料 10 份。二是服务预算执行监督，2018 年以来，运用系统持续对 99 个中央部门、合计 3 万多亿元预算资金开展线上全过程跟踪监测；对 2020 年至 2022 年共 8.5 万亿元中央财政直达资金分配、下达和使用开展全过程跟踪。十三届全国人大以来，提出预算执行专报、报告、简报等 35 份。三是服务地方政府债务审查监督，根据 2022 年经济形势，利用系统对 2015 年以来地方政府专项债券发行情况进行分析，与政府有关方面深入沟通，提出用足用好地方政府专项债务结存限额的意见建议。四是服务推动审计查出问题整改，在系统中智能筛选"屡查屡有"问题，提出开展年度整改跟踪监督的突出问题建议，根据工作推进情况，实现"挂账销号"，推动建立整改长效机制。五是服务听取审议国有资产管理情况报告，国有资产管理情况监督子系统 PAD 终端应用适配了报告审议、数据报表、分析评价、地方监督四个模块，2022 年 10 月首次为全国人大常委会听取审议国有资产管理情况综合报告提供服务。六是利用预算互联网监督系统为代表履职提供服务。2022 年全国人民代表大会会议期间，手机 App 年均访问量达 1000 人次，闭会期间的月均访问量为 600 人次，全年访问量超过 7000 人次[1] 2023 年全国人民代表大会会议期间，有 1363 人次代表登录预算互联网监督系统查阅预算数据，比上年增加 317 人次。

---

[1]　孟伟：《科技赋能依法履职——预算联网监督系统建设和使用工作交流会侧记》，"全国人大"微信公众号，2023 年 1 月 31 日。

三、加强国有资产管理情况监督

国有资产属于国家所有，即全民所有，是全体人民共同的宝贵财富。依据宪法和法律，国务院代表国家行使国有资产所有权并负有管理职责，全国人大及其常委会有权对国有资产管理情况进行监督。党的十八届三中全会通过的《中共中央关于全面深化改革若干重大问题的决定》提出"加强人大国有资产监督职能"。

2017 年 12 月 30 日，中共中央印发《中共中央关于建立国务院向全国人大常委会报告国有资产管理情况制度的意见》。十三届全国人大常委会坚决贯彻党中央决策部署，积极做好落实工作。2018 年 1 月、2019 年 4 月，全国人大常委会先后提出贯彻落实该意见和五年规划安排。经过三年多的努力，人大国有资产监督职能显著加强。为进一步健全国有资产管理情况监督法律制度，在总结实践经验基础上，十三届全国人大常委会第二十四次会议于 2020 年 12 月通过了《全国人民代表大会常务委员会关于加强国有资产管理情况监督的决定》（以下简称决定）。

决定主要内容有以下十个方面。一是明确人大监督基本方式。决定规定，全国人大常委会把每年听取和审议国务院关于国有资产管理情况的报告，作为履行国有资产监督职责的基本方式。全国人大常委会通过制定国有资产监督工作五年规划，对届内监督工作作出统筹安排；通过制定年度监督工作计划具体实施。预算工委承担人大国有资产监督具体工作，协助财经委等有关专门委员会承担初步审议相关工作。二是规范报告的重点内容。按照综合报告与专项报告相结合的方式，国务院向全国人大常委会报告年度国有资产管理情况。综合报告要全面准确反映各类国有资产和管理的基本情况；专项报告要根据各类国有资产性质和管理目标，分别报告各类国有资产管理工作、成效、问题和改进工作情况。三是建立健全报表体系、管理评价指标体系。为解决国有资产数据不完整不充分、管理情况缺乏量化评价等影响人大监督的基础性工作问题，规定企业国有资产（不含金融企业）、金融企业国有资产和行政事业性国有资产报表应当细化到行业，中央国有资产相关报表应当分企业、部门和单位编列；建立健全反映不同类别国有资产特点的评价指标体系，全面客观精准反映管理情况和成效。四是加强审计监督。为有效发挥审计对人大国有资产监督的支持作用，规定审计部门要落实党中央关于审计全覆盖要求，加强对国有资产、国有资源的审计，并形成专项报告，作为每年审计工作报告的子报告，提交全国人大常委会。五是强化人大常委会审议前的相关工作。规定开展专题调研时，邀请全国人大代表参加，充分发挥代表作用；专题调研情况向全国人大常委会报告；建立健全管理情况监督评价指标体系，推进人大监督由定性向定量拓展。六是完善人大审议的重点内容。为进一步提高人大常委会审议质量，决定对审议的重点内容作了进一步丰富和规范；按照全覆盖要求，进一步突出对全部国有资产的监督，并明确和完善了对各类国有资产管理情况监督的重点。七是发挥专题询问等监督方式作用。明确全国人大常委会在任期届满前一年内听取和审议综合报告时，开展专题询问；其他年份也可根据需要开展专题询问。全国人大常委会针对国有资产管理存在的问题，可依法进行质询和特定问题调查，可根据审议和监督情况依法作出决议。八是推动政府加强整改问责和强化人大跟踪监督。规定国务院建立健全整改与问责机制，推进整改，依法问责，并向全国人大常委会报告整改问责情况。全国人大常委会对突出问题、典型案件建立督办清单制度，由有关专门委员会、预算工委开展跟踪监督具体工作。建立人大国有资产管理情况监督与国家监察监督衔接机制。九是建立与预算决算审查监督有效衔接机制。规定要健全国有资本经营预算管理制度，强化国有资本经营预算对国有资本的总体布局、投资运作、收益管理等的统筹约束和支撑保障作用。同时，还对健全资产管理和预算管理相衔接的工作机制作了规定。十是建立信息共享机制、推进公开透明。规定国务院有关部门建立全口径国有资产信息共享平台，并通过预算联网监督系统向预算工委报送相关数据信息。预算工委汇总相关信息向有关专门委员会通报、向全国人大常委会报告。全国人大常委会办事机构将国有资产监督工作五年规划、国有资产管理情况报告及人大审议意见等，向全国人大代表通报并向社会公布；除依法不予公开内容外，国务院及其部门按规定及时公开国家、部门、单位国有资产报表，接受社会监督。

国有资产管理情况监督制度以听取和审议国务院关于国有资产管理情况报告为基本形式，并综合运用执法检查、询问和质询、特定问题调查等法定监督方式；将国有资产分为四类，即企业国有资产（不含金融企业）、金融企业国有资产、行政事业性国有资产、国有自然资源等四类国有资产；采取综合报告和专项报告相结合的方式，在全国人大的五年任期内，每年听取一类国有资产管理情况的专项报告，同时审议全面反映当年各类国有资产基本情况的书面综合报告，在任期的最后一年，听取和审议综合情况报告。各类国有资产报告要汇总反映全国情况，企业国有资产、金融企业国有资产报告以中央本级为重点。

全国人大常委会高质量、高标准、高水平推进国有资产管理情况监督工作，工作程序进一步规范化、制度化。全国人大常委会建立起涵盖沟通协调、监督调研、报告审议、整改反馈的"闭环"工作流程。以 2021 年为例，当年 10 月，常委会在审议上一年度国有资产管理情况综合报告的同时，首次听取审议国有自然资源资产管理情况专项报告。在此之前，常委会预算工委加强与国务院有关部门的联系，提前介入报告起草工作，并与全国人大财经委、环资委共同就国有自然资源资产管理等情况开展监督调研、专题研究，做好预先听取报告和协助有关专门委员会初步审议报告工作，为常委会审议做好准备。常委会审议报告后，预算工委认真梳理审议意见，研究提出问题清单，推动有关部门逐项落实。2022 年 4 月，国务院向常委会报告审议意见落实、问题整改等情况。此外，全国人大常委会还推进人大监督与审计监督、国家监察监督贯通协同，连续五年商请审计部门提供国有资产领域审计查出问题清单，结合推动实施落实常委会审议意见和整改问责清单制度，强化人大监督的持续效应。[1]

2018 年以来，按照综合报告与专项报告相结合的报告方式，全国人大常委会每年审议国有资产管理情况的综合报告，同时分别听取审议了金融企业国有资产、行政事业性国有资产、非金融企业国有资产管理情况专项报告。2021 年 10 月 21 日，十三届全国人大常委会第三十一次会议首次听取审议国务院关于 2020 年度国有自然资源资产管理情况的专项报告，实现了四大类别国有资产管理情况监督全覆盖。在委托第三方研究机构开展国有自然资源资产管理情况人大监督评价指标体系研究的基础上，形成了《关于设立国有自然资源资产管理人大监督评价指标体系的意见》。"这些监督，起到了防止国有自然资源遭受损害、国有资产

---

〔1〕 王博勋：《打造人大监督新样板——人大国资监督新探索系列评论之二》，"全国人大"微信公众号，2023 年 1 月 4 日。

遭到流失的作用。"[1]

近几年，国有资产联网监督系统建设加快推进，形成报告审议、数据报表、分析评价、国资动态、政策法规、地方监督等6个功能板块。2021年，以联网监督系统为依托，首次形成包括25项评价指标的分析材料，为常委会审议提供信息化支撑。2022年，国有资产联网监督系统正式上线服务常委会审议。国有资产监督数字化工作平台的建成，进一步拓展和延伸了监督链条，强化跟踪监督和日常监督，增强了人大国有资产管理情况监督的经常性和持久力。

目前，国有资产管理情况的监督已经成为全国人大及其常委会的制度化、常态化的工作安排，工作开展贯穿全年，各方面、各环节工作紧密衔接、相互贯通，国有资产管理监督工作的针对性、深入性和实效性不断增强。

四、加强中央预算审查监督

1999年12月，九届全国人大常委会第十三次会议审议通过《全国人民代表大会常务委员会关于加强中央预算审查监督的决定》，对加强中央预算审查监督，约束和规范预算行为，推进依法理财，发挥了重要作用。20多年来，我国经济社会持续快速发展，人民代表大会制度不断健全完善，政府财政预算制度改革持续深入推进。适应新的形势和发展需要，2020年12月，十三届全国人大常委会第二十四次会议审议通过修订后的《全国人民代表大会常务委员会关于加强中央预算审查监督的决定》。

---

[1] 栗战书：《全国人民代表大会常务委员会工作报告》，2022年3月8日在十三届全国人大五次会议上。

新修订的决定重点突出了十个方面内容。一是加强全口径审查和全过程监管。贯彻落实党中央部署要求，将全口径审查和全过程监管作为第一条，并分七款对审查监督内容作了具体规定，进一步明确了审查监督的重点，拓展了审查监督的广度和深度。这七款内容分别是：加强财政政策审查监督，加强一般公共预算审查监督，加强政府债务审查监督，加强政府性基金预算审查监督，加强国有资本经营预算审查监督，加强社会保险基金预算审查监督，进一步推进预算决算公开。二是加强中央预算编制的监督工作。为夯实预算审查监督的工作基础，第二条对一般公共预算、政府性基金预算、国有资本经营预算、社会保险基金预算"四本预算"草案的编制和列示作出具体规定，体现进一步向"事前"审查延伸和拓展的要求。三是加强和改善中央预算的初步审查工作。为更好发挥专门委员会作用，提升审查监督的针对性和实效性，第三条进一步健全完善了预算初步审查的程序和机制。全国人大常委会预算工委要开展前期沟通调研、充分听取意见建议、提出分析报告；完善全国人大财经委预算初步审查的程序和内容，开展专题审议；有关专门委员会就联系部门的部门预算、相关领域专项资金和政策开展专项审查。四是加强中央预算执行的监督工作。为切实解决中央预算执行监督存在信息不对称、监督手段有限等问题，第四条明确了国务院有关部门提供预算执行相关政策制度和数据信息的时间频度与方式方法，为常态化监督中央预算执行情况筑牢基础。规定利用现代信息技术开展预算联网监督，提高预算审查监督效能。五是加强中央预算调整方案的审查工作。为强化预算严肃性，第五条进一步明确预算执行中必须作出预算调整的情形，健全出台重要财税政策和预算重要变化情况的通报机制。明确预算执行中出台重要财政收支政策或者预算收支结构发生重要变化的情况，财政部应及时向全国人大常委会预算工委通报，必要时向全国人大常委会报告。六是加强中央决算的审查工作。按照全口径支出决算审查和细化透明的要求，第六条对一般公共决算支出、政府性基金决算支出、国有资本经营决算支出、社会保险基金决算支出的编报，作了具体规定。七是加强预算绩效的审查监督工作。为贯彻落实党中央关于全面实施预算绩效管理的改革要求，第七条对预算绩效审查监督作出规定。明确各部门、各单位应当全面实施预算绩效管理，加强绩效评价结果运用。将重要绩效评价结果与决算草案同步报送全国人大常委会审查。必要时，召开预算绩效听证会。八是加强审计监督和审计查出问题整改情况的监督工作。为更好发挥审计监督作用，形成监督工作合力，第八条对加强审计监督、第九条对加强审计查出问题整改情况监督分别作出规定。审计工作报告应全面客观反映审计查出的问题，揭示问题产生原因，提出改进工作建议。审计查出的问题要依法处理，强化责任追究，完善审计查出问题整改工作机制。全国人大常委会每年定期听取和审议国务院关于审计查出问题整改情况的报告，开展跟踪监督。九是依法执行备案制度、强化预算法律责任。为进一步贯彻实施预算法，第十条对依法执行备案制度、审查监督发现问题处理等作出规定。对预算审查监督发现的问题，区分及时研究处理、依法追究法律责任、需要给予政务处分等不同情况，作出规定。十是更好发挥全国人大代表作用。为充分发挥人大代表的主体作用，第十一条规定，国务院财政等部门应认真听取代表意见建议，主动回应代表关切。全国人大常委会有关工作机构应加强与全国人大代表的沟通联系，健全预算审查联系代表工作机制。

按照全国人大常委会部署要求，主要从以下几方面开展"关于加强中央预算审查监督的决定"贯彻实施工作：一是推动健全完善相关配套制度。推动国务院印发贯彻实施该决定的通知，作出工作部署。研究起草全国人大有关专门委员会开展预算专项审查工作办法、开展预算绩效审查监督工作办法等，报经批准后实施。进一步健全完善预算审查联系代表工作机制。通过预算联网监督系统手机 App 等途径，向代表及时提供预算执行相关信息情况，保障代表知情权；邀请代表特别是预算审查联系代表、相关专业领域代表参加政府债务审查监督工作；组织代表到有关部门、项目单位和市县开展视察调研。二是改进完善年度预算、决算审查监督工作。在 2020 年中央决算审查服务工作中，围绕加强决算及预算绩效审查监督，预算工委召开预算绩效管理座谈会，听取科技、生态环保等重点支出项目绩效情况通报；推动国务院报送全国人大常委会审查的重点项目绩效评价报告从上年的 25 个增加到 29 个。在 2022 年预算审查工作中，围绕加强预算编制监督和预算初步审查工作，预算工委就改进和完善预算编报提出建议；推进有关专门委员会就相关领域部门预算安排或支出政策，探索开展专项审查，提出审查意见；探索改进对重点支出和重大投资项目的审查工作。三是更好发挥预算联网监督作用。近年来，以"横向联通、纵向贯通"为工作目标，落实"基础在联、关键在用"的工作要求，预算联网监督系统二期初步建成，初步构建预算联网监督指标体系，丰富拓展系统模块功能，预算联网监督系统建设实现跃升，网络化、智能化水平持续提升，为增强预算审查监督、国有资产管理情况监督、政府债务审查监督的针对性、深入性和有效性，为服务代表更好依法履职，提供了丰富的数据信息支持和有力的技术手段支撑。2018 年以来，运用系统持续对 99 个中央部门、合计 3 万多亿元预算资金开展线上全过程跟踪监测。持续对 2020 年至 2022 年共 8.5 万亿元中央财政直达资金分配、下达和使用开展全过程跟踪。[1]

五、推动地方人大加强对政府债务的审查监督

党的十八大以来，以习近平同志为核心的党中央多次就防范化解重大风险、加强地方政府债务管理和监督作出重要部署。全国人大常委会高度重视对地方政府债务的审查监督，栗战书委员长多次作出指示批示。2021 年 6 月，经全国人大常委会党组审议并报党中央批准，中共中央办公厅印发《关于加强地方人大对政府债务审查监督的意见》。这是党中央加强人大对政府债务的审查监督、防范化解地方政府债务风险的重要举措，是党中央关于加强人大预算决算审查监督、国有资产监督职能的又一份重要文件。

《关于加强地方人大对政府债务审查监督的意见》针对地方政府债务管理中的信息不完整不透明、风险评估较困难，地方人大审查监督政府债务的内容和重点不明确、程序不规范、手段方法不丰富等问题，提出了明确而有针对性的要求。一是政府预算、决算草案应当反映一般债务和专项债务的限额和余额、债务年限、还本付息等情况，反映债务率等债务风险评估指标情况。二是地方人大在上级政府下达的债务限额内，衡量和评价政府债务风险，对新增政府债务限额总规模的合理性作出评价。三是地方人大围绕政府预算、预算调整、决算审查批准和预算执行监督，对政府债务开展全过程监管。四是地方人大加强对以政府投

---

〔1〕 申铖、王雨萧：《人大预算联网监督工作五年回眸》，新华社北京 2023 年 1 月 14 日电。

资基金、政府和社会资本合作（PPP）、政府购买服务等名义变相举债行为的监督，严格对下一级人大违法担保、承诺等行为的监督。

全国人大常委会坚决贯彻党中央决策部署，采取一系列举措做好上述意见的推动落实工作。栗战书委员长作出批示，并主持召开学习贯彻文件精神座谈会，要求认真抓好组织实施，切实推动地方人大加强对政府债务的审查监督。栗战书委员长强调，加强地方人大对政府债务的审查监督，是党中央明确交给地方人大的重要任务，也是人大的法定职责，全国人大要积极推动地方人大全面落实中央规定。一要提升政治站位，从推动高质量发展的高度防控政府债务风险。二要切实履行好职责，在党的领导下依法做好政府债务审查监督工作。三要依法加强债务管理。

按照全国人大常委会领导同志的批示和讲话精神，2021 年 7 月 30 日，全国人大财经委、全国人大常委会预算工委联合召开视频会议，邀请财政部、审计署负责同志参加，共同对推动地方人大和政府部门贯彻落实中央文件精神作出部署，提出意见建议和要求。2022 年 1 月，全国人大常委会办公厅印发《关于推动贯彻落实党中央〈关于加强地方人大对政府债务审查监督的意见〉的工作建议》。2022 年 12 月初，全国人大常委会预算工委在京召开 10 省、自治区、直辖市地方政府债务审查监督工作（视频）座谈会，天津、辽宁、浙江、江西、湖南、广东、重庆、云南、宁夏、新疆等 10 省、自治区、直辖市人大常委会预算工委（财经工委）负责同志分别介绍了本地区政府债务管理和制度建设情况，交流了开展政府债务审查监督的主要做法和成效，分析了存在的问题，提出了进一步做好工作的建议。

第三节　人大监督的实践创新、制度创新

党的十八大以来，以习近平同志为核心的党中央高度重视、全面加强党对人大工作的领导，就坚持和完善人民代表大会制度、发展社会主义民主政治发表一系列重要论述，对做好新时代人大监督工作提出了新的更高要求。全国人大常委会积极推动人大监督实践创新、制度创新，取得丰富成果。

一、完善专题询问工作机制

2010年6月24日，十一届全国人大常委会第十五次会议分组审议国务院关于2009年中央决算报告，受国务院委托，财政部多位负责同志到会回答询问。这是全国人大常委会首次进行专题询问。

专题询问是全国人大常委会依法履行监督职责的重要形式之一。经过多年的完善和发展，专题询问逐渐常态化、制度化。十二届全国人大常委会高度重视发挥专题询问的作用，尤其是在张德江委员长推动和参与下，专题询问焕发出强大的活力。2013年8月29日，十二届全国人大常委会第四次会议举行联组会议，专题询问传染病防治工作和传染病防治法实施情况。这次专题询问是十二届全国人大常委会举行的第一次专题询问。这次专题询问由张德江委员长亲自主持，会议规格和规模达到了一个新的高度，开创了专题询问工作的历史先河。

（一）专题询问成为新常态

十二届全国人大常委会"首问"结束后，张德江委员长发表重要讲话指出，专题询问是人大依法监督"一府两院"工作的一种重要形式，对于推动有关部门改进工作发挥了重要作用。要进一步提高质量和效果，充分发挥专题询问建设性、促进性的作用，防止流于形式，防止走过场。常委会组成人员要站在人民立场上，想人民之所想，急人民之所急，加强调研，本着实事求是的态度，客观全面地评价相关工作，抓住主要矛盾和要害问题，提出社会普遍关注的、急需解决的问题，提高询问的质量。答问部门要本着对人民负责的精神，实事求是、有的放矢地回答问题，真诚坦率、认真深入地探讨问题，将问题说实、讲透，提高答问的质量，用切实改进工作来回应人民的呼声。要进一步完善专题询问的组织工作。认真总结以往的经验，从提高专题询问的实效着眼，从专题询问的组织方式和程序入手，增强专题询问现场问答的互动性，使问题的探讨更加深入；加大专题询问工作的透明度，扩大人大代表对专题询问的参与。

此后，专题询问成为人大监督工作的新常态。张德江委员长多次作出批示并两次主持专题询问。2014 年，全国人大常委会选择深化行政审批制度改革加快政府职能转变、统筹推进城乡社会保障体系建设、推进新农村建设三项重点工作，分别开展了 3 次专题询问，通过询问促进"一府两院"依法行政，公正司法，共同推动中央重大决策部署的贯彻落实，维护广大人民群众的利益。

截至 2015 年 4 月，全国人大常委会开展 15 次专题询问，其中十一届开展了 9 次，十二届开展了 6 次。[1]

---

〔1〕 张晓松：《充分发挥专题询问在人大监督工作中的独特作用——全国人大常委会有关负责人谈关于改进完善专题询问工作的若干意见》，新华社北京 2015 年 4 月 9 日电。

（二）改进完善专题询问工作

党的十八届三中全会提出，要健全"一府两院"由人大产生、对人大负责、受人大监督制度，通过询问、质询、特定问题调查、备案审查等积极回应社会关切。为深入贯彻党的十八届三中全会精神，充分发挥人大专题询问在监督工作中的独特作用，增强人大监督的针对性和实效性，全国人大常委会在深入开展调研，认真分析论证，广泛征求人大代表、国务院有关部门、地方人大以及有关新闻媒体意见的基础上，于2014年底研究提出《关于改进完善专题询问工作的若干意见》（以下简称若干意见）。若干意见从以下几个方面就进一步改进和完善专题询问工作提出要求：1. 增强询问选题的针对性和时效性。若干意见要求，把涉及改革难度大、存在问题多、社会关注度高、关系群众切身利益的报告议案确定为专题询问的选题。专题询问前，开展调研、认真梳理出人民群众普遍关注的热点难点问题。若干意见提出，每年由全国人大常委会办公厅与国务院办公厅协调，安排1至2位国务院副总理或国务委员向全国人大常委会作专项工作报告，到会听取审议意见、回答询问，今后可以视情况适当增加。2. 确保专题询问真问真答、不走过场、发挥实效。若干意见提出，在询问过程中常委会组成人员的提问要抓住关键和要害问题，不回避矛盾，如对回答问题情况不满意，可以进一步深入询问。答问人应直截了当、实事求是地做出回答，不走过场，现场不能答复或者不能充分答复的，应说明情况并于会后及时书面答复。若干意见明确，全国人大常委会办事机构应在专题询问结束后及时汇总整理审议意见，函送"一府两院"研究落实，并要求在适当时限内向常委会书面反馈整改落实情况报告。全国人大相关专门委员会和常委会工作委员会应当对"一府两院"整改落实情况进行跟踪督查，对整改落实情况报告进行认真审议，并向常委会提出审议意见。必要时，可以建议将"一府两院"整改落实情况报告提请全国人大常委会会议审议，由常委会作出决议。3.充分发挥常委会组成人员在专题询问中的主体和主导作用。根据若干意见的要求，专题询问的选题要紧密结合人大代表提出的建议、批评和意见及人大各项工作中发现的突出问题；专题询问前开展的调研和梳理出的热点难点问题要以适当方式征求人大代表、地方人大对专题询问的意见；在专题询问中，常委会组成人员是专题询问的主体，应从组方式和工作机制上充分保障常委会组成人员的询问权利。

2014年12月28日，国务院副总理马凯和7个部门负责人到会回答全国人大常委会组成人员关于统筹推进城乡社会保障体系建设工作情况的专题询问。这是开展专题询问以来，第一次由国务院副总理到会应询。十二届全国人大五年任期内，国务院负责同志和有关部门负责同志155人次到会听取意见、回答询问。国务院领导出席常委会联组会议回答询问，已成为常态。

十二届全国人大五年间开展15次专题询问，从"问病""问水"，到聚焦职业教育法实施情况、"简政放权"情况、脱贫攻坚工作情况等，既彰显了问大事、询大局，坚决把党中央重大决策部署落到实处的国家意志，又体现出紧扣社会热点，着力推动保障和改善民生，让百姓感受到浓烈的民本情怀。几乎每一场专题询问，委员们都是经过精心准备，提问直截了当、切中要害，问出了人民群众的心声。国务院领导同志和各部门负责人认真对待，回答实事求是、简洁明了，不推诿也不逃避，在良性互动中寻求解决问题和改进工作的良策。自此，专题询问成为全国人大常委会监督工作的重要抓手。

（三）专题询问入法

2022 年 6 月 24 日，十三届全国人大常委会第三十五次会议通过《关于修改〈中华人民共和国全国人民代表大会常务委员会议事规则〉的决定》，2022 年 3 月 11 日，十三届全国人大五次会议通过《关于修改〈中华人民共和国地方各级人民代表大会和地方各级人民政府组织法〉的决定》，均将"专题询问"增入其中。

新修正的全国人民代表大会常务委员会议事规则第三十七条规定，常务委员会围绕关系改革发展稳定大局和人民切身利益、社会普遍关注的重大问题，可以召开联组会议、分组会议，进行专题询问。根据专题询问的议题，国务院及国务院有关部门和国家监察委员会、最高人民法院、最高人民检察院的负责人应当到会，听取意见，回答询问。专题询问中提出的意见交由有关机关研究处理，有关机关应当及时向常务委员会提交研究处理情况报告。必要时，可以由委员长会议将研究处理情况报告提请常务委员会审议，由常务委员会作出决议。

新修订的地方各级人民代表大会和地方各级人民政府组织法第五十条第七款规定，县级以上的地方各级人民代表大会常务委员会"监督本级人民政府、监察委员会、人民法院和人民检察院的工作，听取和审议有关专项工作报告，组织执法检查，开展专题询问等"。

二、探索"全链条"监督模式

十二届全国人大常委会监督工作还有一大亮点，就是以执法检查为着力点，探索形成了综合运用执法检查、审议报告、专题询问等多种监督手段的"全链条"监督模式。

职业教育关乎国家经济转型和竞争力提升，关乎亿万劳动力就业，不仅是教育问题，更是重大民生问题和经济发展问题。2015 年，全国人大常委会把目光紧紧锁定在影响和制约职业教育发展的突出问题上，对职业教育法实施情况展开执法检查。当年 3 月 25 日，张德江委员长主持召开检查组第一次全体会议，正式启动职业教育法执法检查。6 月 29 日，张德江委员长向十二届全国人大常委会第十五次会议作《全国人民代表大会常务委员会执法检查组关于检查〈中华人民共和国职业教育法〉实施情况的报告》。这次执法检查，开创了全国人大监督工作历史上的多个"第一次"：第一次由全国人大常委会委员长担任执法检查组组长，并带队到地方进行检查；第一次由委员长主持执法检查组全体会议；第一次由委员长作执法检查报告，并主持专题询问；第一次在全国人大常委会层面把执法检查同专题询问两种方式结合起来开展监督工作。正是在这次执法检查中，人大监督再次创新监督工作方式方法。在听取和审议职业教育法执法检查报告半年后，十二届全国人大常委会第十九次会议听取和审议了《国务院关于落实职业教育法执法检查报告和审议意见的报告》，强化推动相关问题解决，促进职业教育发展，以实际举措强化跟踪问效。

全国人大常委会不断深化对执法检查工作规律的认识，探索形成选题、检查、向人大常委会报告、专题询问、解决问题、听反馈报告"六步曲"环环相扣的有效监督链条。其中，"听反馈报告"环节有实质性突破。例如，2015 年，全国人大常委会跟踪监督上一年大气污染防治法检查报告和审议意见处理情况，听取和审议了国务院关于对检查报告和审议意见研究处理的反馈报告，被称为"完善监督工作方式、增强监督实效的一次新尝试"。2016 年，全国人大常委会听取和审议了老年人权益保障法、食品安全法执法检查报告和审议意见情况的反馈报告。[1]

在监督工作实践中，全国人大常委会不断深化对执法检查工作规律的认识，探索形成了对法律实施情况的"全链条"监督工作流程。2017年3月，全国人大常委会工作报告系统、完整地阐释了执法检查六个环节。一是选好执法检查题目，重点抓住经济社会发展中亟须解决、人民群众普遍关心的突出问题，检查相关法律的实施情况。二是搞好执法检查组织工作，由委员长、副委员长担任执法检查组组长，带队赴地方开展检查；坚持常委会直接检查与委托地方人大开展检查相结合，扩大执法检查的覆盖面；注重深入基层了解实际情况，把问题找准、把症结查清。三是全面报告执法检查情况，提出务实有效的建议，使执法检查报告成为解决问题、完善制度的重要依据。四是认真进行审议，常委会组成人员充分发表意见、集思广益；同时选择部分执法检查项目，结合审议开展专题询问，国务院及其有关部门负责同志到会听取意见、回答询问。五是推动改进实际工作，督促"一府两院"认真研究处理常委会执法检查报告和审议意见，切实解决突出矛盾和问题；有关专门委员会进行跟踪监督。六是要求"一府两院"报告整改落实情况，常委会根据实际情况安排进行审议。这6个环节形成对法律实施情况的"全链条"监督工作流程，切实增强了人大监督工作的系统性、针对性和有效性。[2]

"全链条"监督工作流程，打出了一套环环相扣的"组合拳"，为各级人大做好监督工作提供了新的实践范本。

---

〔1〕 田必耀：《新时代人大执法检查重大创新及实施对策研究》，《人大研究》2019年第9期。

〔2〕 张德江：《全国人民代表大会常务委员会工作报告》，2017年3月8日在十二届全国人大五次会议上。

三、完善经济工作监督制度

2000 年 3 月 1 日，九届全国人大常委会第十四次会议通过《全国人民代表大会常务委员会关于加强经济工作监督的决定》。该决定的出台为全国人大常委会依法开展经济工作监督提供了专门的法律规范，实现了监督常态化，对促进政府更好地推进经济社会发展和依法行政发挥了重要作用。

党的十八大以来，党中央对经济工作提出一系列新理念、新思想、新部署，对人大经济工作监督提出了新的更高要求。为准确把握新时代人大经济工作监督新形势新任务，进一步规范监督程序，明确监督重点，增强监督实效，2021 年 12 月 24 日，十三届全国人大常委会第三十二次会议表决通过新修订的《全国人民代表大会常务委员会关于加强经济工作监督的决定》（以下简称新决定）。这是该决定颁行 21 年以来的首次修订。

新决定坚持以习近平新时代中国特色社会主义思想为指导，深入贯彻中央人大工作会议精神，突出强调坚持党对经济工作的集中统一领导，坚持围绕中心、突出重点，认真总结经济工作监督的实践经验和探索创新，将其有效做法和成熟经验转化为法律规范，从经济工作监督的指导思想、监督内容、监督重点、工作机制，到充分发挥人大专委会和代表的作用等方面，充实完善了很多相关规定。"新决定细化、强化了人大对经济工作监督的职责，规定了规划计划初步审查、重大经济事项监督等方面内容，是监督并促进政府更好推进经济社会发展工作的重要法律规范，标志着人大经济工作监督迈上了新台阶。"[1]

---

〔1〕 徐绍史：《不断开创人大财经工作新局面》，《人民日报》2022 年 2 月 25 日。

　　新决定首先明确常委会开展经济工作监督的指导思想，充分体现新时代党的创新理论成果，并细化和完善年度计划、五年规划纲要初步审查及执行监督的有关内容。围绕党和国家经济工作中心和全局，新决定明确监督重点，主要是深化经济体制改革、优化营商环境、加强科技创新、推动区域协调发展、坚持绿色低碳发展、保障和改善民生、促进共同富裕、推进高水平对外开放、维护国家经济安全等方面工作的落实情况，必要时可以听取和审议国务院专项工作报告、开展专题询问或者作出决议。新决定还界定了重大事项报告的范围，强化对重大工程项目的监督，并从货币政策执行情况、金融业运行情况和监督管理工作情况、金融支持实体经济情况、金融体系改革和对外开放情况、防范化解金融风险隐患情况等五个方面加强对金融工作的监管。

　　总结多年实践经验，健全完善监督工作机制，是本次修订决定的一个重要方面。新决定规定，国务院对事关国民经济和社会发展全局、涉及人民群众切身利益的重大决策，依法在出台前向全国人民代表大会常务委员会报告。出现下列情况之一的，国务院或者国务院有关部门应当向全国人民代表大会常务委员会或者财政经济委员会和有关专门委员会报告，作出说明：一是因国际经济形势或者国内经济运行发生重大变化需要对宏观调控政策取向作出重大调整；二是涉及国计民生、国家经济安全、人民群众切身利益的重大经济体制改革或者对外开放方案出台前；三是重大自然灾害或者给国家财产、集体财产、人民群众生命财产造成严重损失的重大事件发生后；四是其他有必要向全国人民代表大会常务委员会或者财政经济委员会和有关专门委员会报告的重大经济事项。全国人民代表大会常务委员会认为必要时，可以依法作出决定决议，也可以将讨论中的意见建议转送国务院及其有关部门研究处理。同时，新决定规定，对涉及面广、影响深远、投资巨大的国家特别重大建设项目，国务院可以向全国人民代表大会或者常务委员会提出议案，由全国人民代表大会或者常务委员会审议并作出决定。新决定规定，加强对代表大会及其常委会决议、决定和审议意见执行、处理情况的跟踪监督。新决定明确，全国人民代表大会常务委员会通过听取和审议专项工作报告、执法检查、询问和质询、特定问题调查、专题调研等方式，加强对国务院及其有关部门经济工作的监督。根据全国人民代表大会常务委员会安排，财政经济委员会和有关专门委员会可以召开会议，听取国务院有关部门的专题汇报。全国人民代表大会常务委员会、财政经济委员会和有关专门委员会可以运用审计监督、财会监督和统计监督成果，聘请研究机构和专家学者，委托第三方评估，利用大数据技术等，提高经济工作监督效能。新决定就加强对代表大会及其常委会决议、决定和审议意见执行、处理情况的跟踪监督作出规定：对全国人民代表大会及其常务委员会在经济工作监督中作出的决议、决定和审议意见等，常务委员会应当加强跟踪监督，督促国务院及其有关部门贯彻执行决议和决定，认真研究处理意见和建议并及时反馈。常务委员会认为必要时，可以就有关情况听取和审议国务院的专项工作报告。国务院应当在规定期限内，将决定决议的执行情况或者审议意见的研究处理情况向全国人民代表大会常务委员会报告。全国人民代表大会财政经济委员会承担跟踪监督的具体工作。对不执行决定决议或者执行决定决议不力造成严重后果的，全国人民代表大会及其常务委员会可以通过专题询问、质询、特定问题调查等方式加强监督。

新决定特别规定，全国人大常委会开展经济工作监督，应当充分发挥全国人大代表的作用。全国人民代表大会财政经济委员会和有关专门委员会应当建立健全经济工作监督联系代表工作机制。确定监督项目、开展监督工作，应当认真听取全国人民代表大会代表的意见建议。全国人民代表大会财政经济委员会和有关专门委员会围绕代表议案建议提出的、代表普遍关注的经济社会发展工作中的突出问题，组织开展专题调研。全国人民代表大会财政经济委员会对国民经济和社会发展年度计划和五年规划纲要草案进行初步审查时，应当邀请全国人民代表大会代表参加。

新决定体现了新时代鲜明特色，标志着人大经济工作监督迈上了新台阶，有利于实现对经济工作的常态化、全过程监督，助力高质量发展，推进国家治理体系和治理能力现代化。

/ 第六章 /

新时代地方人大监督工作

党的十八大以来，地方各级人大在习近平法治思想、习近平总书记关于坚持和完善人民代表大会制度的重要思想指引下，自觉在全面依法治国大局中谋划人大监督工作，认真履行宪法和法律赋予的监督职责，坚持正确监督、有效监督、依法监督，监督工作迈上新台阶、展现新气象。

第一节　规范性文件备案审查

党的十八大以来，以习近平同志为核心的党中央深入推进全面依法治国，高度重视宪法实施和监督，对规范性文件备案审查工作作出一系列重大决策部署，为新时代各级人大常委会加强和改进备案审查工作提供了根本遵循。地方各级人大常委会按照党中央决策部署和全国人大常委会的安排，根据立法法、监督法的有关规定，深入落实"有件必备、有备必审、有错必纠"的工作要求，积极稳妥地开展规范性文件备案审查工作，取得了显著成果。

一、备案范围逐步实现"全覆盖"

2000 年立法法出台后，地方人大备案审查工作开始起步。

2000 年制定的立法法对立法监督原则和程序作出了一系列明确具体的规定，系统完整地规定了备案制度，明确规定赋予国家机关、社会团体、企业事业单位和公民对行政法规、地方性法规、自治条例和单行条例提出审查要求或审查建议的权利，规定了全国人大常委会的备案审查程序，同时授权地方人大常委会可以在维护法制统一的前提下，制定有关备案审查的程序。2007 年监督法颁布实施后，各地人大常委会加强了规范性文件备案审查工作。省级人大常委会全部制定了规范性文件备案审查地方性法规，一些较大的市也制定了地方性法规。各地人大常委会基本形成了常委会领导分管，备案审查机构统筹负责，各相关专门委员会、常委会工作机构分工审查、协调配合的工作格局。

2013 年，党的十八届三中全会提出，健全法规、规章、规范性文件备案审查制度。2014 年，党的十八届四中全会从依宪治国、依宪执政的高度，明确提出要加强备案审查制度和能力建设。2015 年，新修改的立法法进一步健全了备案审查制度。各地人大常委会按照中央要求和立法法规定，认真总结已有经验和做法，研究制定和完善有关备案审查的制度规定，健全备案审查工作机制，完善备案审查工作程序，创新备案审查工作方法。2019 年 12 月 16 日，十三届全国人大常委会第四十四次委员长会议通过了《法规、司法解释备案审查工作办法》。该办法明确提出，地方各级人大常委会参照本办法对依法接受本级人大常委会监督的地方政府、监察委员会、人民法院、人民检察院等国家机关制定的有关规范性文件进行备案审查。地方各级人大常委会积极贯彻执行《法规、司法解释备案审查工作办法》，备案审查工作更加制度化、规范化。

根据监督法第二十八条以及立法法第九十八条规定，地方人大常委会备案审查的范围有：地方性法规、下级人大及其常委会作出的决议和决定、政府规章以及本级人民政府的决议和决定。全国人大常委会发布的《法规、司法解释备案审查工作办法》第二条，对备案审查的范围作出了相关的规定，主要包括地方性法规、自治州和自治县的单行条例和自治条例、"一府一委两院"制定的规范性文件以及经济特区法规。为了尽快实现"有件必备"的备案审查要求，越来越多的省级人大常委会在制定或修改备案审查的地方性法规和规范性文件时，依照全国人大常委会《法规、司法解释备案审查工作办法》的规定，逐步将全部规范性文件纳入备案的范畴之中，基本实现了备案审查范围的"全覆盖"。

各省级人大常委会在规定备案审查的范围时，对于地方"两院"的规范性文件是否需要进行备案审查出现了不一致的情况。大部分省级人大常委会都在备案审查的地方性法规和规范性文件中明确要求法院、检察院制定的规范性文件要进行备案，有少部分省级人大常委会尚未明确规定报送备案的规范性文件是否需要包含来自地方"两院"的文件，如山东省、吉林省在内的8个省。

对于是否将由监察委员会制定的规范性文件进行备案审查，各省规定不一致。北京市、甘肃省、山西省等21个省级人大常委会规定，报送接受备案审查的规范性文件应当包含有监察委员会的规范性文件，海南省、吉林省等10个省未将监察委员会制定的规范性文件纳入备案审查的范围。

对于政府部门制定的规范性文件是否报送地方人大常委会审查，各省有不同的规定。北京市、广东省、湖北省等13个省级行政区在备案审查地方性法规或规范性文件中明确规定以地方人民政府办公厅名义发布的规范性文件应当纳入备案审查的范围。有不少省级人大常委会对于是否需要将政府部门发布或制定的规范性文件报送以供备案审查并未作出明确的规定。

二、备案审查方式多样化

各省级人大常委会审查规范性文件的主要方式包括主动审查和被动审查。2019 年后，各省级人大常委会依照全国人大常委会通过的《法规、司法解释备案审查工作办法》的规定，明确了"依申请审查、依职权审查、移送审查以及专项审查"这四种审查方式。

（一）依申请审查。依申请审查就是被动审查，也就是应法人、国家机关、公民和其他组织的申请而启动的审查方式。实践中，依申请审查主要由审查要求和审查建议组成，审查要求是由各地方备案审查规范性文件规定的有权国家机关提请的审查要求而启动的审查；审查建议是应法定机关以外的国家机关、组织、公民以及社会团体所提出的审查建议而启动的审查。[1]

近年来，审查建议的数量明显增多。2018 年《江苏省人民代表大会常务委员会法制工作委员会关于备案审查工作情况的报告》指出："近年来，公民通过书面信函、备案审查信息平台、省人大常委会主任信箱等方式提交审查建议的数量明显增加。"2019 年，甘肃省有公民就《甘肃省工伤保险实施办法》提出了审查建议，认为其中有关工伤认定程序的规定存在不适当内容。甘肃省人大常委会经过审查发现工伤认定程序确实存在问题后，

---

〔1〕 全国人大常委会法制工作委员会备案审查室：《规范性文件备案审查理论与实务》，中国民主法制出版社 2020 年版，第 60 页。

督促省政府及时对工伤认定程序进行修改完善。^[1] 广东省人大常委会根据有关公民提出的审查建议，审查纠正了某规范性文件关于取消独生子女伤残或死亡家庭享受独生子女父母奖励金的规定。经审查发现，该规定和人口与计划生育法等法律及国家关于独生子女父母奖励金和失独伤残家庭扶助金相关政策的规定不一致。根据审查意见，制定机关修改相关规定，并安排落实经费，失独伤残家庭可同时享受两项待遇。哈尔滨市人大常委会法工委收到公民来信，反映《哈尔滨市失业保险办法》对"用人单位未按期缴纳失业保险费的"，除责令补缴外，"按日加收千分之二滞纳金"的处罚规定与社会保险法"按日加收万分之五滞纳金"的规定相抵触，建议审查修改。收到审查建议后，哈尔滨市人大常委会法工委立即进行认真研究，查阅相关法律法规，并与市政府有关部门进行了沟通，提出具体审查意见，督促市政府有关部门尽快修改了《哈尔滨市失业保险办法》，使问题得到圆满解决。近年来，根据公民建议，哈尔滨市人大常委会先后对《哈尔滨市失业保险办法》《哈尔滨市经营和燃放烟花爆竹安全管理办法》《哈尔滨市城镇基本医疗保险暂行办法》3 件地方政府规章进行了审查，提出的审查建议转政府有关部门，并按规定答复建议人。^[2] 2019 年 9 月，湖南省岳阳市某小区业主委员会对《岳阳市物业专项维修资金管理办法》提出审查建议，岳阳市人大常委会经过审慎核查，发现该文件不仅已失效 5 个月，且部分条款违背相关规定，经过沟通衔接，督促市政府及相关部门对该文件进

---

〔1〕《省人大常委会法制工作委员会关于 2019 年规范性文件备案审查工作情况的报告》，甘肃人大网，http://rdgb.gsrdw.gov.cn/2021/2_3_2_0110/2621.html。

〔2〕 孙晓丽、张维炜、陈珊：《哈尔滨市人大："新理念"催生备案审查监督"新成效"》，"全国人大"微信公众号，2021 年 9 月 27 日。

行了修订。[1]

（二）依职权审查。依职权审查就是主动审查。近年来，各省级人大常委会加大备案审查制度中主动审查方式的力度，对于报送备案的规范性文件逐件进行主动审查，力求做到"有备必审"。

2018 年山东省人大常委会法制工作委员会在审查某市快递网点管理办法时发现，该办法第十八条对快递点作出的相关禁止性义务的规定存在不适当情形，例如，不允许快递点在露天进行作业，以及禁止快递点对快递进行一系列操作行为。这一规定存在以行政手段干涉原本可采用民事行为的情形，据此，人大常委会责令市政府对该管理办法进行了修改。2020 年，安徽省人大常委会法工委在对某市制止和拆除违法建设规定进行审查时，发现该规定第七条规定，对于责令拆除的违法建筑当事人拒不拆除的立即强制拆除。我国行政强制法第四十四条规定，在法定期限内当事人拒不拆除违法建筑也不申请行政复议或行政诉讼的才可以强制拆除。上述规定第七条明显与行政强制法不一致。安徽省人大常委会责令该市政府修改了规定。甘肃省人大常委会法工委坚持有备必审、有错必纠原则，加强和改进规范性文件审查工作，对报备的规范性文件在全部初审的基础上，及时转交各相关专门委员会进行深度审查，对符合要求的全部进行备案，做到了有备必审、应备尽备。[2] 2017 年 8 月，湖南省岳阳市人大常委会审查《岳阳市城区禁止燃放烟花爆竹管理办法》，发现有两项条款与上位法相冲突，迅即督促市政府启动修改和文件颁布后评估工作，

---

〔1〕 邹雨明、罗纤纤：《岳阳人大：让规范性文件更规范》，"湖南人大"微信公众号，2021 年 2 月 1 日。

〔2〕《省人大常委会法制工作委员会关于 2019 年规范性文件备案审查工作情况的报告》，甘肃人大网，http://rdgb.gsrdw.gov.cn/2021/2_3_2_0110/2621.html。

市政府通过公开征求意见，对相关条款进行了修改。[1]

上海、江苏、四川、黑龙江等省、市坚持机构审查与专家审查相结合。上海市人大常委会在《上海市共有产权保障住房管理办法》备案审查的过程中邀请人大代表以及专家参与其中。为了更好地推动专家学者参与备案审查工作，四川省制定了《四川省人大常委会法制工作委员会关于规范性文件委托专家审查的工作方案》。黑龙江省哈尔滨市在对《关于规范和发展行政审批中介服务市场工作的指导意见》《哈尔滨市市级行政审批中介服务事项目录》等8个行政审批中介服务方面规范性文件进行审查时，借助"外脑"力量，寻求专业支撑，多次组织黑龙江省政法管理干部学院等专家，以集中会审等方式进行研究论证，并与专家们一道同市政府有关部门进行沟通确认，切实保证了审查质量。[2]湖北省咸宁市人大常委会建立备案审查专家智库，聘请30多名相关专家学者、专业律师作为备案审查工作专家，建立常态化专家审查工作机制，发挥专家学者专业特长，借智借力开展备案审查工作。[3]

（三）专项审查。专项审查是指为了保证中央令行禁止、维护法治统一或是回应引发社会关注的事件，对某一范畴内的规范性文件进行相应审查的审查方式。实践中，专项审查在备案审查规范性文件中尚未实现"全覆盖"。广西壮族自治区、河南省、黑龙江省、湖南省在内的18个省级人大常委会未规定专项审查。

〔1〕 邹雨明、罗纤纤：《岳阳人大：让规范性文件更规范》，"湖南人大"微信公众号，2021年2月1日。
〔2〕 孙晓丽、张维炜、陈珊：《哈尔滨市人大："新理念"催生备案审查监督"新成效"》，"全国人大"微信公众号，2021年9月27日。
〔3〕 刘汉松：《注重"三大方面"不断完善人大备案审查工作》，《人民代表报》2022年5月12日。

近年来，各省专项审查主要集中于疫情防控、野生动物保护、民法典实施、生态环境保护、食品药品监管等方面。例如，广东省在 2020 年备案审查工作情况的报告中就提到，为了落实"有备必审"，围绕新冠疫情的防控、实施民法典和强化公共卫生的法治保障等内容开展了专项清理工作。[1] 2020 年，湖南省岳阳市人大常委会在全省率先探索开展城建领域规范性文件专项审查，对市住房和城乡建设、自然资源和规划、城市管理三个部门制发的现行有效的 51 件规范性文件进行清理，从源头消除损害人民群众利益现象的发生。[2] 江苏省如皋市围绕全市经济发展大局，重点在优化营商环境、野生动物保护、长江保护等内容上对不适应经济社会发展需要，不符合政府职能转变要求，与现行法律、法规、规章及有关政策规定相抵触的规范性文件，督促市政府及有关部门及时清理或修正。[3]

（四）移送审查。随着全覆盖备案审查模式的不断推进，移送审查应运而生。移送审查就是指对于不属于备案审查主体审查的规范性文件，审查主体依照有关规定将规范性文件移送有权机关备案审查的审查方式。移送审查主要是通过备案审查制度中的衔接联动机制来进行的。部分省级人大常委会专门规定了备案审查衔接联动机制，例如《湖北省人民代表大会常务委员会规范性文件备案审查衔接联动工作规则》和《吉林省各级人民代表大会

〔1〕《广东省人民代表大会常务委员会法制工作委员会关于 2020 年备案审查工作情况的报告》，广东人大网，http：//www. gdrd. cn/rdlz/lfgz/202103/t20210323_183311. html。

〔2〕 邹雨明、罗纤纤：《岳阳人大：让规范性文件更规范》，"湖南人大"微信公众号，2021 年 2 月 1 日。

〔3〕 何福平、陈敏敏：《以制度"组合拳"助力县域人大备案审查工作》，中国网，http：//jiangsu. china. com. cn/html/jsnews/around/10984779_1. html。

常务委员会规范性文件备案审查衔接联动机制工作制度》。2020年，广东省人大常委会审查了两件全国人大常委会法工委移送的审查建议，均为劳动争议方面的规范性文件，公民认为该文件违反了上位法。广东省人大经审查发现，这两件规范性文件并未抵触上位法，因此及时向提起审查建议的公民进行反馈。[1]

江苏省如皋市建立和完善了市委、市人大、市政府规范性文件备案审查工作机构衔接与联动机制，建立和完善上述单位之间备案数据共享、审查建议移送、审查标准协同、疑难问题会商、联席会议交流等衔接联动机制。市委办对"一府一委两院"与市委或市委部门联合制发的涉及公民、法人、其他组织的权利或义务内容的规范性文件，可以移送市人大法制委同步审查。对内容复杂敏感、专业性强、涉及面广的规范性文件，市委办、市人大法制委、司法局根据需要可进行会商调研。由市人大法制委牵头，每年年初召开联席会议，就年度规范性文件立项、重点规范性文件后评估、专项审查和专项清理等开展会商。[2]

另外，有的地方人大探索通过不同监督方式相结合，推动备案审查工作开展。一是将备案审查与执法检查结合。如2010年福建省人大常委会开展的《福建省各级人民代表大会常务委员会规范性文件备案审查规定》执法检查。二是将备案审查与专项评议相结合。如2015年重庆市人大常委会开展了对市人民政府规范性文件备案审查工作的专项评议。

---

〔1〕《广东省人民代表大会常务委员会法制工作委员会关于2020年备案审查工作情况的报告》，广东人大网，http：//www.gdrd.cn/rdlz/lfgz/202103/t20210323_183311.html。

〔2〕 何福平、陈敏敏：《以制度"组合拳"助力县域人大备案审查工作》，中国网，http：//jiangsu.china.com.cn/html/jsnews/around/10984779_1.html。

三、备案审查制度建设迈上新台阶

监督法出台后，地方人大常委会为了加强行政规范性文件的备案审查工作，根据监督法、立法法等法律的规定制定了备案审查地方性法规和规范性文件，形成了比较完善的备案审查工作程序。地方人大常委会备案审查的制度建设有三种做法：一是制定专项的规范性文件备案审查地方性法规，采取该做法的有 17 个省、直辖市。二是制定实施监督法办法的地方性法规，其中对规范性文件备案审查设置专章作规定，采取该做法的有 9 个省、自治区、直辖市。三是既制定专项的备案审查地方性法规，又同时制定实施监督法办法的地方性法规，其中对规范性文件备案审查设置专章作规定，采取此做法的有 5 个省、自治区。

2019 年 12 月 16 日，十三届全国人大常委会第四十四次委员长会议通过《法规、司法解释备案审查工作办法》，进一步完善了备案审查工作的相关制度规范，对地方人大常委会进一步完善备案审查制度机制提出了新的要求，也为地方各级人大常委会开展备案审查工作提供了有力的制度支撑和指引。该办法第五十五条规定，地方各级人大常委会参照本办法对依法接受本级人大常委会监督的地方政府、监察委员会、人民法院、人民检察院等国家机关制定的有关规范性文件进行备案审查。按照全国人大常委会的要求，地方人大进一步加强备案审查制度建设，全面提升备案审查法治化水平。

2020 年 11 月 27 日，湖北省十三届人大常委会第十九次会议通过新修订的《湖北省各级人民代表大会常务委员会规范性文件备案审查工作条例》。条例共 7 章，包括总则、备案、审查要求

和审查建议、审查、处理、保障与监督、附则。条例明确规范性
文件备案范围。条例规定，应当报送本级人民代表大会常务委员
会备案的规范性文件包括：省、设区的市、自治州人民政府制定
的规章以及对规章作出的解释；县级以上人民政府制定的决定、
命令、规定、办法、细则、意见等，县级以上人民政府办公厅
（室）制定的规范性文件，以及县级以上人民政府部门和机构经
本级人民政府同意制定的规范性文件；各级监察委员会制定或者
由其会同有关国家机关制定的规范、指导监察工作的规定、办
法、细则、意见等规范性文件；各级人民法院、人民检察院制定
或者由其会同有关国家机关制定的规范、指导审判、检察工作的
规定、办法、细则、意见、会议纪要、指引等规范性文件；地方
性法规、自治条例和单行条例授权制定的配套性规范性文件等。
应当报送上一级人民代表大会常务委员会备案的规范性文件包
括：设区的市、自治州人民政府制定的规章以及对规章作出的解
释；县级以上人民代表大会及其常务委员会作出的决议、决定
等；乡、民族乡、镇人民代表大会作出的决议、决定等。有解释
权的机关对设区的市、自治州的地方性法规，自治州、自治县的
自治条例和单行条例作出的解释，报省人民代表大会常务委员会
备案。条例规定，县级以上人民代表大会专门委员会、常务委员
会工作机构，对报送备案的规范性文件依职权进行审查，对要求
或者建议审查的规范性文件依申请进行审查。备案审查工作机构
可以结合贯彻党中央决策部署和落实全国人民代表大会常务委员
会的工作要求，对事关重大改革和政策调整、涉及法律法规重要
修改、关系公众切身利益、引发社会广泛关注等方面的规范性文
件组织开展专项审查；在开展依职权审查、依申请审查过程中，
发现可能存在共性问题的，可以一并对有关规范性文件组织开展

专项审查。县级以上人民代表大会专门委员会、常务委员会工作机构对规范性文件进行审查研究时，可以通过书面征求意见，召开座谈会、论证会、听证会等方式，听取国家机关、社会团体、企业事业组织、人大代表、专家学者以及利益相关方的意见，或者委托第三方等对规范性文件进行研究，提出意见和建议。

2022 年 3 月 30 日，重庆市五届人大常委会第三十三次会议通过《重庆市各级人民代表大会常务委员会规范性文件备案审查条例》。条例规定，对规范性文件进行审查研究，发现规范性文件存在下列不合法情形的，应当提出意见：超越法定权限的；与法律、法规、上级或者本级人大及其常委会的决议、决定相抵触的；违法设定公民、法人和其他组织权利、义务，或者违法设定国家机关的权力、责任的；违法设定行政许可、行政处罚、行政强制，或者对上位法设定的行政许可、行政处罚、行政强制违法作出调整和改变的；与法律、法规规定明显不一致，或者与法律、法规的立法目的、原则明显相违背，旨在抵消、改变或者规避法律、法规规定的；违反法定程序的等。对规范性文件进行审查研究，发现规范性文件存在下列明显不适当情形的，应当提出意见：明显违背社会主义核心价值观和公序良俗的；对公民、法人或者其他组织的权利和义务的规定明显不合理，或者文件制定目的与手段明显不匹配的；因现实情况发生重大变化而不宜继续施行的；同一规范性文件或者同一层级的规范性文件之间对同一事项的规定不一致，并严重影响规范性文件适用的等。条例专门就信息化建设作出规定，人大常委会加强备案审查信息化建设，推动备案审查信息化建设的统一规划与规范管理，推进大数据、人工智能等新技术运用，提高备案审查工作质量和效率。市人大常委会建立完善全市统一、互联互通、功能完备、操作便捷的规范性文件备案审查信息平台。市人大常委会统一开展规范性文件备案审查信息平台建设，确保电子报备、在线审查、查询统计等基本功能有效运行，实现规范性文件备案审查全流程电子化和规范化。人大常委会在官方网站设置审查建议在线提交窗口，接收国家机关、社会团体、企业事业组织和公民对规范性文件提出的审查建议。建立健全业务协同、查询便捷、动态管理的法规规章规范性文件数据库。市人大常委会统一开展法规规章规范性文件数据库建设，建立完善数据库建设技术标准和规范性文件格式标准，核准、维护和管理法规规章规范性文件数据库的相关数据。区县（自治县）人大常委会和其他制定机关应当按照各自职责定期对规范性文件进行清理，核准和更新法规规章规范性文件数据库的相关数据，确保入库数据准确、完整、及时和可用。人大常委会和其他制定机关应当按照数据共享、开放、利用的需要，加大各类规范性文件数据的共享力度，协调解决数据共享工作中的重大问题。市人大常委会、市政府等有关单位应当做好规范性文件备案审查信息平台、地方性法规数据库和市行政规范性文件数据库等有关数据库的数据提取和端口对接等工作，确保数据同步共享。法规规章规范性文件数据库应当依法向社会公开，并方便公众查询使用。

重庆市还制定《重庆市人民代表大会常务委员会规范性文件备案审查工作规程》，同时出台《重庆市人民代表大会常务委员会规范性文件审查基准》。基准以"条文＋案例"的形式，针对备案审查操作过程中的诸多问题，就形式审查、合法性审查、适当性审查以及纠错机制等环节提出了一套基本的标准和操作规范，进一步提高了备案审查工作规范化、制度化、科学化水平。[1]

---

〔1〕 杨尚隈：《将"两个维护"贯穿备案审查工作全过程各方面》，《重庆日报》2020年9月15日。

四、听取和审议备案审查工作情况报告常态化

为贯彻落实党中央决策部署，2018年9月，栗战书委员长在第二十四次全国地方立法工作座谈会上提出，地方人大要探索实行备案审查工作报告制度。随后，全国人大常委会法工委开始着力推动各省级人大常委会听取和审议备案审查工作情况报告。2020年10月，全国人大常委会法工委在湖南岳阳举办全国人大备案审查工作经验交流现场会暨备案审查工作培训班。会议提出，要在两年内实现县级以上人大常委会备案审查工作报告全覆盖。2020年，省一级听取和审议备案审查工作报告制度实现全覆盖，200多个设区的市、自治州人大常委会建立了备案审查工作情况报告制度。在此基础上，全国人大常委会法工委进一步推动报告制度向设区的市延伸，要求尚未开展备案审查工作情况报告的市、州人大常委会，要在2021年底前开展向常委会报告备案审查工作，并向区、县一级人大常委会延伸，到2022年，实现县级以上人大常委会备案审查工作报告全覆盖。

广东省人大常委会坚持全省"一盘棋"，实施"两步走"策略，率先实现省、市、县全覆盖，全省实现备案审查报告工作制度化、常态化。目前，广东全省21个地级以上市连续5年和122个县级人大常委会连续3年全部听取和审议了本地备案审查工作情况报告，在备案审查信息平台展示三级报告文本，该项工作在全国率先实现了省、市、县全覆盖和制度化常态化。[1] 2020年，重庆市人大常委会将备案审查专项报告制度全覆盖作为重点工

〔1〕 姚瑶：《广东人大去年备案审查工作"成绩单"出炉》，《南方日报》2022年4月8日。

作，全面推进区、县人大常委会备案审查工作机构向常委会报告年度备案审查工作情况。2020 年 11 月，印发《重庆市人大常委会办公厅关于落实听取和审议备案审查工作情况专项报告制度的通知》，市人大常委会备案审查工委督促 38 个区、县人大上报拟开展听取和审议工作情况报告的计划，形成"工期倒排、按图施工"的工作机制。2021 年 6 月底全市 38 个区、县人大常委会全部完成听取和审议备案审查工作情况报告。[1]

五、不断提升备案审查信息化水平

近年来，地方人大在备案审查信息平台建设上多有尝试。例如，从 2013 年开始浙江省人大常委会坚持不懈地推进备案审查工作信息化建设。2014 年，开发建成了集备案与审查工作于一体的规范性文件备案审查系统；2015 年，在省本级部署应用规范性文件备案审查系统，实现了省本级备案审查工作信息化；2016 年，将规范性文件备案审查系统推广到全省所有的市、县、区人大常委会使用并联网，实现了全省备案审查工作信息化。

2017 年，全国人大常委会建立起全国电子报备系统，要求各地人大在报备纸质文档的同时，按统一格式报备电子文档。[2] 同时，全国人大常委会将备案审查信息化建设作为备案审查能力建设的有力抓手，对地方人大常委会持续提升备案审查信息化水平提出了具体要求，推动省级人大常委会建设备案审查信息平

〔1〕　刘金川、宋婷婷、李小健：《重庆人大："全面激活"备案审查制度》，"全国人大"微信公众号，2021 年 9 月 29 日。

〔2〕　刘嫚：《"一键启动"红头文件纠错，全国人大上线备案审查信息意见平台》，《南方都市报》2019 年 12 月 4 日。

台。2016 年 11 月，广东省人大常委会规范性文件备案审查信息平台投入使用。之后，广东省级信息平台不断拓展，纵向联通省市县乡四级人大，横向联通广东"一府一委两院"，并率先与全国人大法规备案审查信息平台实现了对接。目前，广东省推进全省统一的备案审查信息平台 2.0 版，扩展延伸至省市县乡四级人大和"一府一委两院"使用，构建全省"一张网"，在全国率先实现了全省备案审查工作数字化、信息化、智能化发展。同时，依托该平台，建成全省法规规章规范性文件数据库。截至 2021 年底，广东省各级各类规范性文件共入库 1.5 万件。[1] 2021 年 10 月，重庆市人大常委会备案审查信息平台启用，为区、县人大推进这项工作作出了示范。在重庆市人大常委会的督促与指导下，区、县人大备案审查信息平台建设和应用更加普及。例如，沙坪坝区人大常委会启用市人大常委会备案审查信息平台，实现在规范性文件信息平台上接收区政府报备的规范性文件及向市人大常委会报备区人大常委会制定的规范性文件。涪陵区人大常委会也在市人大常委会备案审查信息平台基础上，结合实际情况建立了规范性文件备案审查信息系统，量身定制和完善了规范性文件电子报备、在线审查、公开查询、数据统计分析等功能，满足区人大常委会规范性文件备案审查工作全程电子化需要。目前，重庆 38 个区县政府均向同级人大常委会电子报备，其中一些区县率先探索，开发使用在线审查功能，实现文件审查全程网上流转。

为依法有序推进公民、法人和其他组织等参与规范性文件备案审查工作，地方人大积极建设在线受理公民审查建议信息平

---

〔1〕 姚瑶：《广东人大去年备案审查工作"成绩单"出炉》，《南方日报》2022 年 4 月 8 日。

台。2018 年，广东省人大开通了公民、组织直接向地方国家权力机关"一键"提出审查建议的"网上直通车"。2020 年 7 月 22 日，福建省人大规范性文件审查建议受理平台正式上线，公民、法人和其他组织可登录福建人大网，点击首页"备案审查建议征集"模块进入平台，根据页面提示填写相关内容并提交，即可完成审查建议在线提交。[1]

2021 年 6 月，全国人大常委会确定重庆为法规规章规范性文件数据库建设试点地区，要求 12 月底前在优化升级备案审查信息平台的基础上，率先建设涵括本省、区各类法规规章规范性文件的数据库，并为全国提供可复制、可推广的范本。试点工作启动后，重庆市人大常委会备案审查工委制定工作计划，召开工作动员部署会，开展相关业务培训，积极推动备案审查信息平台和行政规范性文件管理平台向乡镇延伸，尽快打通备案审查"最后一公里"。各区、县人大常委会按照实施方案的要求，与重庆市人大常委会上下协同，共同推进试点任务落实落地，推动规范性文件备案审查工作深入开展。[2]

第二节　预算决算审查监督

党的十八大报告提出"加强对政府全口径预算决算的审查和

---

〔1〕 郑昭、刘必然：《福建省人大规范性文件审查建议受理平台上线》，《福建日报》2020 年 7 月 22 日。

〔2〕 刘金川、宋婷婷、李小健：《重庆人大："全面激活"备案审查制度》，"全国人大"微信公众号，2021 年 9 月 29 日。

监督",对人大预算决算审查监督提出了新的要求。2018 年 3 月,中共中央办公厅印发的《关于人大预算审查监督重点向支出预算和政策拓展的指导意见》指出:"按照党中央改革部署要求和预算法、监督法规定,人大对支出预算和政策开展全口径审查和全过程监管。"2020 年 12 月十三届全国人大常委会审议通过修订后的《全国人民代表大会常务委员会关于加强中央预算审查监督的决定》再次强调,加强全口径审查和全过程监管。地方人大围绕"全口径审查和全过程监管",预算决算审查监督工作进行了一系列探索和创新,取得新的成效。

一、审计查出突出问题整改情况监督

听取和审议政府关于年度预算执行和其他财政收支的审计工作报告、审计查出问题整改情况报告,对审计查出突出问题整改情况开展跟踪监督,是各级人大及其常委会依法开展预算、决算审查监督的重要方式。2015 年,中共中央办公厅转发中共全国人大常委会党组《关于改进审计查出突出问题整改情况向全国人大常委会报告机制的意见》。2020 年 6 月,为贯彻落实习近平总书记关于审计查出问题整改工作的重要批示精神,深入贯彻落实《关于改进审计查出突出问题整改情况向全国人大常委会报告机制的意见》,在总结实践经验基础上,全国人大常委会办公厅印发实施《关于进一步加强各级人大常委会对审计查出突出问题整改情况监督的意见》。地方各级人大常委会结合本地区实际情况认真贯彻落实意见,依法履行审计监督职责,加大审计查出问题整改工作监督力度,扎实推进审计监督全覆盖,审计查出突出问题整改工作取得明显成效。

（一）专题询问审计查出突出问题整改情况

各地人大常委会在听取审计查出突出问题整改情况报告的同时，运用法定监督方式加大监督力度，督促政府及有关部门单位认真整改。许多地方对审计查出突出问题整改情况开展专题询问。

2012 年 8 月，在孝感市五届人大常委会第四次会议上，听取和审议了市政府关于 2011 年度市本级预算执行和其他财政收支的审计工作情况的报告。常委会组成人员认为少数部门和单位在财政预算管理、社保资金管理、政府投资项目资金拨付等方面存在一些比较突出的问题。2013 年 3 月 13 日，湖北省孝感市人大常委会就审计查出问题整改情况进行了专题询问。专题询问会上，10 位常委会组成人员共提出了 10 个问题。从孝感市的实践看，对审计查出问题整改进行专题询问，虽然取得了较好成效，但要形成审计整改长效机制，解决屡审屡犯的痼疾，还需要在工作、法律和政策层面进一步强化和完善。[1]

2012 年以来，浙江省温岭市人大常委会以审计查出突出问题专题询问为抓手，针对审计工作报告中涉及资金较多、社会关注度高的重点问题开展询问。到 2017 年，温岭市人大常委会已就 50 多个审计工作报告反映的突出问题，专题询问了近 40 个部门，一批久拖多年的耕地代垦费清理等"老大难"问题得到解决，杜绝了审计查出问题"屡审屡犯"现象，促进政府规范、高效使用财政资金。2016 年，为规范该项工作，温岭市人大常委会研究出台了《温岭市人民代表大会常务委员会审计查出突出问题专题询问办法》，对审计工作报告反映问题开展专题询问工作的原则、

---

〔1〕　李海华：《专题询问助推审计查出问题整改的成功实践》，《研究论坛》2013 年第 5 期。

形式、程序、实施方案等作了具体的规定，特别对专题询问内容书面限期答复、跟踪督办、结果公开等进行规范，为进一步提升审计整改成效，提供了制度保障。[1]

2016 年 3 月 29 日，内蒙古自治区十二届人大常委会第二十一次会议召开联组会议，对自治区人民政府关于自治区本级预算执行和其他财政收支 2015 年度审计查出问题整改情况进行专题询问。这是内蒙古自治区人大常委会首次就审计查出问题整改情况进行专题询问。会上，自治区人大常委会副主任吴团英，人大常委会委员李华、吕慧、张伯群、范勇、江维、于永泉和自治区人大代表侯岩，分别就加大审计整改工作力度、财政资金使用管理制度建设，以及解决预算不细化、截留挪用专项资金、滞留财政资金等问题向自治区政府有关部门负责人面对面进行了询问。自治区审计厅、财政厅、科技厅等有关部门的负责同志分别作了认真答复。内蒙古自治区政府副主席符太增在表态讲话中指出，自治区政府将根据自治区人大常委会的审议意见，组织审计和财政等有关部门改进和完善相关工作，及时向自治区人大常委会报告整改情况，对于审计报告中个别整改尚未到位的问题将一盯到底。自治区党委书记、人大常委会主任王君要求，自治区人大常委会要总结这次专题询问的经验，把听取和审议整改情况报告同专题询问、工作评议等监督方式结合起来，把督促审计查出问题整改工作同审查政府、部门预算决算工作结合起来，作为一项制度长期坚持下去。[2]

---

〔1〕 张淑慧：《浙江温岭连续六年开展审计查出突出问题专题询问》，《人民之声报》2017 年 9 月 22 日。

〔2〕 肖振英：《内蒙古自治区十二届人大常委会第二十一次会议开展专题询问》，《内蒙古日报》2016 年 3 月 30 日。

2016 年 12 月 29 日,河北省石家庄市十三届人大常委会第二十九次会议举行联组会议,就市政府关于 2015 年度市本级预算执行和其他财政收支审计查出问题整改情况开展专题询问。常委会组成人员围绕改善民生、促进经济发展重要政策贯彻落实情况,人大代表和人民群众关注的重点项目、重要资金管理的审计整改落实情况等提问,市审计局、教育局、财政局、发改委等 25 个政府部门到场应答。[1]

2017 年 11 月 28 日,甘肃省十二届人大常委会第三十六次会议听取并审议了甘肃省人民政府关于 2016 年度省级预算执行和其他财政收支审计查出问题整改情况的报告,并首次采取联组审议的方式开展了专题询问。省人大常委会 9 位常委会组成人员和列席本次常委会会议的全国人大代表就如何督促审计整改落实、怎样做实做细项目预算、如何加强地方政府债务风险防控等方面进行了询问,省发改委、教育、财政等 9 个部门有关负责人一一作答。甘肃省副省长李斌表示,省人大常委会组成人员和代表们提出的问题既有针对性又有指导性,省政府将认真接受省人大及其常委会的监督,加大法治政府建设力度,集中精力研究经济社会发展、民生改善等制约甘肃发展的重大问题,认真整改,举一反三,建立长效机制,不断提高政府的管理水平和治理能力。[2]

2018 年 12 月 10 日,四川省蓬溪县召开十八届人大常委会第十九次会议,对审计查出突出问题整改情况开展专题询问。专题询问会历时 3 个小时,县人大常委会部分委员针对加快蓬船灌区

---

〔1〕 崔虹:《石家庄市人大常委会首次专题询问审计查出问题整改情况》,《燕赵晚报》2016 年 12 月 30 日。

〔2〕 孙小晖:《甘肃省人大常委会首次专题询问审计查出问题整改情况》,审计署网,https://www.audit.gov.cn/n4/n19/c117832/content.html。

工程进度、财政局存量资金使用、光伏发电项目建设管理、虚报强农惠农补贴、土地出让金清收等 7 个审计查出的问题提出询问，副县长王松及相关部门和乡镇负责人逐一回答，并提出整改措施。县委常委、常务副县长彭普诚承诺：县政府将高度重视，抓好整改落实，确保审计发现问题能够得到有效解决。

2020 年 6 月 10 日，陕西省十三届人大常委会第十七次会议举行联组会议，就省政府关于陕西省 2019 年省级预算执行和其他财政收支审计整改工作情况开展专题询问。省人大常委会组成人员围绕人大代表和人民群众关注的重点项目、重要资金管理等方面审计查出突出问题整改情况进行了询问。省发展改革委、省财政厅等省政府相关部门负责人参加会议并回答询问。省委常委、常务副省长梁桂到会听取意见并作表态发言。[1]

2020 年 11 月 24 日，辽宁省十三届人大常委会第二十三次会议举行联组会议，就审计查出问题整改情况开展专题询问。会上，部分省人大常委会组成人员、省人大代表，就专项资金管理使用、国有资产管理、重大政策措施落实情况中的科技成果转化政策落实等方面问题进行询问。省财政厅、教育厅、农业农村厅、工信厅、生态环境厅、文旅厅、机关事务管理局等有关部门负责同志认真应询。省政府副省长陈绿平参加会议并就专题询问作表态发言。

2020 年 12 月 30 日，辽宁省大连市十六届人大常委会第二十六次会议，结合听取市政府关于 2019 年度市本级预算执行和其他财政收支审计查出问题整改情况的报告，开展专题询问。会上，常委会委员朱延青、黄为、刘立、夏国辉、姜春海，市人大

---

〔1〕 秦骥、陈宏江：《省人大常委会开展审计整改工作专题询问》，《陕西日报》2020 年 6 月 11 日。

代表王学通、薛萍，分别围绕提高财政资金使用效益、提高教育项目资金执行率、建立国有资产管理体系、增强中小企业财政扶持政策针对性、推动"智慧城市"建设、形成审计整改长效机制、发挥政府投资基金引导和激励作用等提出询问。市财政局、工信局、教育局、发改委、国资委、审计局等6个部门的负责同志分别应询回答了问题。市政府副市长张志宏代表市政府就本次询问作了表态发言，表示要以专题询问为契机，全面落实市人大常委会对审计整改工作的审议意见，针对尚未整改到位的问题，深入分析查找原因，制定科学可行的整改方案，确保审计整改工作全面落实。[1]

2021年11月23日，广西壮族自治区钦州市人大常委会召开2020年度市本级预算执行和其他财政收支审计查出突出问题整改情况专题审议会。会议听取了市审计局关于市人大常委会审议2020年度市本级预算执行和其他财政收支审计查出突出问题整改情况的汇报，市人大常委会部分组成人员聚焦全市发展重点和民众普遍关切，围绕审计查出突出问题整改情况进行提问，市财政局、自然资源局、住房城乡建设局、交通运输局、商务局、国资委、市开投集团公司等7个部门和单位有关负责人对所提问题进行回应，并提出了进一步整改的措施。市委常委、副市长姚永福作了表态发言。[2]

2021年11月30日，浙江省文成县人大常委会召开专题询问会，就五年来审计查出的重点问题整改落实情况询问有关部门单

〔1〕《市人大常委会开展审计查出问题整改情况专题询问》，"大连人大"微信公众号，2020年12月31日。

〔2〕陆燕、姚佳丽：《聚焦审计查出突出问题整改情况钦州市人大常委市六届人大常委会开展专题审议》，钦州人大网，http：//www.gxqzrd.gov.cn/news/show-11095.aspx。

位。在询问会现场，7名常委会委员围绕百丈漈景区洞式电梯项目建设严重滞后，智慧安监系统未发挥效益，固定资产管理不规范，部分土地批而未供、供而未用等常委会重点关注、人民群众普遍关心的热点难点问题进行现场提问，县自然资源和规划局、住房和城乡建设局、应急管理局、审计局等6个部门负责人当场回答询问。会议最后，县政府副县长对专题询问作表态发言，表示县政府将以这次专题询问为契机，担当担责，履职尽责，以踏石留印、抓铁有痕的劲头，抓好问题整改。[1]

（二）满意度测评审计查出突出问题整改情况

有些地方人大常委会通过满意度测评监督方式，拓展审计查出问题整改情况监督的广度和深度，监督效果更加显著。湖南、广西、安徽、河北、内蒙古、黑龙江、江西、湖北、四川、云南等地人大对审计查出突出问题的整改情况开展满意度测评。

2016年8月，中共湖南省委办公厅转发了《中共湖南省人大常委会党组关于建立和完善审计查出问题整改情况向省人大常委会报告机制的意见》。该意见要求，省人大常委会听取和审议审计查出问题整改情况报告后，对被审计单位的整改情况按照单位进行满意度测评，对测评结果较差、问题整改不到位的单位进行跟踪监督，必要时还可以开展质询或者启动特定问题调查。2016年12月2日，湖南省十二届人大常委会第二十六次会议对省发展和改革委员会等18个单位审计整改报告进行满意度测评。此举在湖南省人大常委会历史上尚属首次。测评结果显示：18个被测评单位中，满意率超过90%的有省教育厅、民宗委、发改委、政府外侨办、工商联、司法厅、妇联，另有8个单位的测评满意

---

[1] 夏鹏忍：《文成县人大：召开审计查出问题整改落实情况专题询问会》，温州人大网，http://wzrd.wenzhou.gov.cn/art/2021/12/3/art_1382130_58906572.html。

率超过80%，而省国有资产监督管理委员会、财政厅、安全生产监督管理局的测评满意率低于80%。[1]

2017年11月28日，江西省十二届人大常委会第三十六次会议听取了《关于2016年度省级预算执行和其他财政收支审计查出问题整改情况的报告》，并分组对省级财税管理、15个部门预算执行和决算草案、3个专项审计查出问题的整改情况进行了审议，省人民政府副省长到会听取意见并作表态发言。11月30日，会议以联组会的形式专门安排半天会期，首次对审计查出问题整改报告开展满意度测评。测评内容涉及17个部门提交的20份整改报告，测评分为满意、基本满意和不满意三个等次。测评结果显示，17个单位提交的20个测评项目中，满意度均在94%以上，其中13个项目满意度为100%。会后，省人大常委会将满意度测评结果报送省委、抄送省政府。[2] 江西省人大积极推动市、县人大常委会加强审计监督，督促审计查出问题整改。市、县人大常委会在听取和审议审计工作报告的基础上，积极开展了审计查出问题整改报告满意度测评工作，取得了良好的效果。2018年，江西省实现审计查出问题整改报告满意度测评市、县全覆盖。

2022年，浙江省兰溪市十六届人大常委会第四十六次会议听取和审议了兰溪市2020年度市本级预算执行情况和其他财政收支审计查出问题整改情况的报告；听取和审议了市经信局、教育局、自然资源和规划局、农业农村局、商务局关于兰溪市2020

---

〔1〕　田必耀：《湖南省人大测评剑指审计查出问题"屡审屡犯"》，《中国人大》2017年第3期。

〔2〕　《省人大常委会首次对审计整改情况开展满意度测评》，江西省政府网，http：//www.jiangxi.gov.cn/art/2017/12/1/art_393_214733.html。

年度本级预算执行和其他财政收支审计查出有关问题整改情况的报告。会议首次开展了审计查出问题整改满意度测评。测评结果显示，市人大常委会组成人员对整改工作满意度较高，5家单位共得到满意票104票，基本满意票21票。[1]

2022年7月，广西壮族自治区南宁市人大常委会组织召开专题询问会，就2020年度南宁市本级预算执行和其他财政收支审计查出问题整改情况开展专题询问。在两个多小时的时间里，南宁市人大常委会的委员们围绕审计查出的"部分直管公房未能收回管理""地下综合管廊入廊率低""工程建设项目未完成竣工财务决算或结算""桥底空间开发利用项目建设进度缓慢"等问题，从问题产生的根源、整改进展情况、体制机制建设情况等角度提出询问。南宁市公安局、财政局、人社局、自然资源局、住建局、卫健委、市政园林局等有关政府职能部门负责同志现场回答了询问。南宁市人民政府副市长李建文作表态发言。询问结束后，南宁市人大常委会组成人员对应询工作进行了满意度测评，测评结果显示总体满意。[2]

2022年10月21日，广西壮族自治区百色市五届人大常委会对2021年度市本级预算执行与其他财政收支审计查出突出问题整改情况开展专题询问。6位常委会委员、2位人大代表以询问人的身份问出了群众普遍关心的问题，从问题整改的政策制定、制度执行、预算管理、项目管理、绩效评价、监督检查、责任落实等角度提问，问题开门见山，直击要害。市财政局、医保局、

---

〔1〕《市人大首次开展审计查出问题整改满意度测评助推审计整改落地见效》，兰溪市审计局网，http://www.lanxi.gov.cn/art/2022/1/11/art_1229288165_59249440.html。

〔2〕 吴明江、毛源：《南宁市人大常委会就审计查出突出问题整改情况开展专题询问》，人民网—广西频道，http://gx.people.com.cn/n2/2022/0707/c179409-40028020.html。

乡村振兴局、百色城投集团等 9 个应询部门及市属国有企业的主要领导到场应询，当场承诺整改措施共 39 条。百色市人民政府副市长古俊彦现场作出承诺："我们一定不回避、不遮掩，正视审计查出突出问题，切实把思想和行动统一到人大的要求上来；不懈怠、不手软，深入查找管理漏洞和制度根源，采取有效整改措施，依法依规严肃追究责任，确保问题整改到位。"专题询问结束后，常委会组成人员进行不记名满意度测评，应询获得"满意"票数均占总票数半数以上，测评结果均评定为"满意"，满意率平均达 86.42%。[1]

2022 年 12 月 8 日，安徽省淮南市十七届人大常委会召开第八次会议，市政府常务副市长代表市政府向市人大常委会作《关于淮南市本级 2021 年度预算执行和其他财政收支审计整改情况的报告》，审计查出突出问题涉及的 12 个市直部门（单位）的整改情况报告汇编一并提交常委会审议，并对上述 12 个部门（单位）的整改情况逐个进行满意度测评。12 个部门单位中有 10 家满意率超过 90%。市人大常委会按照满意度测评办法的规定，将测评结果报市委并通报有关部门单位。[2]

（三）跟踪监督审计查出突出问题整改落实

有些地方人大综合运用多种监督举措跟踪监督审计查出问题整改工作，促使整改责任更加明确，整改措施更加有力，问题整改落实更加到位。

浙江省人大建立审计查出问题清单制度，实行"对账销号"，

〔1〕 冯廷发、滕育芸：《百色市人大：以专题询问推动审计查出问题整改落实》，人民网，http://gx.people.com.cn/n2/2022/1207/c390645-40222437.html。
〔2〕《淮南市人大：以评促改，做好审计整改"后半篇"文章》，安徽人大网，http://www.ahrd.gov.cn/article.jsp?_index=1&strColId=8b8c9ad9a4524e8195 61753d4c627068&strId=16772145474499978 &str WebSiteId=1448865560847002。

要求有关部门对照清单不折不扣整改到位，有效提升审计查出问题整改率。2016 年 5 月 25 日，浙江省人大常委会首次听取并审议了审计查出问题整改情况的报告，省委常委、常务副省长袁家军代表省政府报告了 2015 年审计工作报告反映问题的整改情况。报告显示，为了跟踪审计整改落实，省审计厅出台审计整改督查工作实施细则，列出审计整改"问题清单"，在"审计整改督查管理系统"中挂号，明确整改内容、应整改金额、整改期限以及责任单位等。2015 年审计工作报告共分解为 309 个子问题进行挂号，用信息化手段管理监督，整改一项、销号一项，做到"件件有着落，事事有反馈"。截至 2016 年 2 月底，省审计工作报告反映的七方面 56 类问题，大部分已整改到位，整改率达到 92.83%。[1]

江苏省淮安市淮安区人大常委会聚焦重点，跟踪问效，确保审计查出突出问题整改情况监督收到实效。2018 年，淮安市淮安区人大常委会发现"税务部门对符合土地增值税清算条件的房地产项目未及时进行清算问题"。2019 年、2020 年，税务部门虽进行了整改，但力度不大、收效甚微。区人大常委会两次听取税务部门整改落实情况报告，并成立评议调查组，"全链条"跟踪监督清算工作。到 2021 年底，全区符合清算条件的 30 个房地产项目土地增值税全部结清，累计补缴入库税款 1.14 亿元。[2]

四川省人大常委会对审计发现问题的整改情况开展跟踪监督，创新审计整改监督方式，委托地方人大跟踪调研，听取市、县政府审计整改情况报告，上下级人大联动，形成有效监督合

---

〔1〕 江南：《浙江出台督查细则开列审计问题清单限期整改落实销号》，《人民日报》2016 年 5 月 31 日。

〔2〕 孙建明、孙厚有、徐溪：《写好审计查出突出问题整改监督答卷》，《淮安人民》2022 年第 4 期。

力。2020 年 9 月，省人大预算委、常委会预算工委对审计发现问题的整改情况进行跟踪监督，专门向省民政厅、自然资源厅、卫生健康委、应急管理厅、省农科院发函，针对审计查出的"落实过'紧日子'要求不够严格""预决算编报和管理不够规范""资产管理存在的薄弱环节"等问题了解整改情况、督促审计整改。11 月初，省人大预算委、常委会预算工委走访教育厅、交通运输厅两个省级部门，针对审计报告中提出的问题实地调研核查。同时，省人大预算委、常委会预算工委委托地方人大跟踪调研。9 月下旬，委托巴中市人大常委会预算工委对省本级 2019 年医疗保险基金审计中南江县存在"药品未通过平台采购""虚增参保人数获取上级财政补助""一般诊疗费补助未据实申报和结算"等审计查出问题开展跟踪调研；委托宜宾市人大常委会财经（预算）工委就宜宾市商业银行股份有限公司专项审计调查中存在"不良贷款率超过监管红线""违规贷款，存在损失风险"等审计查出问题开展跟踪调研；委托凉山州人大常委会预算工委就越西县 2019 年度扶贫资金分配管理使用及扶贫项目建设管理等情况审计中，存在"产业扶贫基金使用不规范""财政涉农统筹整合资金使用不合规""多拨补助资金未归垫"等审计查出问题开展跟踪调研。11 月 13 日，省人大预算委、常委会预算工委召开专题会议，邀请相关专门委员会，并会同省财政厅、审计厅，针对"财政预算管理""国有资本监管""扶贫资金使用"等方面审计查出问题分别听取了德阳市政府、雅安市政府、仪陇县政府整改情况的汇报。[1]

---

〔1〕 刘鸿雁：《管好"钱袋子"监督有实效——省人大预算委员会、常委会预算工作委员会跟踪监督审计整改工作侧记》，四川人大网，https：//www. scspc. gov. cn/jdgz/jddt/202011/t20201126_38751. html。

（四）加强审计查出突出问题监督制度建设

地方人大注重审计查出突出问题监督制度建设，遵照监督法、预算法、审计法等相关规定，通过修改预算审查监督条例、修改审计条例等地方性法规，制定加强审计工作监督决定等方式，建立健全审计整改监督长效机制，推动审计整改监督工作的法治化、规范化。

2015 年 7 月 24 日，河北省十二届人大常委会第十六次会议通过《河北省人民代表大会常务委员会关于加强对审计查出的突出问题整改监督的决定》。决定规定，省人民政府应当在省人大常委会作出关于审计工作报告的决议或者提出审议意见的四个月内，向省人大常委会提出审计查出的突出问题整改情况的专题报告；特殊情况需推迟报告的，应当报经省人大常委会主任会议同意。决定明确了省人大常委会监督审计查出的突出问题整改情况的方式：听取和审议关于审计工作报告中查出的突出问题整改情况的报告；组织专项视察或者调研；开展专题询问、质询或者组织特定问题调查等。决定明确规定，省本级预算执行和其他财政收支审计查出的突出问题整改情况，由省人民政府省长或者其委托的副省长报告。经省人大常委会主任会议批准，省人民政府省长也可以委托有关部门主要负责人报告；省人大常委会听取和审议审计查出的突出问题整改报告后，进行满意度测评，测评结果当场宣布。省人大常委会组成人员半数以上不满意的，责成政府以及被审计单位继续整改，并在规定的期限内再次报告。

2016 年 12 月 1 日，江西省十二届人大常委会第二十九次会议通过《江西省人民代表大会常务委员会关于进一步加强审计工作监督的决定》。该决定对县级以上人民政府、审计机关和被审计部门、单位在整改工作中的责任及相关要求分别作了规范，规定"县级以上人民政府应当专题研究和部署审计查出问题整改工作，督促有关部门、单位执行审计决定，落实审计建议，加强审计整改；对重大审计事项及审计决定的整改和落实情况，组织专项督查，并通报督查结果"。"审计机关应当建立审计整改督查机制，对被审计部门、单位查出问题整改工作进行具体督查。""被审计部门单位应当执行审计决定，落实审计意见，并在规定时限内向审计机关、人大有关专门委员会或者常委会有关工作机构书面报告审计工作报告和其涉及的本级财税管理、有关部门预算执行、专项资金审计报告反映问题的整改结果"。决定规定，"人大常委会听取和审议审计查出问题整改情况报告时，本级财税管理、部门预算执行以及专项资金审计涉及的有关部门、单位和审计机关有关负责人应当到会听取意见，回答询问；对不能当场答复或者当场不能全面答复的询问，应当说明情况，并在会议结束后七日内向人大常委会作出书面答复。经人大常委会主任会议决定，人大常委会可以就审计查出问题整改情况开展专题询问"。决定明确，人大常委会应当建立审计查出问题整改情况满意度测评制度，规定"人大常委会会议听取和审议审计查出问题整改情况报告后，应当召开联组会议，对相关被审计部门单位、专项资金主管部门提交的整改报告进行满意度测评，并当场宣布测评结果，由人大常委会抄报本级党委、抄送本级人民政府"。"满意度测评分为满意、基本满意、不满意三个等次，满意和基本满意票数超过常委会全体组成人员半数的，测评结果为满意；满意和基本满意票数不超过常委会全体组成人员半数的，测评结果为不满意。""测评结果为不满意的，人大常委会应当责成人民政府以及被审计部门单位继续整改，并在四个月内向人大常委会再次报告整改情况。对再整改情况，人大常委会应当再次进行满意度测评。再次测评结果仍为不满意的，人大常委会可以依法启动质询、特定问题调查或者撤职案等监督方式"[1]

2017 年 7 月 28 日，甘肃省十二届人大常委会第三十四次会议通过全国首部规范人大常委会监督审计查出问题整改工作的地方性法规《甘肃省各级人民代表大会常务委员会监督审计查出问题整改工作办法》。办法共 18 条，分别对各级人大常委会开展审计查出问题整改工作监督的主要内容、整改责任、监督方式、程序等进行了规范。为解决由审计机关代被审计部门、单位报告整改情况易产生责任不清、重视程度不高的问题，办法明确了三类审计整改情况报告的主体：一是本级预算执行和其他财政收支审计查出问题的整改情况，由本级人民政府相关负责人报告或由人民政府委托审计机关主要负责人报告；二是审计查出问题比较多的部门、单位的整改情况，由其部门、单位主要负责人报告；三是本级人大常委会要求开展的专项审计查出的问题整改情况，由审计机关主要负责人报告。办法提出，县级以上各级人大常委会可以采取听取和审议本级人民政府关于上一年度本级预算执行和其他财政收支审计查出问题整改情况的报告，组织专项视察或者调研，开展询问、质询或者组织特定问题调查，以及法律、法规规定的其他监督方式，对审计查出问题整改情况进行监督。办法对审计整改情况报告的时间、内容、程序和审议方式以及相关措施等作出了明确规范。办法规定，县级以上各级人大常委会审议审计查出问题整改情况报告，可以采取分组审议、联组审议和专题询问等方式进行。审议时，相关部门、单位主要负责人应当列

---

〔1〕 省人大常委会预算工委：《江西省人大常委会在全国率先出台关于进一步加强审计工作监督的决定》，江西人大网，https://jxrd.jxnews.com.cn/system/2018/06/20/016972196.shtml。

席会议，听取意见，接受询问。县级以上各级人大常委会听取和
审议审计查出问题整改情况的报告后，可以对报告作出决议。[1]

2020 年 12 月，青海省西宁市人大常委会出台《西宁市人民
代表大会常务委员会关于加强对审计查出突出问题整改情况监督
的实施意见》。实施意见从持续强化监督实效、紧密结合相关监
督工作、自觉依法接受监督三个方面，明确了 10 项工作举措。
一是持续强化监督实效。主要从健全工作机制，运用监督方式、
监督结果等方面着手，进一步明确每年定期听取并审议审计工作
报告、审计查出突出问题整改情况报告的工作机制；从制定跟踪
监督工作方案、明确跟踪监督重点内容、抓实抓细跟踪监督工作
等方面健全完善了跟踪监督工作机制与具体举措；综合运用开展
满意度测评、专题询问、质询、组织特定问题调查等法定监督方
式督促被审计单位落实整改；借助督促办理落实决议和审议意
见、推动处理违纪违法问题、深化体制机制改革、建立健全与预
算安排和政策完善挂钩机制等措施，改进和强化监督结果运用。
二是紧密结合相关监督工作。明确将审计查出突出问题及其整改
情况与审查预决算草案和监督预算执行、加强国有资产监督、发
挥人大代表作用、推进预算联网监督等四个方面工作紧密结合，
努力构建一体化监督。三是自觉依法接受监督。被审计单位要建
立健全审计查出突出问题整改工作机制，认真做好整改工作，推
动信息公开，自觉接受社会监督。

2022 年，辽宁省锦州市人大常委会对 2013 年出台的《关于
实施审计查出问题整改报告制度的决定》进行修订。2022 年 5 月
24 日，辽宁省锦州市十七届人大常委会第四次会议通过《锦州

---

〔1〕　尤婷婷、高勇：《加大监督力度增强监督实效——甘肃省各级人民代表大会
常务委员会监督审计查出问题整改工作办法解读》，《甘肃日报》2017 年 9 月 13 日。

市人民代表大会常务委员会关于加强对审计查出突出问题整改情况监督的决定》。决定规定，市政府应在市人大常委会听取和审议审计工作报告后，及时研究部署审计查出问题整改工作，并将整改工作纳入督查督办事项和年度绩效目标。市审计部门应建立审计查出问题清单、整改责任清单和整改情况清单制度，实行台账管理，定期跟踪、对账销号。市审计部门应与市监察机关共同完善审计移送案件线索的联系制度，市监察机关应及时向审计部门反馈审计移送的涉嫌违纪违法问题线索的查处情况。决定明确，审计查出问题整改情况报告应当与审计工作报告揭示的问题和提出的建议相对应，重点反映审计查出问题的整改情况，重点包括：审计查出问题整改的总体情况；落实市人大常委会关于审计工作报告的审议意见或者决议的情况；尚未完成整改的问题及其原因、继续整改措施以及时限；健全完善相关制度、长效机制情况；移送违法违纪线索的查处情况等。决定规定，市人大常委会会议听取和审议市政府审计查出问题整改情况报告后，可以对整改情况报告进行满意度测评。市人大常委会全体组成人员半数以上对整改结果不满意的，应当责成市政府重新整改并向市人大常委会作专项报告。常委会认为必要时可以依法对审计工作报告、整改情况报告作出决议。决定规定，对违反本决定不按期报告、不如实报告或者整改不力的，市人大常委会可以就具体问题开展专题询问或质询，有关机关应当依法追究相关负责人的责任。决定要求，市人大财经委、常委会预算工委负责审计查出突出问题整改跟踪监督，并就跟踪监督工作方案、跟踪监督重点内容、重点问题的确定、跟踪监督方式方法作出详细规定。决定规定，市人大常委会要充分利用预算联网系统的数据资源，加强与市审计、财政、国资等部门相关的网络联通和信息共享，分析比对历年审计查出突出问题及其整改情况等信息，提高监督的针对性和有效性。

2022 年 11 月 29 日，浙江省建德市十七届人大常委会第六次会议通过《建德市人民代表大会常务委员会关于审计查出突出问题整改工作监督办法》。该办法明确审计监督重点、审计监督方式、代表意见办理、监督结果运用等内容，进一步完善了审计查出突出问题的监督机制。办法明确，市人大常委会要每年听取和审议市人民政府关于市级预算执行和其他财政收支的审计工作报告和审计查出问题整改情况报告，并根据审计机关提供的审计问题清单，聚焦审计查出普遍存在的问题和反复出现的问题，结合问题性质、资金规模、以往整改情况，结合人大代表、人民群众普遍关心的热点难点问题，结合预算审查监督和国有资产管理监督的重点要求，确定跟踪监督的突出问题和整改责任部门单位，提出审议意见。办法规定，市人民政府应当于每年 7 月至 9 月与上年度财政决算报告同步向市人大常委会报告审计工作报告；应当在市人大常委会审议审计工作报告提出审议意见后的 6 个月内，向市人大常委会报告审计整改情况报告；应当根据市人大常委会的审议意见和重点监督问题清单，及时部署审计查出问题整改工作，并将整改工作纳入督查督办事项。被审计部门、单位应当根据审计报告或审计决定，对本部门、本单位的问题进行认真整改。市审计局应当建立审计查出问题整改情况挂销号制度，对问题整改情况进行跟踪监督。办法要求，市人大常委会要建立市人大财经综合监督系统，利用数字化手段，动态掌握审计查出突出问题及其整改情况等内容信息，加强审计查出突出问题整改监督。市审计局应及时向市人大常委会报送整改情况报告、整改问题清单、专项整改报告等资料，共享相关审计信息。建立市人大常委会和监委、审计、财政联合联动督查机制，对被审计部门、单位审计整改情况进行联合督查，对整改后建立的制度机制执行情况进行抽查。[1]

为了规范省审计查出问题整改情况满意度测评工作，有的地方人大专门制定了审计查出问题整改情况的报告满意度测评办法。

2016年9月14日，湖北省十二届人大常委会第二十四次会议通过《湖北省人民代表大会常务委员会开展审计查出问题整改情况的报告满意度测评办法》。办法规定，常委会组成人员应当坚持实事求是、客观公正的原则，根据下列事项进行测评：执行相关法律、法规和省人民代表大会及其常委会决议决定情况；审计工作报告反映审计查出问题的整改情况；省人民政府及相关部门单位针对审计工作报告查出问题采取整改措施的可行性和相关制度的建设及完善情况；对常委会组成人员相关审议意见的处理情况；报告机关到会听取意见、回答询问情况；主任会议确定需要就审计查出问题整改情况进行满意度测评的其他事项。办法规定，满意度测评分为满意、基本满意、不满意三个等次。满意票数超过常委会全体组成人员半数的，为满意等次；满意票数不足半数，但加基本满意票数超过半数的，为基本满意等次；满意票数加基本满意票数不足半数（含半数）的，为不满意等次。满意度测评采取电子测评系统的方式，由常委会组成人员在常委会全体会议上对审计查出问题整改情况的报告及重点部门单位整改情况的报告分别进行测评，测评结果由会议主持人在本次全体会议上予以公布。测评结果为不满意的，常委会可责成省人民政府及

---

〔1〕 江涛：《市人大常委会首次出台审计查出问题整改监督工作办法》，"建德人大"微信公众号，2022年12月12日。

相关部门单位继续整改，并在下次常委会上报告整改情况。对重作的整改情况报告应当再次进行满意度测评，测评结果仍然为不满意的，常委会应当依法启动质询、特定问题调查等方式进行跟踪监督。办法规定，满意度测评结果应当及时报送省委，并向省人民政府、省高级人民法院、省人民检察院、省委组织部及有关主管部门通报，作为考核管理和选拔任免有关国家机关工作人员的重要依据。借鉴《湖北省人民代表大会常务委员会开展审计查出问题整改情况的报告满意度测评办法》，2016 年 11 月 22 日，武汉市十三届人大常委会第三十九次会议通过《武汉市人民代表大会常务委员会对审计查出突出问题整改情况报告进行满意度测评的办法》；2018 年 5 月 30 日，武汉市硚口区十五届人大常委会第十一次会议通过《武汉市硚口区人民代表大会常务委员会对审计查出问题整改情况报告进行满意度测评的办法》。

2017 年 12 月，湖南省永州市人大常委会出台《关于对审计查出问题整改情况的报告开展满意度测评的试行办法》。该办法规定，市人大常委会组成人员在市人大常委会全体会议上，对市人民政府提交的上一年度市级预算执行和其他财政收支审计查出问题整改情况的报告、市人大常委会听取的专项审计查出问题整改情况的报告开展满意度测评。办法规定，满意度测评从四个方面进行，其中整改态度占 10 分，包括整改方案、整改措施、整改期限、整改责任部门和责任人等；意见落实占 10 分，包括落实市人大常委会审议意见和采纳审计提出的建议和意见等；制度建设占 10 分，包括建立健全内部管理制度、制定杜绝屡审屡犯问题发生的办法措施等；具体问题整改占 70 分，要求将具体问题整改与审计工作报告列出的问题一一对应，结合市审计局提供的问题整改清单，综合考虑整改到位程度、未整改到位的原因分析、明确再次整改到位的措施和期限、落实责任追究等因素进行评分。测评采用百分制计算，分为满意、基本满意、不满意三个等次，平均得分在 80 分以上（含 80 分）的，为满意；平均得分 60 分以上（含 60 分）80 分以下（不含 80 分）的，为基本满意；平均得分 60 分以下的，为不满意。测评结果在全体会议上当场公布。办法就如何强化测评结果运用作出规定，测评结果为满意或基本满意，但问题整改没有完全到位的，由市审计局跟踪督办，市人大财政经济委员会跟踪监督。测评结果为不满意的，市人大常委会责成市人民政府及被审计单位继续整改，在下次市人大常委会会议上由被审计单位报告整改情况，并再次进行满意度测评。测评结果仍为不满意的，市人大常委会依法开展质询或启动特定问题调查。

2019 年 3 月，浙江省永嘉县人大常委会出台《对审计查出问题整改情况报告开展满意度测评的办法》。该办法明确了满意度测评的对象，即对县人民政府提交的上一年度县级预算执行和其他财政收支审计查出问题整改情况的报告进行满意度测评。办法对测评事项进行了清晰的界定，主要针对执行相关法律、法规和县人民代表大会及其常委会决议决定情况；审计工作报告反映审计查出问题的整改情况；县人民政府及相关部门、单位针对审计工作报告查出问题采取整改措施的可行性和相关制度的建设及完善情况；落实县人大常委会会议相关审议意见情况；相关部门主要负责人到会听取意见、回答询问情况；县人大常委会主任会议确定需要就审计查出问题整改情况进行满意度测评的其他事项进行测评。办法规定，满意度测评在人大常委会上以电子计票或者无记名投票方式由人大常委会委员现场表决，测评分为满意、基本满意、不满意三个等次，测评结果当场宣布，并对社会公布。

测评结果为不满意的，县人大常委会应责成县人民政府继续整改，并在四个月内向县人大常委会会议报告整改情况。对继续整改情况应当再次进行满意度测评，测评结果仍然为不满意的，可依法作出相应的决定。[1]

2023 年安徽省淮南市人大常委会在全省率先研究制定了《淮南市人民代表大会常务委员会审计查出突出问题整改情况满意度测评暂行办法》。该办法明确了测评的对象、内容、时间、方式等具体内容，并规定将测评结果及时报送市委，并通报市政府、市监察委员会及有关主管部门，作为领导班子成员述职述廉年度考核、任职考核和部门（单位）预算安排、年度目标考核的重要依据。[2]

二、国有资产管理情况监督

党的十八届三中全会提出加强人大"国有资产监督职能"，赋予各级人大及其常委会新职责。2014 年 8 月，全国人大常委会审议通过新修订的预算法，将国有资本经营预算列入全口径预算。2017 年 12 月，中共中央印发《关于建立国务院向全国人大常委会报告国有资产管理情况制度的意见》。意见指出，全国人大常委会要加强对地方人大国有资产监督工作的指导；县级以上地方要根据本地实际情况，建立政府向本级人大常委会报告国有资产管理情况制度。2019 年 4 月，全国人大常委会出台国有资产

---

〔1〕 胡晓琼：《永嘉县人大出台对审计查出问题整改情况报告开展满意度测评的办法》，温州人大网，http：//www. wzrd. gov. cn/art/2019/3/13/art_1382130_31000161. html。

〔2〕《淮南市人大：以评促改，做好审计整改"后半篇"文章》，安徽人大网，http：//www. ahrd. gov. cn/article. jsp？_index = 1&strColId = 8b8c9ad9a4524e819561753d4c627068& strId =16772145474349978&s trWebSiteId =1448865560847002。

监督五年规划（2018—2022 年），明确提出经过五年努力，全面摸清国有资产家底，厘清国有资产管理体制机制，建立健全国有资产管理情况报告和监督制度。2020 年 12 月，全国人大常委会通过《全国人民代表大会常务委员会关于加强国有资产管理情况监督的决定》，对加强国有资产管理和监督作出法律性规定。2022 年 3 月，新修正的地方组织法将"监督本级人民政府国有资产的管理"列为县级以上地方各级人民代表大会及其常委会的职权。

近年来，地方各级人大常委会积极贯彻落实党中央和全国人大常委会决策部署，依法履行国有资产监督职责，在建立国有资产管理情况报告制度的基础上，综合运用法定监督方式，健全国有资产监督具体制度和工作机制，有效增强国有资产监督效能，有力推进国有资产治理体系和治理能力现代化。

（一）地方各级人大常委会基本建立国有资产管理情况报告制度

为推进各地贯彻中共中央印发的《关于建立国务院向全国人大常委会报告国有资产管理情况制度的意见》，全国人大常委会明确要求，2018 年各省、自治区、直辖市都要建立国有资产管理情况报告制度，全国地市一级 2018 年也要争取建立报告制度，2019 年扩大到有条件的县级地方，2020 年要实现全国所有县级以上全覆盖。

地方各级人大常委会按照全国人大常委会的部署，逐步建立国有资产管理情况综合报告制度和企业国有资产（不含金融企业）、金融企业国有资产、行政事业性国有资产、国有自然资源资产专项报告制度。

广东省人大常委会从 2018 年实施国有资产管理情况向人大

报告制度，连续五年审议省政府国有资产管理情况综合报告和专项报告，实现了金融企业国有资产、行政事业性国有资产、企业国有资产、国有自然资源资产四大类国有资产审议监督全覆盖。2022 年 11 月底，广东省十三届人大常委会第四十七次会议审议广东省 2021 年度国有资产管理情况的综合报告，并开展专题询问，实现国有资产管理情况的综合报告"全口径"。截至 2020 年，广东省 21 个地级以上市、122 个县区已实现报告制度全覆盖。中山、东莞两市还积极创新推动国有资产管理情况报告制度向镇一级拓展延伸。[1]

2021 年 11 月，湖北省十三届人大常委会第二十七次会议听取和审议关于 2020 年度国有自然资源资产管理情况专项报告，同时，省政府向省人大常委会书面作 2020 年度国有资产管理情况综合报告。自此，省人大常委会听取和审议省政府关于企业国有资产（含文化企业，不含金融企业）、金融企业国有资产、行政事业性国有资产、国有自然资源资产等四类国有资产管理情况专项报告实现全覆盖，建立了报告范围全口径、全覆盖，分类、标准明确规范，报告与报表相辅相成的报告体系。[2]

按照党中央和全国人大的部署，浙江省宁波市人大常委会自2018 年开始连续四年审议国有资产管理情况专项或综合报告，并先后听取审议了市级行政事业单位、市级企业国有资产管理情况、国有自然资源资产管理情况的专项报告。2018 年 12 月 25 日—26 日，市十五届人大常委会第十六次会议审议了市政府关于

〔1〕　侯梦菲：《守护公众的"钱袋子"！省人大常委会连续五年监督国有资产管理情况》，《羊城晚报》2023 年 1 月 11 日。
〔2〕　刘允桐：《摸清"家底"监督"长"牙——湖北省人大常委会推进国有资产监督工作纪实》，"湖北人大"微信公众号，2021 年 12 月 15 日。

2017 年度宁波市国有资产管理情况的综合报告，同时听取和审议了关于 2017 年度市级行政事业单位国有资产的专项报告。2019 年 10 月 28 日—29 日，市十五届人大常委会第二十四次会议听取和审议了关于 2018 年度市级企业国有资产管理情况的专项报告。2020 年 10 月 26 日—28 日，市十五届人大常委会第三十三次会议听取和审议了 2019 年度宁波市国有自然资源资产管理情况的专项报告。在连续三年对行政事业、国有企业、自然资源资产管理情况进行审议的基础上，2021 年 10 月 27 日—28 日，市十五届人大常委会第四十次会议听取和审议了市政府关于 2020 年度宁波市国有资产管理情况的综合报告。[1] 2022 年，宁波市在全省率先开启了新一轮国有资产管理情况监督工作。当年 10 月，宁波市十六届人大常委会第五次会议听取和审议了市政府关于 2021 年度市级行政事业性国有资产管理情况的专项报告，审议了市政府关于 2021 年度宁波市国有资产管理情况的综合报告。同时，宁波市按照报告"全口径全覆盖"、监督"全过程全方位"要求，首次听取和审议宁波经济技术开发区、宁波前湾新区、宁波高新区等市属相关开发园区的国有资产管理情况的报告。[2]

2018 年至 2020 年，青岛市黄岛区人大常委会深入贯彻中共黄岛区委印发实施的《关于建立区政府向区人大常委会报告国有资产管理情况制度的意见》，分别听取企业国有资产、行政事业性国有资产和国有自然资源资产管理情况 3 个专项报告，国有资产管理情况 1 项综合报告，实现了听取审议综合报告和专项报告

---

〔1〕 张昊、毛林蔚：《晒出"明白账"打好"组合拳"——宁波市人大常委会国有资产管理监督纪实》，《宁波日报》2021 年 11 月 8 日。

〔2〕《宁波持续深化人大国有资产监督工作》，宁波市人民政府网，http://www.ningbo.gov.cn/art/2023/2/14/art_1229099763_ 59450 784.html。

"全覆盖"。2018 年，在开展国有企业调研和视察的基础上，于 5 月听取和审议了企业国有资产管理情况报告；2019 年，组织人大代表对机关单位、学校和医疗机构资产管理情况开展系统调研，于 7 月听取和审议了行政事业性国有资产管理情况报告；2020 年，组织人大代表深入调研掌握了山水林田湖和海域海岛资源情况，于 10 月听取和审议了国有自然资源资产管理情况报告。[1]

（二）运用刚性监督方式加强国有资产管理情况监督

地方人大常委会在听取和审议国有资产管理情况报告的基础上，聚焦国有资产管理问题的难点、痛点，运用专题询问、特定问题调查等刚性监督方式，加强国有资产管理情况监督。

许多省、市、县级人大常委会运用专题询问监督方式对国有资产管理情况开展监督。2019 年 12 月 23 日，重庆市铜梁区人大常委会召开全区行政事业性国有资产管理情况专题询问会。会上，9 位人大常委会组成人员针对全区行政事业性国有资产的配置、处置、核算、信息化建设等方面先后提出了 9 个问题，区政府办、发改委、教委、财政局（国资办）、规划自然资源局、卫生健康委、机关事务局、国资中心的负责人一一回答了提问，并就下一步如何整改给出了答复。专题询问会上，铜梁区政府副区长胡华超当场表态：这次人大专题询问对政府工作是一次接受检查、查找问题的会议，也是帮助政府及部门厘清思路的机会，要以此为契机，进一步理顺管理体制，健全制度，不断提高国有资产管理水平。2020 年 9 月 30 日，浙江省海盐县十五届人大常委会召开全县行政事业性国有资产管理情况专题询问会。在一个半

---

〔1〕　杨中尉：《晒出资产"明白账"实现监督"全覆盖"——黄岛区人大常委会加强国有资产监督纪实》，青岛人大网，http：//rdcwh.qingdao.gov.cn/n8146584/n31031326/n31031343/220121150849564238.html。

小时的时间里，县人大常委会组成人员和人大代表围绕政府投资项目建设、国资管理绩效、办公用房使用等问题进行询问。县政府领导及相关职能部门主要负责人认真应询。县委常委、常务副县长黄华忠就做好全县行政事业性国有资产管理工作表态发言。[1]

2022年6月16日，甘肃省白银市十届人大常委会第五次会议举行联组会议，结合审议市政府关于全市国有自然资源资产管理情况的专项报告开展专题询问。矿产资源的开发利用与保护情况怎么样？耕地保护与粮食安全情况怎么样？如何正确处理经济社会发展需要与生态环境保护两者之间的关系？……围绕这些问题，与会的部分市人大常委会组成人员和人大代表提出询问，市自然资源局、林草局、水务局、生态环境局等部门负责人作了回答。副市长贾志升代表市政府作表态发言。[2]

2022年10月26日，安徽省蚌埠市十七届人大常委会第六次会议召开联组会议，就2021年度国有资产管理体制改革推进暨国企改革历史遗留问题处理情况召开专题询问会。市委常委、常务副市长葛锐通报2021年度国有资产管理情况。在听取市政府相关情况报告后，常委会组成人员及部分省、市人大代表就国有资产体制改革推进和国企改革历史遗留问题处理中的有关问题进行询问，有关部门负责人现场应询回答。葛锐表示，市政府及各相关部门会后第一时间制定整改方案，明确时限、责任、措施，

---

〔1〕 邵祺、史海通：《聚焦行政事业性国有资产管理情况！县人大常委会开展专题询问》，海盐发布，https://zj.zjol.com.cn/red_boat.html?id=100971674。

〔2〕《白银市人大常委会聚焦全市国有自然资源资产管理开展专题询问》，白银人大网，http://www.bysrdw.cn/hdmbi/bas/col_detail.php?id=259。

确保专题询问事项件件有着落、事事有回应。[1]

2022年9月28日，江西省十三届人大常委会第四十一次会议举行联组会议，就国有资产管理情况开展专题询问。省人大常委会委员以及省人大代表聚焦2021年度国有资产管理情况，围绕国有资产管理情况综合报告的编制起草、国有企业改革三年行动的进展和成效、金融企业发展壮大更好地服务实体经济、文化企业深化改革创新发展、文物资源资产有效保护和合理利用、进一步推进矿山生态修复等方面存在的问题提出询问。省财政厅、国资委、文资办、文旅厅、自然资源厅主要负责人回答询问。省委常委、常务副省长梁桂到会听取意见并作表态发言。[2]

2022年9月28日，云南省十三届人大常委会第三十三次会议举行联组会议，结合审议省政府关于2021年度国有资产管理情况的综合报告，开展专题询问。省人大常委会副主任宗国英及省人大常委会委员周兴国、管云鸿、王毅、汤培远、张剑萍、王卫昆、张凌围绕国有资产管理监督、国有企业改革发展、企业债务风险管控、防范化解金融风险、提高行政事业单位国有资产管理效率、完善自然资源资产基础管理等进行询问。副省长王浩率省政府相关部门负责人到会应询、逐一作答。[3]

2022年11月30日，陕西省十三届人大常委会第三十七次会议听取《陕西省人民政府关于2021年度国有资产管理情况综合报告》，并举行专题询问。两个多小时里，10位委员围绕健全完

〔1〕　靳瑾：《市人大常委会召开国有资产管理情况专题询问会》，蚌埠政府网，https：//www. bengbu. gov. cn/ldzc/lddt/50120214. html。

〔2〕　朱华：《省人大常委会专题询问国有资产管理情况》，《江西日报》2022年9月29日。

〔3〕　瞿姝宁：《省人大常委会举行联组会议专题询问我省国有资产管理情况》，云南网，https：//yn. yunnan. cn/system/2022/09/29/032298446. shtml。

善国有资产管理情况报告制度、国有资产盘活利用、自然资源资产保护修复、加强国有资产管理情况审计监督等方面进行询问。省财政厅、国资委、自然资源厅、审计厅、文物局、机关事务服务中心、地方金融监管局等 7 个部门负责人回答询问。省委常委、副省长王琳到会听取意见并作表态发言：自觉接受监督，主动担当作为，进一步加强国有资产管理，维护国有资产安全完整和保值增值，持续做好专题询问"下半篇文章"，着力构建全省"大资产"管理新格局，以高质量的国有资产管理助推全省经济社会高质量发展。[1]

2022 年 12 月 14 日，重庆市五届人大常委会第三十八次会议举行联组会议，专题询问市政府 2021 年度国有资产管理情况。12 位市人大常委会组成人员紧扣国企改革、统一监管、助企纾困、防范流失等国有资产管理过程中的重点难点问题询问，市财政局、规划自然资源局、水利局、审计局、国资委等单位负责人回答了询问。[2]

浙江省地方人大积极围绕国有资产管理开展特定问题调查。浙江省嘉兴市人大常委会在浙江率先开展国有资产特定问题调查。2017 年 12 月 27 日，嘉兴市八届人大常委会第六次会议作出决定，对市属国有资产若干问题开展特定问题调查。2018 年 6 月，嘉兴市八届人大常委会第十次会议审议了特定问题调查委员会《关于市属国有资产若干问题的调查报告》，通过了《关于加强国有资产监督管理提高国企国资综合竞争力的决议》，梳理出

〔1〕 秦骥：《省人大常委会专题询问聚焦国有资产管理情况监督"利剑"护航"家底"保值增值》，《陕西日报》2022 年 12 月 2 日。

〔2〕 刘波、陈竹：《交出"明白账"！重庆市人大常委会专题询问国有资产管理情况》，上游新闻，https：//www.cqcb.com/yukuaibao/2022-12-14/5117414_pc.html。

110个问题清单及2600多个明细表。市政府高度重视人大决议，专门制定了《关于贯彻落实市人大常委会加强国有资产监督管理提高国企国资综合竞争力的决议工作方案》。12月13日，嘉兴市八届人大常委会第十四次会议专题听取和审议了市政府关于决议落实情况的报告。报告显示，国有资产家底全面摸清摸透，管理体制逐步理顺，特定问题调查取得阶段性成果。[1]

2020年，嘉兴市人大常委会又对市本级教文卫体系统事业单位国有资产情况开展特定问题调查。2020年4月24日，嘉兴市八届人大常委会第二十五次会议作出《关于组织特定问题调查委员会对市本级教文卫体系统事业单位国有资产开展调查的决定》。本次特定问题调查聚焦教育、文化、卫生、体育四个系统，成立包括市和南湖区、秀洲区、经开区相关人大负责人在内的特定问题调查委员会。经过五个多月的深入调查，最终形成33页的调查报告，梳理出831个问题。2020年10月28日，市八届人大常委会第二十八次会议听取和审议了特定问题调查委员会《关于嘉兴市本级教文卫体系统事业单位国有资产特定问题的调查报告》，作出了《嘉兴市人民代表大会常务委员会关于加强市本级教文卫体系统事业单位国有资产管理促进社会事业高质量发展的决议》。[2]

2018年，浙江省宁波市、慈溪市人大常委会对市级行政事业单位及市属国有企业的固定资产问题开展了特定问题调查。2018年3月22日，慈溪市十七届人大常委会第十二次会议通过了主任会议提交的《关于提请设立政府资产特定问题调查委员会的议

〔1〕 应丽斋、戴纯青：《向国资亮剑！全省地市首次特定问题调查，嘉兴交了这样一张答卷》，嘉兴在线，https：//www.cnjxol.com/49/201812/t20181217_51473.shtml。
〔2〕 应丽斋、陆省宁：《831个问题的背后》，《嘉兴日报》2021年1月21日。

案》，决定成立政府资产特定问题调查委员会，对慈溪市级行政事业单位及市属国有企业的固定资产（房屋、建筑物及土地等）开展特定问题调查。特定问题调查委员会经过 3 个月深入细致地调查，全面摸清市属国有资产的总量、结构、使用、历史遗留问题等情况，并梳理出资产监管机制不健全、资产管理基础薄弱、资产运营管理水平较低、国有企业资产经营管理短板等四方面问题共 264 条。7 月 30 日，慈溪市十七届人大常委会第十四次会议听取和审议了关于市属政府资产情况的调查报告，并作出《关于加强政府资产监督管理提升国有资产使用绩效的决议》，要求市政府切实执行人大决议，并向市人大常委会报告问题整改落实情况。截至 2020 年 6 月，市政府已累计完成问题整改 2600 条，完成率达 98.5%，修订或出台国有资产管理实施办法、国有企业投资监督管理办法、国有企业资金管理办法等制度性文件 8 项。

近年来，浙江省宁波市鄞州区、奉化区、慈溪市，嘉兴市南湖区、秀洲区，衢州市衢江区、龙游县，丽水市云和县等部分县（区、市）人大常委会围绕国有资产管理问题的难点、痛点，积极开展特定问题调查，不仅摸清了国有资产的基数家底，更推动了一些国有资产管理问题的解决。[1]

（三）人大监督国有资产管理向制度化、规范化转变

2014 年全国人大常委会审议通过新修订的预算法，将国有资本经营预算列入全口径预算。自此，有的地方人大常委会按照新预算法规定开始探索国有资产管理监督制度。2014 年 11 月，四川省绵阳市出台了《绵阳市人民代表大会常务委员会国有资产管理监督办法》。该办法明确界定了国有资产及其监督范围和监督

---

〔1〕 方小龙：《全国人大常委会预工委来浙江调研国有资产特定问题调查》，浙江人大网，https：//www.zjrd.gov.cn/rdyw/202001/t20200107_88503.html。

重点，初步建立了政府向人大报告国有资产制度。根据办法，市人大常委会每年听取经营性国有资产、行政事业单位国有资产和资源性国有资产管理情况报告。山东省青岛市人大常委会也于2014年出台《关于建立向市人大常委会报告国有资产管理情况制度的意见》，将市直企业国有资产管理情况、地方行政事业性国有资产管理情况纳入报告范围。2015年11月，内蒙古自治区出台《内蒙古自治区人民政府向自治区人大常委会报告国有资产监督管理情况的制度》，明确规定了国有资产的范围，要求自治区人民政府每届至少两次向自治区人大常委会报告国有资产管理情况；制度还规定，自治区人大常委会通过听取和审议专项工作报告、执法检查、专题询问、工作评议等方式对国有资产管理情况实施监督。

近年来，地方各级人大常委会按照党中央和全国人大的部署要求，遵照有关法律规定，密集出台专门的国有资产管理监督规范性文件，不断完善国有资产管理监督制度，地方各级人大常委会国有资产管理监督逐步迈上制度化、规范化轨道。

2021年9月29日，安徽省十三届人大常委会第二十九次会议通过《安徽省人民代表大会常务委员会关于加强国有资产管理情况监督的决定》。该决定规定，省人大常委会以每年听取和审议省政府关于国有资产管理情况的报告作为履行人大国有资产监督职责的基本方式，并综合运用执法检查、询问、质询、特定问题调查等法定监督方式；在任期届满前一年内听取和审议国有资产管理情况综合报告时开展专题询问，其他年份在听取和审议专项报告时也可以根据需要开展专题询问；针对国有资产管理存在的问题，可以依法进行质询和特定问题调查，可以根据审议和监督情况依法作出决议。决定规定，省政府审计部门按照党中央及省委要求，深入推进审计全覆盖，按照真实、合法、效益原则，依据法定职责，加大对国有资产的审计力度，形成专项审计报告，作为省政府向省人大常委会提交的年度省级预算执行和其他财政收支的审计工作报告的重要组成部分或子报告。决定规定，省人大常委会围绕各类国有资产管理目标和省人大常委会审议重点，建立健全人大国有资产监督评价指标体系，运用有关评价指标开展国有资产管理绩效评价，并探索建立第三方评估机制。决定规定，建立健全整改与问责机制。省政府根据审议意见、专题调研报告、审计报告等提出整改与问责清单，分类推进问题整改，依法对违法违规行为追责问责，整改与问责情况同对省人大常委会审议意见的研究处理情况一并向省人大常委会报告。对审计查出问题的整改和报告按照有关法律规定进行。省人大常委会可以听取报告并进行审议。省人大常委会应当加强整改与问责情况的跟踪监督，对突出问题、典型案件建立督办清单制度，由有关专门委员会、预算工作委员会等开展跟踪监督具体工作，督促整改落实。建立人大国有资产监督与国家监察监督有效衔接机制，加强相关信息共享和工作联系，推动整改问责。

2022年9月，广东省深圳市人大常委会出台《深圳市人民代表大会常务委员会关于加强国有资产管理情况监督的决定》。该决定规定，强化审计对国有资产管理情况监督的作用，要求市政府审计部门加大国有资产的审计力度，形成审计情况专项报告，作为市政府向市人大常委会提交的年度预算执行和其他财政收支的审计工作报告的子报告。市人大常委会根据监督工作需要，可以要求市人民政府就国有资产管理中的突出问题进行专项审计，并向市人大常委会报告审计结果。决定规定，市人大常委会要建立健全人大国有资产管理情况监督评价指标体系，运用有关评价指标开展国有资产管理绩效评价，并探索人大作为评价主体、委托第三方实施的评估机制。决定规定，市人大常委会在任期届满前一年内听取和审议国有资产管理情况综合报告时开展专题询问，其他年份在听取和审议专项报告时也可以根据需要开展专题询问。市人大常委会针对国有资产管理情况存在的问题，可以依法进行质询和特定问题调查，可以根据审议和监督情况依法作出决议。决定还要求市政府建立健全整改与问责机制，根据审议意见、专题调研报告、审计报告等提出整改与问责清单，分类推进问题整改，依法对违法违规行为追责问责。市人大常委会对突出问题、典型案件建立督办清单制度，督促整改落实；建立人大国有资产管理情况监督与监察监督相衔接的有效机制，加强相关信息共享和工作联系，推动整改问责。

2021 年 10 月召开的浙江省宁波市十五届人大常委会第四十次会议，审议通过了《宁波市人民代表大会常务委员会关于加强国有资产管理情况监督的决定》，为进一步推进国有资产治理体系和治理能力现代化提供了有力的法治保障和重要制度支撑。该决定规定，市人大常委会以每年听取和审议市人民政府关于国有资产管理情况的报告作为履行人大国有资产监督职责的基本方式，并综合运用执法检查、询问、质询、特定问题调查等法定监督方式。市人大常委会在任期届满前一年内听取和审议国有资产管理情况综合报告时，开展专题询问，其他年份在听取和审议专项报告时也可以根据需要开展专题询问，并就国有资产管理中有关重大事实不清的事项依法组织特定问题调查，根据调查结果，作出相应的决议、决定。决定规定，市人民政府按照综合报告与专项报告相结合的方式，做好年度国有资产管理情况报告工作。综合报告要全面、准确反映全市各类国有资产和管理的基本情况，重点报告国有经济布局和结构、深化国有企业改革、行政事业性国有资产配置和分布、国有自然资源资产禀赋、保护和利用、国有资产安全和使用等情况；专项报告要根据各类国有资产性质和管理目标，结合市人大常委会年度审议的重点内容，分别反映企业国有资产（含金融企业国有资产）、行政事业性国有资产、国有自然资源资产等国有资产管理情况、管理成效、相关问题和改进工作安排。决定明确，要完善各类国有资产报表体系，作为报告的重要组成部分。根据国有资产性质和特点，从价值和实物等方面，反映国有资产存量和变动情况，相关报表应当分行业、企业、部门和行政区域编列。市人民政府及相关部门要加快编制政府资产负债表和自然资源资产负债表，形成以权责发生制为基础的政府综合财务报告，建立健全反映不同类别国有资产管理特点的评价指标体系，全面、客观、精准反映管理情况和管理成效。决定规定，市审计局应当按照真实、合法、效益原则，加大对国有资产的审计监督力度，形成审计情况专项报告，作为市人民政府向市人大常委会提交的年度预算执行和其他财政收支审计工作报告的子报告。决定规定，探索建立第三方评估机制，增强监督的深度。发挥中介机构、专家学者等社会力量的作用，对审议意见、审计报告提出问题和建议整改落实情况以及管理绩效进行评估，评估报告提交市人大常委会，作为下一年度预算审查的重要依据和审查结果报告的重要参考。决定规定，市人民政府有关部门应当建立全口径国有资产信息共享平台，实现互联互通，定期向人大预算联网监督系统推送国有资产数据和信息，推进国有资产数字化监管，并向市人大代表开放，保障市人大代表参与日常监督。

2022 年 4 月 27 日，江苏省常州市十七届人大常委会第二次会议作出《关于加强国有资产管理情况监督的决定》。该决定规定，市人大常委会围绕中央、省委、市委关于国有资产管理和治理决策部署及要求，聚焦监督政府对国有资产的管理情况，坚持正确监督、有效监督、依法监督，坚持全口径、全覆盖，坚持问题导向，依法、全面、有效履行国有资产监督职责。市人大常委会以每年听取和审议市政府关于国有资产管理情况的报告作为履行人大国有资产监督职责的基本方式，并综合运用执法检查、询问、质询、特定问题调查等法定监督方式。决定规定，市人大常委会在每届末年份听取和审议国有资产管理情况综合报告时开展专题询问，其他年份在听取和审议专项报告时也可以根据需要开展专题询问。针对国有资产管理存在的问题，可以依法进行质询和特定问题调查，可以根据审议和监督情况依法作出决议决定。决定规定，市政府应当建立健全整改与问责机制。根据审议意见、专题调研报告、审计报告等提出整改与问责清单，分类推进问题整改，依法对违法违规行为追责问责。整改与问责情况同对市人大常委会审议意见的研究处理情况一并向市人大常委会报告。按照稳步推进的原则，建立健全整改与问责情况跟踪监督机制。市人大常委会对突出问题、典型案件建立督办清单制度，由市人大有关专门委员会、常委会有关工作机构开展跟踪监督具体工作，督促整改落实。建立人大国有资产监督与监察监督相衔接的有效机制，加强相关信息共享和工作联系，推动整改问责。决议规定，健全国有资本经营预算管理制度，强化国有资本经营预算对国有资本的总体布局、投资运作、收益管理等的统筹约束和支撑保障作用。健全资产管理和预算管理相衔接的工作机制，全面反映预算资金形成基础设施、政府投资基金、政府和社会资本合作项目等相关国有资产情况；加强行政事业性国有资产收入管理，资产出租、处置等收入按规定上缴国库或纳入单位预算。市人大常委会听取和审议国有资产管理情况报告，要与预算决算审查监督紧密衔接，特别是与对国有资本经营预算决算、部门预算决算审查监督相结合。国有资产管理情况报告和监督中反映的问题及提出的意见，应当作为下一年度预算审查的重要依据和审查结果报告的重要参考。

地方人大常委会建立健全国有资产监督机制，为实现国有资产管理全口径、全覆盖监督，切实增强监督实效，推进国有资产治理体系和治理能力现代化具有重要意义。

三、政府债务审查监督

党的十八大以来，党中央多次就防范化解重大风险、加强地方政府债务管理和监督作出重要部署。2021 年 6 月，中共中央办公厅印发《关于加强地方人大对政府债务审查监督的意见》，意见针对地方政府债务管理和监督中的突出问题、薄弱环节，从完善政府债务编制和相关报告、规范人大审查监督的内容和程序、强化对政府债务风险管控的监督等方面，对地方人大加强对政府债务审查监督作出了全面系统的规定，为这项工作提供了重要指导。[1] 为切实推动地方人大加强对政府债务的审查监督，全国人大狠抓贯彻落实工作，及时召开视频会议、印发工作建议、召开座谈会。2021 年 7 月 30 日，全国人大财经委、全国人大常委会预算工委联合召开视频会议，对推动贯彻落实党中央决策部署提出意见和建议。2022 年 1 月，全国人大常委会办公厅印发《关

---

[1] 《全国人大常委会认真贯彻党中央决策部署 切实推动地方人大加强对政府债务的审查监督》，新华社北京 2021 年 7 月 23 日电。

于推动贯彻落实党中央〈关于加强地方人大对政府债务审查监督的意见〉的工作建议》。2022 年 3 月，地方组织法第六次修正将"审查监督政府债务"明确为地方各级人大常委会必须行使的人大预算审查监督职权。2022 年 11 月 18 日，全国人大常委会预算工委组织召开 10 省、自治区、直辖市地方政府债务审查监督工作（视频）座谈会，交流了开展政府债务审查监督的做法和经验。

近年来，地方人大认真落实党中央的决策部署和全国人大常委会的工作安排，积极探索实践，地方政府债务审查监督工作得到进一步加强和深化。

（一）全口径审查和全过程监督政府债务

地方人大坚持全口径审查和全过程监督，将政府债务限额总规模、债务限额分配是否合理、债务资金投向是否符合经济社会发展实际，债务资金有无挪用、长期闲置、损失浪费情况等，全部纳入人大审查监督的范围；在预算审查、预算执行监督、预算调整方案审查、决算审查等各环节着力，不断拓展监督深度、加大监督力度。

2022 年，天津市人大常委会严把"限额分配"关，在审查债务限额分配时，认为专项债务分配方案与国家加快债券发行使用要求不相符，推动市财政局、发改委调整增加了专项债务分配额。湖南省人大常委会在审查预算草案时，要求省政府报告债务的限额、余额、结构、资金来源、使用方向、偿还计划等情况，重点审查专项债券项目前期储备工作情况、重大投资项目立项省级联合评审等制度落实情况，抑制地方政府投资冲动。辽宁省人大常委会在听取政府关于政府债务管理及隐性债务化解情况专题汇报时，要求进行结构分析和对比分析，督促进一步健全偿债机制，完善债务风险评估预警和应急处置机制，稳妥化解隐性债务存量，坚决遏制隐性债务增量，积极防范化解政府债务风险。云南省人大常委会坚持重点监督和常态化监督相结合，加强对年初预算、预算调整方案和决算中政府债务情况的审查。在审查预算草案和预算调整方案时，重点做好政府债务限额和政府新增债务规模合理性、一般债务项目合规性、专项债务项目科学性等方面的审查，推动各级政府增强债务意识，按期偿还债务；在审查决算草案时，把债务资金绩效、审计查出问题整改情况作为重点，推动政府加强项目管理，管好用好债务资金。[1] 江西省人大常委会在全国率先启动新增政府债务审查批准工作。2022 年 4 月 27 日，江西省十三届人大常委会第三十八次会议，听取审议了省财政厅厅长朱斌作的关于 2022 年新增地方政府债务限额以及 2022 年省级预算调整方案（草案）的说明和省人大财经委副主任委员周山印作的该草案的审查报告；表决通过了《江西省人民代表大会常务委员会关于批准 2022 年新增地方政府债务限额以及 2022 年省级预算调整方案的决议》。[2]

湖南省湘潭市人大常委会将人大监督贯穿于预算草案、预算调整、预算执行、决算和审计查出问题及整改各个环节，对债务项目申报、资金拨付、项目建设、项目结算、交付使用等进行全过程闭环监督，并对政府债务的规模、结构、资金成本、使用方向及偿还计划等全维度监管。事前，充分发挥市政府重大项目预算审核和投资决策委员会作用，要求重大政府性投资项目必须经

---

〔1〕 云仁宣、李倩文：《云南人大：做实预算审查监督 守好百姓"钱袋子"》，"全国人大"微信公众号，2022 年 8 月 18 日。

〔2〕 方鹏：《行动迅速多措并举求实效——江西人大政府债务审查监督工作侧记》，江西人大网，https：//jxrd.jxnews.com.cn/system/2022/05/06/019625488.shtml。

市预算审核和投资决策委员会开工核准；事中，加强对债务资金执行情况及绩效评价情况的监督；事后，通过对审计和审计查出问题整改情况的监督，推动规范债务管理。[1]

（二）探索政府债务审查监督方式

地方人大结合工作实际，综合运用专题调研、听取专项报告、专题询问、特定问题调查等法定方式开展政府债务审查监督工作。

1. 专题调研。一些地方通过开展专题调研方式，对使用政府债券资金实施的重大建设项目开展项目事前绩效评估评审，重点审查项目实施的必要性和可行性、项目的合规性和成熟度、项目偿债计划的可行性及绩效目标的合理性等情况。例如，2018 年，新疆维吾尔自治区人大常委会会同自治区政府财政、审计、工信等部门，通过座谈、实地抽查和现场核查合同、协议、账单等形式，获取第一手资料，形成政府债务管理调研报告，并从增强法治意识、规范建设项目管理、加强政府债务管理降低债务风险等方面提出意见建议。2022 年 7 月，宁夏回族自治区人大常委会围绕"钱花到哪里去了"、债券投资项目管理得怎么样、如何高质高效地使用债券资金、加强地方政府债务管理等，对全区"九个重点产业""十大工程项目""四大提升行动"相关政府债券项目，开展专题调研。

2. 专项报告。在许多地方，听取政府性债务管理情况的报告已成制度。2018 年 5 月 29 日，广东省十三届人大常委会第三次会议听取和审议省财政厅厅长戴运龙代表省政府作的《关于我省

---

〔1〕　谭利波、王超利：《让人大监督"长出牙齿、咬出合力"　湘潭市人大常委会突出"四个转变"强化政府债务审查监督，看好政府"钱袋子"》，《人民之友》2022 年第 10 期。

地方政府性债务管理情况的报告》。这是广东省人大常委会首次听取地方债务管理情况报告。此后，广东省人大常委会连续五年听取政府债务管理情况报告。2020 年 5 月 23 日，浙江省宁波市人大常委会听取市财政局受市政府委托所作的关于政府性债务情况的报告，一并听取市人大常委会财经工委相关调研情况汇报。这次是宁波市人大常委会连续第五年听取市政府性债务管理情况专题汇报。2022 年 5 月 6 日，山东省金乡县第十八届人大常委会第三次会议听取和审议了县政府关于 2021 年债务管理工作情况的报告，并进行了满意度测评。为发挥政府规范举债对经济社会发展的促进作用，有效防范化解地方政府债务风险，提出以下审议意见：完善机制，切实防范和化解地方政府债务风险，进一步建立健全债务管理激励和防控机制，把债务管理情况作为重要指标，切实遏制隐性债务增量；切实落实债务管理监管措施。县政府要建立债务管理协调机制，定期对债务管理、项目实施进展及绩效情况进行检查评价。[1]

3. 专题询问。2022 年 10 月，安徽省安庆市人大常委会听取审议市政府关于全市专项债管理使用情况专项报告，并开展专题询问。之前，安庆市人大常委会组织开展专项债管理使用情况专题调研。调研组就专项债项目谋划储备不够充分、部分专项债项目实施未达预期进度、部分专项债资金闲置沉淀、专项债风险管控有待加强、专项债形成的资产权属不清、管护责任和收益归属等尚需规范的 6 个方面 30 余项问题，形成了有情况、有分析、有举措的调研报告。由于问前做足功课，询问的问题都直击工作中的短板。会上，市人大常委会委员对市卫健委等 9 个部门和单

---

〔1〕《金乡县人大常委会关于县政府债务管理工作情况报告的审议意见》，金乡县人大网，http：//jxrd. jinxiang. gov. cn/art/2022/5/13/art_17973_2704805. html。

位犀利发问，并现场进行满意度测评。会后，市人大常委会办公室认真整理常委会组成人员和人大代表的意见建议，以审议意见的形式交市政府研究办理。专题询问后，市人大常委会作出了《关于加强市属开发园区财政预算监督的决定》，把市属开发园区政府债务等纳入市人大及其常委会审查监督范畴，推动形成规范有序、部门联动的监督格局。[1]

4. 特定问题调查。为有效化解防控债务风险，辽宁省十三届人大常委会依法运用特定问题调查刚性监督手段。2018 年 7 月25 日，辽宁省十三届人大常委会第四次会议表决通过《关于成立政府支出预算结构和政府性债务问题调查委员会的决定》。成立政府支出预算结构和政府性债务问题调查委员会，在全国省级人大常委会中尚属首例。在辽宁省财政支出预算中，一些预算支出安排绩效不理想，有些地方"依靠高负债拉动增长"的旧发展观还没有根除。政府支出预算结构和政府性债务问题调查委员会由主任委员、副主任委员和委员组成，共 12 人。此外，根据工作需要聘请 4 位专家参与特定问题调查。[2]

（三）不断加强政府债务审查监督制度建设

为加强政府债务全口径审查、全过程监管，地方人大不断健全完善政府债务审查监督制度。地方人大或出台加强政府债务审查监督实施意见、政府债务审查监督专项规定或政府债务审查监督工作方案，或修订人大预算审查监督地方性法规，细化政府债务审查监督内容，地方政府债务审查监督制度建设在不断加强。

---

〔1〕《安庆人大：两年"不换频道"持续监督专项债》，"安徽人大"微信公众号，2022 年 12 月 6 日。

〔2〕赵英明：《辽宁省人大成立政府支出预算结构和政府性债务问题调查委员会》，《辽宁日报》2018 年 7 月 26 日。

广东省人大常委会在加强地方政府债务审查监督实践中，探索建立政府债务管理情况报告制度。2019 年 8 月，广东省人大常委会在全国率先出台《关于建立省政府向省人大报告地方政府债务管理情况制度的意见》。广东省人大常委会在积极推动制定广东省地方政府债务报告制度的同时，还对全省建立地方政府债务报告制度作出部署，推动全省县级以上地方加快建立政府向本级人大报告地方政府债务管理情况制度。目前，全省 21 个地级以上市，有 19 个市出台了地方政府债务管理情况向同级人大报告制度文件，有 12 个市制定了关于加强政府债务监督的规范性文件。此外，省级和全省 21 个地级以上市政府均通过不同形式向同级人大常委会报告了本地区隐性债务清理工作情况。[1] 2020 年 10 月 29 日，广东省惠州市十二届人大常委会第三十五次会议通过《关于建立市政府向市人大报告地方政府债务管理情况制度的决定》。决定规定，报告制度采取年度报告、专题报告和日常通报相结合的方式。在每届市人大常委会任期内，市政府至少一次向市人大常委会专题报告地方政府债务管理的总体情况，包括隐性债务管理情况。市财政部门按季度向市人大财政经济委员会和常委会财政经济工作委员会通报地方政府债务统计监测情况；每半年书面报告政府债务的管理情况；定期向市人大预算联网监督系统提供地方政府债务有关数据，及时通报地方政府债务管理信息。市财政部门要建立政府综合财务报告制度，按年度编制以权责发生制为基础的政府综合财务报告，报告政府整体财务状况、运行情况和财政中长期可持续性，报市人大常委会备案。从 2018 年起，广东省深圳市逐步加大了政府债券发行力度，2020

---

〔1〕 侯梦菲：《守护公众的"钱袋子"！省人大常委会连续五年监督国有资产管理情况》，金羊网，https：//news. ycwb. com/2023-01/11/content_51679305. htm。

年共获得债券类资金 632 亿元，较上年翻了一番。为进一步深化地方债务的审查监督，提高债务资金使用效率，深圳市人大常委会于 2021 年 1 月出台《深圳市人大常委会地方政府债务审查监督规定》。该规定明确，市政府向市人大及其常委会报告地方政府债务管理情况采取年度报告、专题报告和日常通报方式进行。每届市人大常委会任期内，政府至少向人大常委会专题报告一次地方债管理的总体情况。规定明确，市人大常委会可以综合运用听取报告、专题询问、执法检查和特定问题调查等方式监督政府地方债务管理情况。规定要求市财政部门对地方债项目开展绩效评价，并将重点项目绩效评价结果报市人大常委会。[1]

为深入贯彻落实党中央《关于加强地方人大对政府债务审查监督的意见》精神，云南省委认真总结全省各地的实践经验，围绕改进审查监督程序、强化审查监督重点、完善审查监督机制等重点问题加强研究，于 2021 年 12 月出台《关于加强人大对政府债务审查监督的实施意见》。同时，云南省人大常委会对照中央意见和省委实施意见，修订了《云南省预算审查监督条例》。2022 年 7 月 28 日，云南省十三届人大常委会第三十二次会议审议通过了新修订的《云南省预算审查监督条例》。新条例将党中央和云南省委加强政府债务监督的要求进一步细化，与党中央的最新要求保持衔接。新条例规定，人大常委会应当加强对政府债务管理及风险管控的监督。县级以上人民政府应当按照规定将政府债务纳入预算管理，严格控制政府债务规模，建立健全债务信息公开机制、债务风险评估和预警机制、应急处置机制和责任追究制度。县级以上人民政府财政部门应当按照规定向本级人大财

---

〔1〕 李舒瑜：《深圳市人大常委会出台地方债审查监督规定》，《深圳特区报》2021 年 1 月 6 日。

经委、人大常委会预算工委提供政府债务管理情况。新条例明确了县级以上人民代表大会对政府债务重点审查的内容：债务规模是否控制在限额内，风险是否可控，防范风险的措施是否积极有效；政府债务是否纳入预算管理，预算安排的还本付息支出是否与债务规模和到期债务相匹配；新增一般债务限额和专项债务限额是否合理，使用和管理是否符合规定，项目预期效益是否真实可行，专项债券项目收益是否覆盖本息，是否有偿还计划和偿还资金来源；对债务限额分配是否科学合理，是否考虑各地风险防范的实际。[1]

2021 年 9 月 29 日，山西省十三届人大常委会第三十一次会议通过《山西省预算审查监督条例》。该条例把政府债务审查监督作为重点内容，明确规定政府预算草案、预算调整方案、决算草案和报告中，政府举借债务的情况应列为重点。条例规定，因增加举借债务进行的预算调整，预算调整方案报告应当包括政府举借债务的必要性和合法性，本地区以及本级政府债务总体规模、结构和风险情况，本级政府债务资金主要使用方向、项目安排、偿债计划以及财政中长期可持续性等情况。条例规定，县级以上人民政府财政部门应当每半年向本级人民代表大会有关专门委员会和常务委员会有关工作机构书面报告政府债务管理情况，说明政府债券的发行使用、规模结构、资金投向、资金管理、项目运行、项目库建设和债务风险等情况；县级以上人民代表大会常务委员会可以通过听取专项工作报告、开展专题调研、组织人大代表视察、专题询问等方式，跟踪监督政府债券的发行和资金使用情况。

---

〔1〕 云仁宣、李倩文：《云南人大：做实预算审查监督　守好百姓"钱袋子"》，"全国人大"微信公众号，2022 年 8 月 18 日。

2021 年 12 月，陕西省人大常委会出台《陕西省人民代表大会常务委员会关于加强人大对政府债务审查监督的实施意见》。该实施意见的主要内容包括：一是要求提请本级人民代表大会审查的政府预算草案，应与上一年度预算草案相对应，编制上一年度政府债务预算执行和本年度债务收支安排相关报表，作为年度财政预算草案和报告的重要内容。二是明确人大对政府债务审查监督的七个重点方面。三是提出探索建立各级人大常委会主任会议每年书面听取政府财政部门隐性债务报告的制度，原则上每届人大常委会开展一次政府债务管理情况专题询问。四是强化政府部门责任，强调人大监督计划、审计监督重点内容和重点项目要相互衔接，形成监督合力。[1]

2022 年 9 月，湖南省湘潭市委在全省率先出台《湘潭市关于加强地方人大对政府债务审查监督的实施办法》。该实施办法主要从五个方面对加强政府债务审查监督工作进行了规范和完善。一是从规范报表报送、细化报告内容、建立健全定期通报机制等三个方面，完善向人大报告政府债务机制。二是从加强对政府债务规模控制、政府债务资金使用方向、政府一般债务项目合规性审查等 5 个审查重点，和加强政府债务资金执行情况、使用政府债务资金实施的重大建设项目、专项债务项目资金绩效管理监督等 7 个监督重点，规范人大审查监督政府债务内容。三是规范政府债务审查监督程序。严格落实加强调查研究、做好初步审查、组织好会议审查、督促办理落实和推动整改问责 5 个程序。四是完善人大对政府债务审查监督方式。综合运用听取专项报告、执法检查、专题询问、质询、特定问题调查等法定方式开展监督。

---

〔1〕　秦骥：《省十三届人大常委会加强政府债务审查监督　推动陕西经济高质量发展全口径审查全过程监督》，《陕西日报》2023 年 1 月 6 日。

五是加强组织保障，形成工作合力，共同推进各级人大加强对政府债务的审查监督工作。[1]

截至 2022 年 10 月，全国 24 个省、自治区、直辖市出台实施意见或决定，6 个省、直辖市人大常委会在制定或修订人大预算审查监督地方性法规中增加或细化了政府债务审查监督内容。[2]

四、预算联网监督

人大预算联网监督是建立和完善中国特色社会主义预算审查监督制度的有益探索，是人大有效履行预算审查监督职能的一种重要方式。地方人大预算联网监督系统建设从无到有、从有到优，系统功能从简单查询到智能预警、智能分析，系统使用从简单到复杂、从一维到多维、从单一场景到多元场景，为增强预算审查监督、国有资产管理情况监督、政府债务审查监督的针对性和有效性，为服务代表更好依法履职，提供了丰富的数据信息支持和有力的技术手段支撑。

（一）广东为全国人大预算联网监督提供"实践样本"

广东省率先在全国进行预算联网监督系统探索。2004 年，广东省财政厅与省人大之间拉通了一条政务内网光纤专线，在人大监督工作中发挥巨大作用的预算联网监督系统实现财政数据与人大实时联网。从 2005 年开始，广东省财政系统首创性地开展财务核算信息集中监管改革，实时集中各单位财务核算信息，打造

---

〔1〕 谭利波、王超利：《让人大监督"长出牙齿、咬出合力" 湘潭市人大常委会突出"四个转变"强化政府债务审查监督，看好政府"钱袋子"》，《人民之友》2022 年第 10 期。

〔2〕 孟伟：《从推动高质量发展高度加强政府债务审查监督——地方政府债务审查监督工作座谈会侧记》，"全国人大"微信公众号，2022 年 12 月 8 日。

"玻璃钱柜"。在此基础上，广东省财政厅不仅与省人大实现联网，还分别于 2008 年、2013 年与审计和纪检监察部门联网，预算监督工作从程序走向实质。当时，广东预算联网监督系统具备系统查询、审查监督、分析预警和代表服务等 4 个功能。系统实现了"四本预算"资金全覆盖和预算单位全覆盖，涵盖了 119 个省级预算单位和 21 个地级以上市及 121 个县、区转移支付资金拨付情况；实现了预算执行全跟踪，即可以查询到年初预算编制、年终决算以及年中每笔财政资金的具体拨付情况，可以分项目查询到省级财政专项资金"何时拨、拨给谁、怎么用"的情况；实现了由支出结果的概况性审核监督转变为多层次、多环节全方位监督，由静态时点监督转变为动态过程与静态时点相结合监督，由事后监督转变为事前、事中和事后相结合的全过程监督。截至 2017 年 5 月底，广东 21 个地级以上市人大常委会与同级财政国库集中支付系统联网；全省 121 个县、区中有 114 个县、区实现本级人大与财政联网，联网率 94%；省级和 13 个地级以上市、13 个县、区实现人大与社保部门联网，将老百姓"保命钱"也纳入预算联网监督系统。[1]

当时，有着十余年探索实践经验的广东，在人大预算联网监督方面走在全国前列。在推进人大预算联网监督方面，天津、四川、辽宁、湖北、黑龙江等省份也取得积极成效。实践证明，开展人大预算联网监督工作，为地方人大依法开展预算审查监督工作搭建了新平台，拓宽了新渠道，有效增强了预算审查监督的针对性和有效性。

---

〔1〕 刘红霞：《打造"阳光财政" 守护"国家账本"——全国人大力推地方预算联网监督》，新华社广州 2017 年 7 月 5 日电。

（二）全国人大常委会持续推进地方人大预算联网监督工作

全国人大常委会高度重视地方人大预算联网监督工作。2017年6月30日，全国人大常委会办公厅印发《关于推进地方人大预算联网监督工作的指导意见》。指导意见明确预算联网监督系统应当设有查询分析、监测预警、审查监督、代表服务、政策法规等模块，具有查询、预警、分析、服务等基本功能。指导意见提出，从2017年开始，分三年建成"横向联通、纵向贯通"的省、市、县（区）三级人大预算联网监督体系。在横向上首先实现省级人大与本级政府财政部门联网，再逐步与政府收入征管、社保、国资和审计等部门联网，实现预算收支信息的横向联通；在纵向上，由省、市和有条件的县三级预算联网监督系统平台构成，逐步实现纵向信息传输应用。通过建立健全预算联网监督系统，逐步实现对预算的全口径审查和对预算执行的全过程监督。2017年7月4日—5日，全国人大财经委、全国人大常委会预算工委、财政部在广州召开座谈会，部署落实指导意见。[1] 从2017年开始，地方各级人大常委会积极实施人大预算联网监督三年行动计划，地方人大预算联网监督取得了初步成效。

推进预算联网监督工作是贯彻落实党中央关于人大预算审查监督重点向支出预算和政策拓展改革部署的一项重要举措。2018年中共中央办公厅印发的《关于人大预算审查监督重点向支出预算和政策拓展的指导意见》，提出加快推进预算联网监督工作。指导意见明确，要适应信息社会发展要求，加快推进预算联网监督工作，实现预算审查监督信息化和网络化；要充分利用预算联网平台，加强对支出预算和政策的审查监督，提升审查监督内容

---

〔1〕 邓圩：《扎实推进地方人大预算联网监督》，《人民日报》2017年7月6日。

的翔实性和时效性，增强审查监督工作的针对性和有效性。

近年来，全国人大常委会持续推进地方人大预算联网监督工作。栗战书委员长到江西、天津、陕西、山西、贵州等地调研时，专门听取预算联网监督工作汇报，对进一步做好工作提出明确要求。为持续深入推进预算联网监督工作，全国人大常委会预算工委召开预算联网监督系统建设和使用工作（视频）交流会。[1]

截至 2022 年底，全国 31 个省、自治区、直辖市人大、90%的地市级人大、80% 的县级人大，都建成了预算联网监督系统。其中，河北、山东、宁夏等 14 个地方建立系统建设统一技术规范，以"全省统建"方式推进，实现省、市、县三级贯通衔接。[2]

（三）人大预算联网监督取得显著成效

近年来，地方人大预算联网监督系统建设加快推进，系统功能迭代升级，全面提升了审查监督工作的科学化、智能化水平。

陕西省人大常委会于 2018 年启动了预算联网监督系统建设，并在全国率先设立省级人大常委会预算监督联网中心。2019 年，陕西省 10 个设区的市和 107 个县、区基本完成系统建设，仅用两年时间，在全国率先实现了省级部门横向联通、省市县三级系统纵向贯通目标，率先实现了省市县系统、机构全覆盖。这种人大对政府预算监督由事前、事后监督，转变为实时在线全程监督的模式，被全国人大常委会预算工委称为预算联网监督事前审查批准、事中监督整改、事后追踪问责的"陕西模式"。借助预算

---

〔1〕　孟伟：《科技赋能依法履职——预算联网监督系统建设和使用工作交流会侧记》，"全国人大"微信公众号，2023 年 1 月 31 日。

〔2〕　王萍、王岭：《热词中的地方人大工作》，中国人大网，http：//www.npc.gov.cn/npc/c30834/202302/faaa74e1aa044ab184f1662b50dcced5.shtml。

和国有资产联网监督系统，人大可以根据计划实时监控预算执行完成进度，还可以对部门重点支出的合理性、合规性进行智能分析，以图表等形式进行展示。通过这个系统，可以查看每一个部门的预算指标和当前的执行情况，并可进入全省各市县的系统，查询数据、查看各种分析模型。[1]

2020 年 10 月，全新的广东省人大预算联网监督系统 3.0 版正式上线运行。3.0 版本按照"三大功能 + 九大模块"设置，具备了服务代表多元化、资金监督动态化、分析预警智能化的特点。具体而言，功能模块从 4 个增加到 9 个，省直联网部门由以前的财政、社保 2 个扩展到了审计、国资、医保、自然资源、统计、税务等 8 个部门，涉及的领域也从以前的财政预算支出，拓展到政府政策、税收收入和经济数据等多个领域。通过新的系统，人大代表可以通过手机屏、触摸屏和电脑屏"三块屏幕"，对政府预算的全口径审查、全过程监督。[2]

2021 年 7 月 27 日，浙江省杭州市的"杭州数智人大"全景视窗系统正式上线，在财经综合监督方面集成了预算联网监督和国资监督两大子系统。预算联网监督子系统涵盖了预算监督数据中心、预决算监督体系、预算监督辅助系统等三大功能模块，横向打通了市级各预算单位，纵向实现了各区、县（市）人大财经系统的一体推进。国资监督子系统，包含企业类、行政事业类、自然资源类国有资产"监督驾驶舱"，主要包含文档资料、查询分析、监督预警、分析报告、代表互动等模块，通过数据汇集、

---

〔1〕 秦骥：《陕西人大探索预算联网全过程监督新模式》，《人民代表报》2022 年 5 月 7 日。

〔2〕 李振：《广东人大预算联网监督系统 3.0 版升级"云监督"》，《21 世纪经济报道》2022 年 1 月 21 日。

展示、分析和预警等功能。针对企业类国有资产，从资产概况、资产运营、资产布局、保值增值、做优做强、社会贡献、国企改革、收益分配、风险控制等 9 个维度，综合反映国有资产管理情况，更可以对 26 家市属国有企业 7 大类指标进行监督。[1]

2009 年，浙江省温州市人大建成"预算在线监督系统"。2019 年，按照全国人大、省人大的要求，温州在线监督系统正式改版升级为预算联网监督系统。2021 年按照省市人大数字化改革方案，建设"预算国资监督系统"。"预算国资监督系统"建设主要采用省、市、县联建的方式推进。"预算国资监督系统"总体框架与省人大保持一致，具体是"十模块一接口"，即系统大屏、预决算审查监督、国有资产监督、专题监督、审计监督、绩效评价、经济分析、代表服务、资料文库、系统管理十大模块，同时保留一个区、县接口。全市 10 个县（市、区）也采用了省人大的基础版，2 个采用自建系统的区、县也按框架内容进行补充完善，实现互联互通。"预算国资监督系统"强化部门预算闭环审查功能支撑。按照温州市部门预算分项审查机制，在原有预算监督系统基础上，重新设计部门预算编制、执行、决算功能，导入预决算报表，并设置一键生成部门预算执行表和全域智能查询功能。扩充政府预算执行审查内容，每月政府预算执行进度的查询，涵盖了全市一般公共预算、政府性基金和社保基金收支和结构，并增加了各县（市、区）收支和结构对比分析功能。温州市人大在数字化转型上积极创新实践，取得初步成效，预算联网监督适应了大数据时代的新要求，强化预算监督工作效能提升，实现了"预算内容全覆盖、实时监控全天候、资金流向全追踪"。

---

〔1〕　郭燕：《实现人大核心业务"一屏览""杭州数智人大"全景视窗系统正式上线》，《杭州日报》2021 年 8 月 1 日。

统筹利用部门数据资源。将财政数字大屏和资产云管理系统、发改经济运行监测数字化平台接入系统，充分利用数据资源，避免重复建设。[1]

目前，全国 31 个省、自治区、直辖市人大，90% 的设区的市人大、80% 的县人大完成了预算联网监督系统建设。许多地方人大不断完善人大预算联网监督系统功能。

第一，在预算联网监督平台开发国有资产监督、政府债务审查监督功能模块。河北省人大常委会拓展了预算联网监督系统功能，研发了国有资产监督功能模块，先期把企业和行政事业性国有资产纳入联网监督系统，建立了近三年的数据库，初步实现了对这两类国有资产信息的网上查询、分析功能，在 2018 年 4 月底上线试运行。[2] 江西省人大常委会预算审查监督网络平台实现省市县三级"一张网"。在这"一张网"上开发了政府债务审查监督模块，全省各地政府债务余额、限额情况，"红黄绿"各项预警指标一目了然。根据省财政一体化系统建设规划，将增加债务还本付息的智能分析模块，在对政府债务进行审查监督时，就可以一键分析每个地方每年要还多少本金、付多少利息，占一般公共预算比例多少，做到审查时"心中有数"。[3] 云南省人大常委会在预算联网监督系统中新建了政府债务监督模块。在该模块中可以实时查询到云南省各地政府债务的限额、余额情况，细化到每一笔债券的发行时间、金额、期限、利率及所用项目情

---

〔1〕 殷旭晶：《数字化赋能人大财经预算监督的温州实践》，《人大研究》2021年第12期。

〔2〕 朱宁宁：《多地人大积极探索国有资产管理监督工作 二〇二〇年将在县级以上地方实现全覆盖》，《法制日报》2018年6月19日。

〔3〕 方鹏：《行动迅速多措并举务求实效——江西人大政府债务审查监督工作侧记》，江西人大网，https://jxrd.jxnews.com.cn/system/2022/05/06/019625488.shtml。

况。同时，预算联网监督系统还可对政府债务各年还本付息情况进行测算，并提供政府债务风险指标的测算情况。[1]

第二，预算联网系统常态化加载预警功能。陕西省人大预算和国有资产联网监督系统中设置了 380 多个预警指标，可以对预算执行数据、国有资产数据异常情况自动报警。系统通过分析统计，及时形成预算监督报告，由省人大常委会预算工委转交相关部门，并对整改情况进行跟踪监督。2019 年以来，陕西省人大预算和国有资产监督系统共发出预警信息 3580 条，经分析核实，省人大常委会预算工委向省财政厅发出监督函 25 期，含问题 3045 个，均得到圆满解决。2021 年 7 月，陕西省人大常委会预算监督联网中心向省人大常委会预算工委呈报了一份预算监督报告。报告显示，2020 年决算审查中有 13 个省级单位基本支出决算超出预算 20% 以上。省人大常委会预算工委就此发出监督意见函，省财政厅及时督促有关单位进行了整改。[2] 浙江省杭州市"杭州数智人大"全景视窗系统设有监督预警模块。接入系统的部门监管数据会根据制定的相应规则，自动分析生成预警结果清单。比如，针对国有企业，系统设置了盈利类、担保类、现金流类、偿债类四方面指标，当某家企业指标出现异常，就会自发预警。系统上线后就根据 3 家企业触发了系统保值增值预警指标的提示，第一时间向监管部门发出工作联系函，要求其核实说明。监管部门和相关企业在 5 个工作日内作出书面反馈，说明了情

---

〔1〕 云仁宣、李倩文：《云南人大：做实预算审查监督 守好百姓"钱袋子"》，"全国人大"微信公众号，2022 年 8 月 18 日。

〔2〕 秦骥：《陕西人大探索预算联网全过程监督新模式》，《人民代表报》2022 年 5 月 7 日。

况。[1] 江苏省泰州市人大预算联网系统常态化加载财政、税务、发改委等12个横向部门的常规数据，实时抓取422家预算部门单位的国库集中支付系统数据，对政府预算开展全口径审查、全过程监督。围绕人大审查监督重点内容，在系统中设置蓝橙红三个等级的预警指标50多条。2021年初，在对系统中500多条预警提示分析筛选后，对其中重要的预警提示及时查询相关市（区）、部门，并跟踪查询问题调查整改落实情况。例如，2021年初发现地方政府债券用于姜高路改扩建项目、高港区某地块收储开发项目用款进度不快，及时向市交通产业集团有限公司、市土地储备中心发出问题查询单，两家单位在规定时间内认真核实情况，并书面答复使用进度不快的原因，提出下一步整改计划。[2]

第三，预算联网监督系统为人大代表和常委会组成人员提供信息化、智能化支持。浙江省提高预算国资监督综合应用系统人大代表和常委会组成人员的参与度。由省人大常委会办公厅和相关市县人大联合建设的预算国资监督系统，精心设计了预算审查、决算审查、执行监督、审计监督、国资监督等5个子场景，实现"一网互联"、动态监测、多跨协同、数字赋能，增强了相关监督工作的透明度和人大代表、常委会组成人员的参与度，有效增强了预算国资监督工作实效。例如，浙江人大"国有资产监督"应用场景还开通了在线意见提交功能，形成网上"提交、处理、反馈、评价"的工作闭环，便捷高效。常委会组成人员通过

---

〔1〕 郭燕：《实现人大核心业务"一屏览""杭州数智人大"全景视窗系统正式上线》，《杭州日报》2021年8月1日。

〔2〕 钱兰、吴露青：《泰州人大预算联网监督相关做法推向全国》，《新华日报》2022年5月10日。

电脑端或手机端登录，可以实时提出审查意见。在导航栏点击"在线意见"，或是在相应模块点击"意见填写"，均可提交意见内容。政府相关职能部门可实时接收，并组织专班，以在线回复、电话沟通、当面汇报等形式，及时回答反馈。同时，系统以手机短信形式提醒提问者及时查看反馈内容。经统计，常委会组成人员登录使用国有资产监督应用场景 650 多次，人均达 10 次以上。[1] 近年来，每年人大代表和常委会组成人员审查财政预决算、预算执行时，陕西省人大常委会预算工委都会向他们提供移动端预算审查信息推送服务，并编印财政决算和预算执行情况分析报告。据统计，平均每年有 30 多名代表参与预算审查监督工作调研等相关活动，先后有 1500 人次登录系统，提出意见建议 348 条。将预算审查监督"触角"提置于"前端"，让人大代表把监督权行使到"实处"。[2] 浙江省杭州市人大代表可以登录"杭州数智人大"全景视窗系统，在查看各项数据的同时，实时提出意见建议，后台的工作人员会将意见收集整理交给相关部门进行研究。同时，对于其他代表提出的意见建议，还能在线进行留言互动。[3] 江苏省泰州市人大常委会将预算联网监督系统延伸至乡镇（街道）人大代表工作站，方便各级人大代表及时查询审查。他们还经常组织市人大代表、财经委委员和驻会常委会组成人员，在线利用系统提供的信息，更好地为审议政府工作报告、调研视察、执法检查、专题询问、工作评议等提供服务，提

---

〔1〕 浙江人大财经委国有资产监督处：《"智能助手"上线，国有资产监督更"智慧"》，浙江新闻，https：//zj. zjol. com. cn/red_ boat. html？id = 101224987。

〔2〕 秦骥：《陕西人大探索预算联网全过程监督新模式》，《人民代表报》2022 年 5 月 7 日。

〔3〕 郭燕：《实现人大核心业务"一屏览""杭州数智人大"全景视窗系统正式上线》，《杭州日报》2021 年 8 月 1 日。

高监督实效。例如，2020 年 8 月泰州市人大常委会组织开展疫情防控工作专题调研，通过系统及时梳理汇总中央直达资金、预备费、其他专项资金中用于疫情防控的资金落实、分配、支付情况，为参与调研的人大代表审议时提供参考依据，提出合理化建议意见。[1]

第四，制定预算联网监督系统运行标准和制度。2020 年，陕西省人大常委会出台了《人大预算和国有资产联网监督系统建设与运行规范》。这是在预算联网监督系统建设与运行方面全国最早的省级地方标准，为全省各级人大开展预算和国有资产联网监督工作提供了制度保障和工作指引。[2]

2021 年 1 月 1 日，四川省人大常委会办公厅牵头，省人大预算委员会、常委会预算工作委员会联合省财政厅等 10 个省直部门编制《人大预算联网审查监督数据信息提供规范》。规范设定 6 项地方标准，具体包括预算决算、社会保险基金、税务、国有资产、审计监督和人大纵向监督，分别明确了四川省域内省、市、县三级地方政府向同级人大报送预算联网监督数据信息的范围、内容要素、报送频率及时间节点要求。其中，预算决算标准，规范了预算编制、执行、调整调剂、决算等全过程预算数据信息提供，并涵盖"四本预算"、绩效管理、政府债务、国库及专户管理、预算决算备案、重大投资项目、政府投资基金、PPP 项目等内容。社会保险基金标准，规范了社会保险基金预算编制、执行、调整调剂、决算等全过程预算数据信息提供，并涵盖

---

〔1〕 钱兰、吴露青：《泰州人大预算联网监督相关做法推向全国》，《新华日报》2022 年 5 月 10 日。

〔2〕 秦骥：《陕西人大探索预算联网全过程监督新模式》，《人民代表报》2022 年 5 月 7 日。

了养老、医疗、工伤、失业等多险种基金的参保人员统计、资产负债、暂收暂付等内容。税务标准，则以贯彻落实"税收法定"要求为主线，规范了分税种、分级次、分地区、分行业、分产业的税收统计数据信息提供，并涵盖减税降费、出口退税及税务代征等统计信息。国有资产标准，以贯彻落实党中央关于加强人大国有资产监督职能、紧扣"全面规范、公开透明、监督有力"目标、"全口径、全覆盖监督"要求为主线，规范了企业国有资产（金融类和非金融类）、行政事业单位国有资产、国有自然资源（资产）等数据信息提供，并涵盖了企业基本信息、股权结构信息、资产负债信息、企业经营信息、资产处置信息等内容。审计监督标准，规范了审计工作计划、日常审计工作监督及审计整改监督、审计工作报告及审计整改报告以及人大常委会审议意见办理反馈等信息提供，并涵盖了单项审计决定及单项审计整改报告、审计移交问题处理、审计整改满意度测评等内容。人大纵向监督标准，规范了上下级人大常委会联动监督、形成监督合力的数据信息提供，并涵盖了审计整改纵向跟踪、上级转移支付跟踪、政府债务监督、本级人大联网监督成果、预算决算备案及预算执行情况等内容。[1]

有的地方人大制定预算联网监督运行制度。2021 年，江苏省泰州市人大常委会在先期制定《泰州人大预算联网监督查询管理制度》《泰州人大预算联网监督系统查询流程》的基础上，新出台《泰州人大预算联网监督系统发现问题处理工作制度》。该制度将运用系统日常审查分析发现的疑点问题和系统生成的预警信息，通过及时整理、分析、研判后，分为电话查询问题、一般性

---

〔1〕 刘佳、舒颖：《人大预算联网监督标准化的"四川样本"》，中国人大网，http://www.npc.gov.cn/npc/c30834/202104/ba77dd9a3c9b468d94be0b6407b173c0.shtml。

工作函询问题和重大函询问题三类情况，明确负责调查、反馈、处理的责任主体和具体工作要求，严格操作规程，严格工作规范，不断提高人大预算审查监督的针对性、实效性。之后，泰州市人大常委会又制定《人大预算联网监督系统信息共享目录制度》，广而告之市人大代表熟悉了解系统的应用功能和服务内容，便于大家在审议政府专项工作报告、视察调研、执法检查、专题询问、工作评议等工作中，充分有效地利用系统提供的信息，深化监督工作，增强监督成效。[1]

第三节　依法使用刚性监督手段

党的十八届三中全会特别强调要"通过询问、质询、特定问题调查、备案审查等积极回应社会关切"。地方人大按照党中央要求，遵循监督法的原则和精神，大胆运用专题询问、特定问题调查、质询等刚性手段，加大监督工作力度，切实增强人大监督的权威性和约束力。

一、专题询问

询问是宪法和法律赋予各级人大及其常委会的一项重要监督权力。专题询问是询问的创新与发展、衍生与拓展，是各级人大及其常委会行使监督职权的一种新方式。2010 年 6 月，全国人大

---

〔1〕 钱兰、吴露青：《泰州人大预算联网监督相关做法推向全国》，《新华日报》2022 年 5 月 10 日。

常委会开专题询问之先河。在其示范引领下，各级地方人大常委会积极探索专题询问这一刚性监督新方式，自上而下推进，激活了地方人大监督的活力，既取得了良好的监督效果，又积累了宝贵的实践经验。

（一）专题询问从探索走向常态化

2010 年 9 月 15 日，上海世博会即将落幕之际，上海市人大常委会组成人员就"世博后建立城市管理长效机制"问题，面对市政府"一委八局"主要负责人开展专题询问。此次专题询问，开了全国省级人大常委会专题询问之先河。此后，湖北省、安徽省先后跟进，分别就农村饮用水安全、深化医药卫生体制改革等问题进行专题询问。2011 年，海南、湖南、甘肃、陕西、广东等21 个省级人大常委会就保障房建设、财政决算、食品安全、医药卫生体制改革等 26 项民生热点开展专题询问。据统计，2012 年已有 24 个省级人大常委会针对 30 项议题开展专题询问，更多的市、县级人大常委会也纷纷尝试专题询问。[1]　自此，专题询问在地方各级人大全面展开。

2010 年 12 月，安徽省十一届人大常委会第二十二次会议举行联组会议，就深化医药卫生体制改革工作首次开展专题询问。此次专题询问旨在督促和推动政府进一步加快推进医药卫生体制改革，解决改革过程中代表关注、群众关心的热点、难点问题。常委会组成人员与省发展改革委、人力资源和社会保障厅、财政厅、卫生健康委等部门的主要负责人面对面，采取一问一答的形式回应了社会关切，增强了监督实效。

2012 年 9 月 12 日，湖南省娄底市第三届人大常委会第三十

---

〔1〕　田必耀：《专题询问递增监督效力》，《浙江人大》2014 年第 12 期。

次会议，针对《关于进一步加强食品安全工作的审议意见整改落实情况》进行专题询问，这是该市首次开展专题询问。16 位组成人员和 2 位代表，就企业诚信体系建设、无证照食品经营户监管、学校和民工食堂的监管、财政资金的投入、食品安全检测机制整合、"瘦肉精"猪肉注水牛肉的治理、餐厨废弃物潲水油处置、校园周边食品安全、定点屠宰等方面，提出了 44 个问题，市长、分管副市长及食安委、工商局等 13 个职能部门负责人诚恳作答。按照有关规定要求，组成人员对审议意见整改落实情况进行满意度测评。结果表明，关于食品安全工作审议意见整改落实情况的综合评价为：满意票 11 票，基本满意票 20 票[1]

2014 年 5 月 27 日，四川省十二届人大常委会第九次会议举行联组会议，对全省医药卫生体制改革情况开展专题询问。省政府副省长陈文华和省卫计委、发展改革委、财政厅、人力资源和社会保障厅、委编办、中医药局等医改相关成员单位负责人到会回答询问。这是省人大常委会举行的首次专题询问。10 位常委会委员就医疗体制改革中的重要问题，特别是群众关心的基本医疗保障制度、基本药物制度、公立医院改革、基层医疗卫生服务、医患关系、过度医疗、社会资本办医、医改投入绩效考评等突出问题提出询问，陈文华及相关部门负责人对提出的询问一一作答。专题询问后，省人大常委会及时把审议意见转送省政府和有关部门研究处理。

2014 年 8 月 21 日上午，郑州市十四届人大常委会第四次会议举行专题询问会，专题询问郑州市新型农村合作医疗制度实施情况。郑州市人大常委会首次启动专题询问。委员们针对全市新

[1] 李建军、卢鸿福：《问答之间的民本情怀——湖南省娄底市人大常委会专题询问食品安全侧记》，《中国人大》2012 年第 23 期。

288

农合实施情况、新农合对慢性病的政策、困难群众的医疗救助政策、新农合基金的安全使用、新农合对中医治疗的相应政策、新农合对基层网点建设的考虑和安排等问题提出了询问，市政府及有关部门负责人逐个作答。根据专题询问情况，市人大常委会对新农合实施情况进行了跟踪监督。

（二）专题询问紧盯重大主题、紧密关注社会热点

地方各级人大专题询问紧紧围绕关系改革发展稳定大局和群众切身利益、社会普遍关注和人民群众期待的重大问题，紧密结合人大代表提出的建议确定为专题询问的选题。专题询问坚持问大事、询大局，紧盯重大主题、直指社会热点。民生问题，是人民群众最关心、最直接、最现实的利益问题。各地专题询问选题，从"问医""问食""问房"到"问教育""问保障""问环境"，许多选题指向与百姓权益密切相关的重大问题成为民意之问、民心之问、社会之问。据统计，2010 年至 2016 年，全国 31 个省、自治区、直辖市的人大常委会累计开展专题询问 200 余次。就综合类专题看，社会保障与救助类关注度最高，28 个省区市共开展了 43 次相关专题询问，涉及保障体系、保障房、精准扶贫、养老服务、老年人权益、社会保险、再就业等；其次是环境资源保护类，18 个省区市开展了 28 次，包括大气污染防治、水资源保护、环境综合治理等；还有财经类专题，16 个省区市开展 26 次，食品饮水安全类 19 个省区市开展 23 次，教育类 14 个省区市开展 14 次，医疗卫生类 10 个省区市开展 11 次。就小专题而言，保障性住房建设、食品安全问题关注度最高，分别有 15 个省区市开展 16 次询问。以询问总数最多的 2014 年为例，53 次询问中涉及群众高度关注的社会保障与救助类 9 次、环境资源保护 8 次、食品饮水安全 7 次、教育类 5 次、财政类 5 次、医疗卫

生类 4 次，合计 38 次，占询问总数的 71.7%。[1]

为让全省人民喝上"安全水""放心水"。2014 年 11 月 27 日，福建省十二届人大常委会第十二次会议进行联组审议，专题询问省政府关于饮用水安全保障工作情况。副省长张志南及省发改委、卫计委、财政厅、国土厅、环保厅、住建厅、农业厅、水利厅等省直有关部门负责人到场应询。专题询问会历时 2 个多小时，共有 10 位省人大常委会组成人员、人大代表和设区的市人大常委会负责人提出问题，所提问题涵盖水源地保护、流域水环境综合整治、饮用水卫生监测等百姓关心的热点难点。本次专题询问会还通过东南网和"福建新闻联播"微信公众号征集网友提问，共获得 2.3 万多次网络点击量和阅读量，征集到 142 条网友提问。应询部门还现场回答了部分网友关心的问题。

为深入贯彻落实党中央和省委关于加强人大国有资产监督职能的重要决策部署，进一步推进管好用好全省国有资产，2022 年 11 月 23 日，浙江省十三届人大常委会第三十九次会议就全省国有资产管理情况开展专题询问，省财政厅、自然资源厅、国资委等 18 个部门相关负责人到会应询。会上，8 位省人大常委会委员、2 位省人大代表和 1 位设区的市人大常委会负责人，围绕深化国资国企改革、国有金融企业服务实体经济发展、提升行政事业性国有资产配置效率、加强全省耕地保护等国有资产管理中的重点难点问题开展询问。省政府相关部门负责人直面问题、开诚布公、回应关切，逐一对委员们和代表们的询问进行了认真负责的应询回答。

"一老一小"关系万千家庭，服务保障好"一老一小"是积

---

〔1〕 姚树伟：《2010—2016 年全国省级人大专题询问情况统计分析》，《人大研究》2016 年第 12 期。

极应对人口老龄化、促进人口长期均衡发展的重要基础。2022 年
2 月，浙江省海宁市十六届人大一次会议上，赵惠琴等 118 位代
表提出《关于加快建设育儿友好型和老年友好型社会的议案》。
2022 年 5 月，浙江海宁市十六届人大常委会第二次会议听取了议
案处理意见的报告，作出了《关于加快建设育儿友好型和老年友
好型社会的决议》。2023 年 2 月 2 日，海宁市十六届人大二次会
议举行《关于加快建设育儿友好型和老年友好型社会的决议》执
行情况代表专题询问会。11 位人大代表围绕规范托育机构发展、
托幼一体化建设、居家养老服务建设、老旧小区电梯加装等群众
关注的育儿、养老等方面的急难愁盼问题进行询问，市政府及市
发改局、教育局、民政局等 13 个相关职能部门主要负责人现场
应询。会议全程进行网络直播，并开通网民评论，还回应了两位
网民的提问。两个小时内，共有近 6 万网民在线观看，点赞 3000
多次，发帖 200 多条。

（三）专题询问逐渐由展示型公开向参与型公开转变

专题询问的公开化程度越来越高，逐渐由展示型公开向参与
型公开转变。不少地方不仅将专题询问有关情况及时向社会公
开，而且注重践行全过程人民民主，引导人大代表和人民群众依
法有序参与专题询问，进一步增强了专题询问的实效，使专题询
问更富影响力、推动力。

2011 年 10 月，湖北省十一届人大常委会第二十六次会议召
开联组会议，就全省保障性安居工程建设进行专题询问，当地网
络、广播、电视等媒体对专题询问过程进行了现场直播。此举开
省级人大常委会专题询问同步直播之先河。同年 10 月，安徽省
就全省水利改革发展情况开展专题询问，邀请安徽电视台、中安
在线网站对此次专题询问全过程进行了现场直播。2012 年 7 月

24 日，江苏省人大常委会专题询问首次"直播"，12 个政府部门负责人与代表、委员面对面，现场接受提问，通过电视和广播同步传递，媒体 360 度全景展现会场，一改"内部会议"的程式。同年 11 月 24 日，湖南省十二届人大常委会第十三次会议进行大气污染防治专题询问，湖南经济电视台全程进行电视直播，引起公众热议，也显示出对专题询问乃至人大会议开放的期待。

2014 年 7 月 29 日，河南省十二届人大常委会第九次会议举行职业教育专题询问会。省人大常委会委员李建伟、董广安、戚建庄、马玉霞、王云龙、王全成、杨汝北、刘建功等，就全省职教改革规划、教学质量、全民技能培训、基础设施建设、经费投入、新型职业农民培养、职校毕业生继续学习通道等情况提出询问；副省长徐济超，省教育厅、人力资源和社会保障厅、发展和改革委员会、财政厅、农业厅、省编办等相关部门主要负责人一一作了回答。专题询问会通过电视、网络进行了直播。有网友就地方本科高校转型发展提出问题，省教育厅负责同志现场作了回答。

2019 年 6 月 28 日，浙江金华市人大常委会组织召开促进民营经济高质量发展专题询问会。金华市人大常委会邀请国内多家新闻媒体记者参加旁听会，并全程现场直播，将专题询问最核心的问答环节置于新闻媒体阳光监督之下。在近 3 个小时的时间里，13 位市人大常委会委员和市人大代表先后发问，口头提出 18 个问题，来自市政府及有关部门和市法院等部门的应询人一一作答。2022 年 12 月 16 日，金华市人大常委会召开制造业招大引强及低效工业用地整治情况专题询问会。这次专题询问会"搬进"了电视演播厅，首次进行网络实时直播，全市 1241 名人大代表在 50 多个代表联络站观看网络直播。会前，通过全过程人民民主基层单元征集的两个问题："能否参照'最多跑一次'模式，提高审批效率"；"如何缩短施工图审查时间"，在现场由主持人代为询问，市政管办、建设局主要负责人作了回答。专题询问持续一个多小时，线上播放量超 27.4 万次。

2022 年 10 月 27 日，浙江省宁波市十六届人大常委会第五次会议举行基本养老服务体系建设情况专题询问会。这次专题询问会进行现场网络直播，47.9 万人次通过宁聚、甬派、甬上 App、"NBTV" 微信公众号等融媒体以及宁波人大数字化改革成果"浙里甬·人大"综合数智应用平台、"宁波人大"微信公众号等平台实时收看。为让人大代表和群众的表达权、监督权落到实处，依托全过程人民民主基层单元组织当地人大代表、市民群众集中收看网络直播，并邀请市民视频连线提问。两位市民代表在基层单元观看直播的同时，与在主会场的市级相关部门进行了连线互动，问出了社区工作者和老年人的心声，得到了相关部门积极诚恳的回应。[1]

（四）专题询问进一步规范化、程序化

专题询问是一项系统性、程序性、规范性很强的工作，没有程序及规范，专题询问的合法性和实效性就难以保障。近年来，地方人大借鉴全国人大常委会开展专题询问的成熟做法和经验，研究地方人大开展专题询问的有益探索，出台了改进和完善专题询问工作的规范性文件。安徽、江苏、山西、吉林等地已经出台有关专题询问办法，河北、海南、广东、云南、内蒙古等地在监督法实施办法及有关询问和质询的规定中对专题询问作出了专门规范。

---

〔1〕　王琼硕：《宁波市人大创新专题询问方式探索践行全过程人民民主》，浙江人大网，https：//www.zjrd.gov.cn/sxrd/nbs/202211/t20221109_93871.html。

2013 年 10 月 31 日，安徽省十二届人大常委会第六次会议通过《安徽省人民代表大会常务委员会专题询问办法》。该办法共 19 条，就专题询问的作用、性质、原则、主体和范围作出规定，并着重对操作程序进行细化。办法对专题询问内容作出规定，围绕全省改革发展稳定大局、群众切身利益、社会普遍关注的重大问题，由主任会议结合常务委员会会议审议的议题或者根据实际需要确定。除省人民代表大会专门委员会、常务委员会组成人员外，本级人大代表也可以成为询问主体。办法规定，省人民代表大会专门委员会、常务委员会组成人员五人以上书面联名、省人民代表大会代表十人以上书面联名，可以在确定常务委员会会议议题时提出与会议审议议题有关的专题询问议题，由主任会议决定是否提请常务委员会会议进行专题询问。办法规定，询问人应当在被询问单位职责和询问专题范围内询问，提出的问题应当重点突出、清晰明确。被询问人应当客观准确地回答询问人提出的问题，不得推脱或者回避问题，不得对询问人提出反问或者质疑。被询问人不能当场答复的，应当说明原因，经主持人同意后，在下一次常务委员会会议前书面答复。办法就审议意见处理程序作出规定，省人民代表大会有关专门委员会或者常务委员会有关工作机构应当在常务委员会会议结束十日内，将专题询问和分组审议中的意见进行整理、归纳，经主任会议讨论通过，以审议意见书的形式交由省人民政府、省高级人民法院、省人民检察院研究处理和整改。省人民政府、省高级人民法院、省人民检察院应当在收到审议意见书后的两个月内，将研究处理和整改情况送交有关专门委员会或者工作机构征求意见后，向常务委员会提出书面报告。情况复杂需要延长期限的，应当经主任会议同意。省人民代表大会有关专门委员会或者常务委员会有关工作机构对被询问单位在询问答复中提出的具体事项应当进行连续跟踪督办，直至有关事项得到解决。督办情况的报告由主任会议决定印发常务委员会组成人员。常务委员会认为必要时可以就专题询问涉及的相关工作作出决议、决定。

2016 年 5 月 31 日，《山西省各级人民代表大会常务委员会专题询问办法》经省十二届人大常委会第二十六次会议表决通过。此次山西省人大通过立法把省、市、县三级人大专题询问加以规范，使专题询问跨入法治轨道，这在全国尚属首创。[1] 办法明确了专题询问的议题选定、询问和应询的主体及其主要工作程序等。办法规定，专题询问的议题应当围绕关系本地区改革发展稳定大局和群众切身利益、社会普遍关注的重大问题，结合人民代表大会代表提出的议案建议、人民代表大会及其常务委员会各项工作中发现的突出问题以及公开征集意见中社会公众反映的热点难点问题提出。办法规定，专题询问每年至少进行一次。办法规定，专题询问会议在常委会会议听取和审议相关工作报告后举行，由常委会主任或者副主任主持，出席、列席常委会会议的人员参加，可以邀请公民旁听。询问人主要在常委会组成人员中产生，列席会议的本级人民代表大会代表也可以提出询问。办法规定，应询单位应当根据有关报告审议意见制定整改方案，明确整改任务、整改措施和时间安排，在收到审议意见后的两个月内，将审议意见中要求解决问题的研究处理情况征求承办机构意见后，向常委会提出书面报告。情况复杂需要延长期限的，应当经主任会议同意，但最长不超过三个月。办法规定，常委会应当听取审议意见的研究处理情况报告，结合审议有关报告和专题询问

---

〔1〕 陈瑞瑞:《"问答"有"办法"　监督有力量》,《人民代表报》2016 年 6 月 4 日, 第 1 版。

会议情况进行满意度测评。满意度测评时，应到会的常委会组成人员过半数对应询单位的研究处理情况报告不满意的，应当要求其继续处理并报告，也可以依法作出决议、决定或者提出质询。办法还规定，常委会有关机构应当协调安排新闻媒体做好专题询问的宣传报道，按照有关规定向社会公开。对询问现场，新闻媒体可以进行电视、网络直播或者录播。

2019 年 6 月 27 日，河南省郑州市十五届人大常委会第七次会议表决通过《郑州市人民代表大会常务委员会专题询问办法》。该办法共 19 条，主要规定了专题询问的主体和对象、议题的确定、组织实施、询问的程序及方式、对整改落实情况进行跟踪监督等内容。办法规定，市人大常委会每年围绕全市改革发展稳定大局、关系群众切身利益和社会普遍关注的突出问题确定专题询问议题。市人民代表大会专门委员会、市人大常委会工作机构应当在每年年底前提出下一年度拟进行专题询问的建议议题，由市人大常委会主任会议决定后，列入市人大常委会下一年度工作要点。办法规定，根据专题询问所涉及工作，市人民政府、市监察委员会、市人民法院、市人民检察院负责人应当到会回答询问，其所属部门的主要负责人同时到会回答询问。办法规定，专题询问采取问答的方式进行。询问人提出的问题应当在应询单位职责和询问议题范围内，并且客观公正、重点突出、清晰明确。被询问人要客观准确地回答询问，不能推脱或者回避问题，不得对询问人提出反问。被询问人不能当场答复的，应当说明原因，并在当次市人大常委会会议表决前书面答复。办法规定，常委会相关工作机构整理形成专题询问文字实录，经主任会议研究通过，以专题询问意见的形式交由承办机关研究处理。承办机关应当在收到专题询问意见的三个月或主任会议指定的时间内，将研究处理情况报告先送交市人大相关专门委员会或常委会相关工作机构征求意见。经主任会议研究确定后，向市人大常委会提出书面报告。主任会议认为必要时，可以决定将专题询问意见研究处理情况报告提请市人大常委会会议审议。办法规定，市人大相关专门委员会或常委会相关工作机构应当对专题询问意见研究处理情况进行跟踪监督，对被询问机关在询问答复中提出的具体事项进行重点督办。被询问机关对专题询问意见落实不力、工作不到位的，市人大常委会可依法采取其他监督方式督促落实。市人大常委会认为必要时，可以就专题询问情况进行满意度测评或者作出决议、决定。[1]

二、质询

质询作为监督刚性手段之一，被视为人大监督"一府一委两院"工作的重要措施。20 世纪 80 年代，地方人大及其常委会开始尝试使用质询权，地方人大及其常委会经过多年实践和探索，为质询制度的健全和完善奠定了基础。2006 年出台的监督法专章规定了质询的规则和程序。党的十八届三中全会明确提出："通过询问、质询、特定问题调查、备案审查等积极回应社会关切。"这为推动人大质询制度与时俱进和质询实践创新发展提供了千载难逢的机遇。为此，地方各级人大及其常委会自觉将行使质询权作为促进依法治国和民主法治建设的重要举措，努力将质询权运用于人大监督实践。党的十八大以来，河南、四川、广东、海南、贵州、北京、黑龙江、陕西、上海、山东、广西、浙江等地

---

〔1〕　董艳竹、袁帅：《市人大常委会出台专题询问办法让专题询问"问"出实效 监督"触角"伸到基层》，《郑州日报》2019 年 6 月 28 日。

出现质询案。[1]

2015年7月27日，在浙江省丽水市人大常委会第二十九次会议上，当主持人征询与会人员对会议议程有何意见时，市人大常委会委员、城建环资工委主任沈明温站起来说："对会议议程没有意见，但是现在要提出一个质询案！"沈明温向会议主持人递交了他和方世伦、许浩等9位委员就水阁污水处理厂的未达标排放问题联名提出的质询案。委员们在质询案中提出："自去年市人大常委会提出'落实好污水处理厂污水达标排放'等审议意见以来，水阁污水处理厂未达标排放情况没有根本改变，还有下滑趋势，是什么原因？将采取什么措施？什么时候能实现达标排放？"当天下午，丽水市人大常委会举行主任会议，决定将此质询案交相关单位答复办理。会议要求：丽水市经济技术开发区管委会对质询案所提问题进行深入研究，认真加以落实，于8月底前作出书面答复。9月上旬，市人大常委会将专门召开质询案答复见面会。针对此质询，丽水市市长黄志平先后三次作出批示，要求各分管副市长齐心协力，各责任单位精诚合作，狠抓整改落实。常务副市长毛子荣多次跟踪质询案办理落实情况，兼任开发区管委会主任的副市长陈景飞多次召集会议具体部署，形成市政府牵头办理、多部门配合落实的良好局面。9月7日，丽水市人大常委会组织质询案答复会，黄志平市长率领三位副市长和相关部门负责人到会接受委员们的询问。开发区管委会负责人汇报完办理情况和答复意见后，委员们轮番提问，对质询案办理中存在的问题紧追不舍。询问结束后，当场进行了满意表测评，9位委员都投了满意票。黄志平市长在会上郑重承诺：2017年底水阁污

---

[1] 王东亮：《新形势下人大质询制度发展和展望》，《人大研究》2017年第6期。

水处理厂实现达标排放。[1]

2016年9月，在河北省十二届人大常委会第二十三次会议上，13名常委会组成人员联名，就清东陵近期连续发生两起文物被盗案件所反映出来的文物保护和管理问题，对省文化厅提出了质询案，省文化厅主要负责同志到会答复质询。质询提案人对答复情况进行了评议和投票表决，并就更好地贯彻实施文物保护法和实施办法提出了意见建议。这是2007年监督法实施以来，在全国范围内省级人大常委会首次就有关法律法规贯彻实施情况开展质询工作。

2018年2月11日，云南省昆明市人大常委会就建筑工地扬尘治理不力对昆明市住建局开展质询。昆明市人大常委会组织的这次质询案为地方人大常委会提供了生动的监督样本。一直以来，昆明因其良好的气候条件和空气质量，成为享誉海内外的旅游胜地。但昆明市人大常委会办公厅提供的资料显示，2017年，昆明市环境空气质量在全国74个重点城市排名中，下降至第12位。这是2014年以来，昆明首次跌出前十。25名常委会组成人员经过深入细致的走访调查，一致认为，空气质量下降与住建部门对建筑工地扬尘治理管理不到位有很大关系，顺应民意，联名提出了质询案。这次质询辣味十足。到会接受质询的既有昆明市两位副市长，又有市住建局、环保局等6个有监督治理扬尘职责的机关单位主要负责人，还有昆明六城区政府分管领导及区住建局主要负责人等。质问过程中，当现场出现相关领导回答问题避重就轻、答不对题时，常委会组成人员及时叫停，毫不留情地"叫板"，反复提问、追问。质问结束后，联名提出质询案的25名

---

〔1〕 罗军辉：《质询锻造刚性监督的锋刃》，浙江人大网，https：//www. zjrd. gov. cn/sxrd/lss/201510/t20151028_ 73007. html。

组成人员走出会场进行合议，对住建部门的工作和应询表现普遍感到不满意，认为"认识不深刻、找的客观原因多、自我反省的少了"。在随后的投票表决中，25 人全票认为不满意。对此，昆明市人大常委会给出了强有力的回应。市人大常委会主任在会上明确提出了刚性任务："按照市委要求，确保 2018 年空气质量在 74 个重点城市排名中进入前十，市人大常委会将在 5 月、8 月分别听取整改落实情况，年底再集中进行一次评议。"会议主持人一语道破：如果年底的评议结果仍然不满意，将依法提出撤职案。[1]

2017 年 3 月，江苏省淮安市淮安区 9 名区人大常委会委员书面联名提出了渣土运输管理工作质询案。根据监督法规定，区人大常委会主任会议决定由区政府和有关部门在 4 月召开的区十七届人大常委会二次会议上对渣土（砂石）运输管理工作的质询进行答复。这起质询案缘起文明城市创建。渣土车带泥上路、遮挡号牌、恶意违章、偷运乱倒等乱象给交通安全、环境卫生、道路管养和城市形象带来很大的危害，是文明城市创建的一大隐患，广大群众反映强烈。提出质询案后，委员们通过暗访、走访、座谈、发放调查问卷、梳理网络舆情等方式，对渣土（砂石）运输管理工作进行专题调研。4 月 18 日召开的区十七届人大常委会二次会议上，区政府常务副区长对渣土运输管理存在的问题作了反省和剖析，并就如何整改进行了答复。观看了曝光片《失控的渣土车》后联名提出质询案的区人大常委会委员们接连发问，被质询机关主要负责人一一答复，并就下一步做好相关工作作出了具体承诺。委员们当场对答复情况进行满意度测评。公布满意度测评结果后，该区区长就如何整改和整改时限作了明确的表态发

---

〔1〕 陈桂元：《质询，让监督更有力》，《人大研究》2018 年第 4 期。

言。质询会一结束，该区区长就召集由分管区长和有关部门负责人参加的工作专题会议，研究系统解决渣土管理问题，围绕压实责任、明确节点、执纪问责等方面给相关部门定任务、明要求。此后，分管副区长到建筑工地和路段卡口现场检查督促，发现问题要求有关部门即知即改。区渣土办出台了渣土运输考核制度，由企业和司机接受考核，不合格者被责令退出区渣土运输市场。区城管局对建筑工地定人定岗，实行 24 小时值守，积极协调建设处置专用场地，解决渣土消纳问题。区公安分局出台渣土车管控细则，按照路段进行划分，明确有关部门和交警执法责任。区住建局对城区建设工地进行了拉网式排查，对不符合规定的及时督促整改。区交通运输局组织专项整治，对货场和码头出口处安排检查人员，严防超载超限。经过几个月的大力整治，该区逐步健全了渣土运输管理长效机制，为曾经失"控"的渣土运输车辆套上了"笼头"。[1]

　　2020 年 9 月 30 日，在浙江省嘉善县十六届人大常委会第二十九次会议期间，县人大常委会委员吴春华、杨岳全、李勇、盛学新、董利强 5 人联名提出《关于城西公交停保场久拖未建的质询案》。对于这个质询案，委员们并非"心血来潮"。2019 年 6 月—2020 年 4 月，县人大常委会对县交通局组织开展了为期近一年的部门工作评议。在这期间，评议小组通过实地调研、征求代表群众意见等方式，系统性听取了社会各界对全县交通工作的意见建议，而"城西公交停保场久拖未建"问题成为各方关注的焦点。2012 年项目立项以来，受城市建设规划调整等因素影响，城西公交停保场多次变更选址，久拖未建，城市公交长期"借宿"

―――――――――

〔1〕　夏伟、孙国庭：《"剑指"失控的渣土车——人大质询的一次有益尝试》，《人民与权力》2017 年第 8 期。

临时性停保场。特别是随着氢能源公交车投入使用，公交车辆对于专业性停保场的需求更加迫切。5 名常委会委员在深入调研和充分商议后，决定提出质询案，助推政府全面落实停保场建设问题。收到质询案后，嘉善县政府对此予以高度重视，在县十六届人大常委会第二十九次会议上作出口头答复。会后，县政府召集各相关部门研究项目推进措施，并组建了城西公交停保场项目建设工作专班，专门负责项目协调推进工作。嘉善县人大常委会副主任沈宏伟牵头县人大常委会城建环资工委、质询案提出人就城西公交停保场项目建设问题开展了持续性跟踪监督。县长徐鸣阳在上半年政府工作报告审议意见反馈会上，专门就城西公交停保场建设问题向代表们作出郑重承诺："今年 9 月底一定如期开工！"受县政府委托，县交通局于 2020 年 10 月、11 月先后两次就城西公交停保场建设问题向县人大常委会提交书面答复。为切实加快项目建设进度，县长徐鸣阳亲自协调解决项目建设难题，并多次赴现场调研。交通、交投等部门和施工方强化节点意识，优化设计，真抓实干，按进度完成各项既定目标。2021 年 9 月底，质询案画上一个圆满的句号——城西公交停保场项目如期进场施工。[1]

2022 年 11 月 11 日，吴绍吉等 10 名常委会组成人员联名向云南省人大常委会办公厅提出《关于招投标领域隐性壁垒等问题的质询案》。经云南省十三届人大常委会主任会议研究决定，在省十三届人大常委会第三十五次会议上召开质询会议，由省发展和改革委员会面对面答复。11 月 30 日，云南省十三届人大常委会第三十五次会议召开质询会议。会上宣读了质询案，省人大常

〔1〕 薛俊一、寿吉俐：《嘉善人大首个质询案成效满满！》，嘉善人大网，https：// mp. weixin. qq. com/s/Nfv4QO68oTB-mmomRh7jvw。

委会组成人员就有关问题进行现场提问，省发展和改革委员会相关负责人一一进行答复。随后，10 名联名提出质询案的省人大常委会组成人员进行合议，对应询情况进行满意度测评，测评结果为"满意"。针对测评结果，省发展和改革委员会主任岳修虎作表态发言：对省人大常委会质询案提出的问题，省发展和改革委员会照单全收、全盘接受、端正态度、即知即改。坚决把推进工作和解决实际问题作为检验工作的标准，第一时间制定整改方案，细化问题清单、整改清单、责任清单，明确整改时限、整改责任、整改措施，全面、自觉接受人大监督，及时将整改落实情况上报省人大常委会，确保质询问题件件有落实、事事有回音。这是监督法实施以来云南省人大常委会首次开展的质询。[1]

2021 年 7 月，河南省信阳市人大常委会开始对国务院《优化营商环境条例》和《河南省优化营商环境条例》实施情况开展执法检查。10 月 27 日，信阳市五届人大常委会第三十六次会议听取审议了市人大常委会执法检查组的执法检查报告，同时听取了市人民政府、中级人民法院、人民检察院贯彻实施"两条例"情况的报告。会议期间，8 名市人大常委会委员分别领衔，部分市人大常委会组成人员联名，对 2020 年度在全省营商环境排名靠后的 10 项工作所涉及的市发展和改革委员会、政务服务和大数据局、市场监督管理局、公共资源交易中心、科学技术局、商务局、城市管理局、中级人民法院等 8 个牵头单位，依法提出了质询案。当日下午，信阳市人大常委会召开主任会议，决定将这 8 个质询案交受质询的机关，在本次市人大常委会会议上进行口头答复。10 月 28 日，市人大常委会主任谢天学主持召开营商环

---

〔1〕 宋金艳、茶志福、瞿姝宁：《云南省人大首次质询"盯"上招投标》，《人民代表报》2022 年 12 月 17 日，第 1 版。

境质询会，市委常委、常务副市长黄钫通报了信阳市 2020 年河南省全域营商环境评价结果。会上，市人大常委会组成人员就有关问题进行质问，8 个单位的班子成员作出了口头答复。质询结束后，提质询案的市人大常委会组成人员对质询答复情况进行了满意度测评。根据审议报告情况和质询情况，此次人大常委会会议通过了《信阳市人民代表大会常务委员会关于优化我市营商环境的决议》。2022 年，信阳市人大常委会按照优化营商环境决议的要求，扎实做好执法检查"后半篇文章"，持续跟踪监督，推动问题整改。2022 年 8 月 31 日，信阳市人大常委会第四十三次会议听取了执法检查组的执法检查报告，一并听取了市"一府两院"贯彻实施优化营商环境"两条例"情况的报告，同时首次听取市监察委关于开展优化营商环境监督治理、助力打造一流营商环境的专项工作报告。2021 年度河南省营商环境评价排名，市财政局、市场监管局和公共资源交易中心未进入河南省第二方阵。会上，针对上述 3 个单位工作中存在的突出问题，9 名市人大常委会委员领衔提出了质询案。经市人大常委会主任会议决定，由被质询单位市财政局、市场监管局和公共资源交易中心班子成员在常委会会议上作口头答复。市人大常委会组成人员对答复情况进行了满意度测评，当场公布了测评结果。会议形成的审议意见和质询中提出的相关问题，一并转交市政府研究处理。[1]信阳市人大常委会连续两年组织开展优化营商环境"两条例"执法检查工作，各区县一体推进。为推动解决营商环境中"顽瘴痼疾"，浉河区、潢川县、固始县、息县人大常委会也对政府有关

〔1〕 李恒、曹新俊、杨辉：《信阳人大：打好"组合拳"助力营商环境再优化》，中国人大网，http：//www.npc.gov.cn/npc/c30834/202211/8a5efe6bb89140d092dfbe b39bc6e664.shtml。

部门开展质询。2021 年 11 月 12 日，浉河区五届人大常委会第三十六次会议就营商环境工作首次开展质询。2022 年 10 月 12 日，在浉河区六届人大常委会第五次会议上，区人大常委会委员王天美、高翔领衔，全体委员集体联名，依法对 2021 年度全省营商环境评价工作中排名靠后的 2 个单位区市场监督管理局、区人民法院提出质询案，2 个被质询单位的班子成员到会口头答复。2021 年 11 月 4 日，在潢川县十四届人大常委会第三十一次会议上，32 名委员联名提出了 7 个质询案，分别围绕企业办理流程优化提升、办理时限提速提质、融资门槛高融资慢、土地保障难、部门行业监管审批标准不统一、信息资源不能实现共享及诚信体系建设不到位等问题进行质询，县发展改革委、市场监管局、住建局、自然资源局、城管局、国网潢川供电公司、金融服务中心等部门负责人就相关问题现场答询。2022 年 10 月 18 日，潢川县十五届人大常委会第三次会议听取和审议"一府一委两院"优化营商环境工作情况报告，对在 2021 年度全省营商环境排名 70 名之后的县发展改革委、金融服务中心、国网潢川供电公司、县人民法院、县住建局 5 个单位依法开展质询。2021 年 11 月 8 日，固始县十四届人大常委会第三十八次会议听取审议了县人大常委会执法检查组关于优化营商环境"两条例"执法检查情况的报告和"一府两院"关于贯彻实施优化营商环境"两条例"情况的报告。会议期间，6 名县人大常委会委员领衔提出质询案，县人大常委会全体组成人员集体联名，对 2020 年度在全省营商环境工作中所涉及的县发展改革委、市场监督管理局、住房和城乡建设局、公用事业服务中心、政务服务中心、公共资源交易中心 6 个牵头单位，依法提出了质询案，被质询单位班子成员到会作出口头答复。2022 年 9 月 22 日，在息县十五届人大常委会第三次会议上，12 名县人大常委会委员领衔，对 2021 年度省营商环境评价中 4 项一级指标排名靠后且未进入第二方阵的县市场监督管理局、公共资源交易中心、公用事业服务中心、金融办 4 个牵头单位，依法提出了质询案，被质询单位的班子成员到会作了口头答复。

在积极开展质询实践的同时，地方各级人大及其常委会按照党中央的决策部署和全国人大的要求，将推动人大质询制度与时俱进提上了重要议事日程，细化质询的组织方式和工作机制。人大质询制度完善与实践创新进入了一个崭新的历史发展时期。[1]

三、特定问题调查

2006 年出台的监督法专章规定了特定问题调查制度，将其确定为各级人大常委会的七种监督方式之一。近年来，地方各级人大常委会开展特定问题调查的实践越来越丰富，效果非常显著。

2013 年 7 月，浙江省云和县政府向人大常委会报告了关于云和县 2012 年度预算执行和其他财政收支情况的审计工作报告，其中关于政府性财政资金闲置与政府高额债务并存的问题引起人大常委会的高度关注。云和县人大常委会在组织前期调研后，作出了《关于组织特定问题调查委员会对财政存量资金开展调查的决定》。由十多位人大代表和专家组成的特定问题调查委员会通过走访、座谈、听汇报、查资料、做问卷等形式开展调查，足迹遍布政府本级财政、65 家一级预算单位及 10 个乡镇（街道）。根据特定问题调查报告，云和县人大常委会会议作出了《关于盘

---

〔1〕 王东亮：《新形势下人大质询制度发展和展望》，《人大研究》2017 年第 6 期。

活存量提高资金使用效益的决议》。云和县人大常委会首开先河，就财政存量资金问题组织特定问题调查，为县财政资金大量闲置与政府负债居高不下的"顽疾"下了一剂猛药，盘活了数亿元存量资金。2014 年 8 月，《浙江人大》以"唤醒沉睡的权力"为题，对云和县人大常委会开展财政存量资金特定问题调查进行报道。张德江委员长就此报道作出了重要批示，要求全国人大财经委、常委会预算工委组成联合调研组了解云和县采取特定问题调查这一监督形式的情况。当年 10 月，全国人大常委会预算工委副主任苏军率调研组到云和县开展专题调研时，高度赞扬特定问题调查形式产生了积极效应，在全省乃至全国都具有深远意义。张德江委员长的批示，无疑给地方人大使用刚性监督手段行权履职释放出一个积极信号。[1]

2015 年 3 月，针对渠江水源污染严重的问题，四川省广安市人大常委会在广泛征求全市人大代表意见的基础上，依法成立渠江广安段流域水污染治理与饮用水源保护问题调查委员会。调查委员会由该市人大常委会主任、副主任、秘书长和常委会部分组成人员、市人大代表共 26 人组成。下设 5 个流域调查组，各调查组还分成若干小组，并邀请所在区域的县乡人大代表参与，采取三级人大联动的方式，深入重点污染源、重点污染区域、群众反映强烈的溪河、水库、企业、养殖场等现场，进行核查或视察，听取乡镇、排污企业专题报告，走访当地群众了解情况。在调查过程中，共有 16 名常委会组成人员、131 名市人大代表、158 名区（市、县）人大代表、163 名乡镇人大代表参与，调查区域覆盖 4 个区（市、县）、76 个乡镇（街道）、2712 个村社，

---

〔1〕　田必耀：《省级人大首试特定问题调查》，《浙江人大》2017 年第 4 期。

行程约 2653 公里。调查期间，各流域调查组以广安市水系图为参照进行了全方位摸排和普遍"体检"，全面了解并掌握了各水域水质状况及治理保护情况，并依据国家标准查找出了 78 处重点污染源。经过这次特定问题调查，排放污染物的企业及相关单位被责令限期治理甚至予以停业、搬迁或关闭。[1]

2016 年 6 月 8 日，江西省十二届人大常委会第二十五次会议表决通过了《关于成立食品生产加工小作坊和食品摊贩问题调查委员会的决定》，正式启动特定问题调查。在我国人大历史上，这是省级人大常委会首次成立特别调查委员会。江西省共有"四小"（小作坊、小餐饮、小摊贩和小食杂店）28.7 万家，从业人员 66.7 万人。其中，食品小作坊 1.8 万家，从业人员 6.7 万人。"四小"的管理一直是政府监管的"老大难"问题和百姓关注的热点。省人大常委会启动特定问题调查就是要加强"四小"监管，保障群众"舌尖上的安全"。6 月 24 日，特定问题调查委员会召开第一次全体会议，讨论了特定问题调查实施阶段工作方案，通过了调查委员会专家名单和分组名单，听取了省政府有关部门工作汇报。会后，特定问题调查委员会分成 6 个调查小组，由省人大常委会副主任分别带队，奔赴全省 11 个设区的市开展实地调查。8 月 11 日，特定问题调查委员会召开第二次全体会议，6 个调查组的副组长分别汇报调查工作进展情况，省食品药品监管局负责人汇报了关于起草《江西省食品生产加工小作坊和食品摊贩监督管理条例（草案）》的有关情况。9 月 8 日，特定问题调查委员会召开第三次会议。会议对《关于食品生产加工小作坊和食品摊贩特定问题的调查报告（讨论稿）》和《关于〈江

---

〔1〕 刘佳：《广安探路"特定问题调查"：共谋水污染防治良策》，广安人大网，http：//www.gard.gov.cn/jdzh/206.html。

西省食品生产加工小作坊小餐饮和食品摊贩监督管理条例（草案）〉的修改意见》进行了充分讨论并提出修改建议。9 月 20 日，省十二届人大常委会第二十八次会议上，省人大教科文卫委员会副主任委员沈建华作了《关于食品生产加工小作坊和食品摊贩特定问题的调查报告》。根据特定问题调查报告，会议表决通过了《江西省人民代表大会常务委员会关于加强食品生产加工小作坊小餐饮小食杂店和食品摊贩监管工作的决议》。12 月 1 日，省十二届人大常委会第二十九次会议审议通过了《江西省食品小作坊小餐饮小食杂店食品摊贩管理条例》，自 2017 年 5 月 1 日起施行。2017 年 1 月 18 日，在省十二届人大七次会议上，省人大常委会副主任洪礼和作省人大常委会工作报告时说，首次启动特定问题调查，依法成立高规格的特定问题调查委员会，就食品小作坊、小餐饮、小食杂店、小摊贩食品安全问题开展拉网式调查，触角遍及城乡市场，实际入户 3 万余人次，面对面听取意见近 1500 人次，抽检采样近 300 批次，组织之周密、工作之深入、涉及面之广，均属前所未有。同时，把监督与立法和监督与重大事项决定有机结合，就加强"四小"监管制定法规、作出决议，全方位保障群众"舌尖上的安全"。[1]

2016 年 9 月 23 日，浙江省海宁市十四届人大常委会第四十次会议作出《关于组织农户刚需建房特定问题调查委员会并开展调查的决定》。农户刚需建房事关农村群众的根本利益，是一个特别重大的民生问题。市十四届人大以来，海宁市每年的人民代表大会会议期间收到涉及农户建房问题的代表建议不少于 17 件，人大代表对于村民建房问题反映非常强烈，呼声一年高过一年。

---

〔1〕　田必耀：《省级人大首试特定问题调查》，《浙江人大》2017 年第 4 期。

考虑到整个农户刚需建房涉及面广、个体差异大、情况十分复杂，经过几番商讨斟酌，海宁市人大常委会决定启动特定问题调查。特定问题调查委员会由人大常委会部分组成人员和一批农村基层人大代表组成，下设专家组，由与农户建房有关的规划、土地、农经等方面专业人员和熟悉相关法律政策的律师等组成。根据部署，特定问题调查委员会分组赴各镇、街道开展调查，形成特定问题调查报告。2017年初，海宁市十五届人大一次会议对农户刚需建房问题作出相关决议。市十五届人大常委会第二次会议审议通过人大常委会2017年监督工作要点，明确将跟踪监督市人民代表大会会议作出的关于农户刚需建房决议贯彻落实情况作为新一届人大常委会首年监督工作的重点，常委会会议听取审议决议执行情况的报告，持续监督特定问题调查成果落实。海宁市政府积极落实决议要求，当年4月初成立解决农户刚需建房工作领导小组，4月28日出台落实人大关于农户刚需建房决议的工作方案，加快了解决农户刚需建房难问题的步伐。

2017年7月26日，湖南省靖州苗族侗族自治县八届人大常委会第十一次主任会议研究决定，向县八届人大常委会第五次会议提出关于成立城区自来水水源安全隐患特定问题调查委员会的议案。7月27日，县八届人大常委会举行第五次会议，会上，以21票赞成，1票弃权通过了《关于成立靖州苗族侗族自治县城区自来水水源安全隐患特定问题调查委员会的决定》。决定明确由县人大常委会副主任陈建平任特定问题调查委员会主任委员，县人大法制委、县人大常委会城环工委、县人大常委会民宗侨外工委等相关委室负责人及部分县人大常委会委员和人大代表为特定问题调查委员会成员，负责组织开展城区自来水水源安全问题调查工作。9月28日，城区自来水水源安全隐患特定问题调查委员会下发了调查方案，并排出了详细的调查时间安排表。根据调查安排部署，调查主要采取走访调查、实地察看、收集资料与委托第三方质量监测相结合的方式进行。调查范围重点放在四个方面：一是县城饮用水水源地一级和二级保护区；二是县城桶装水水源地保护区；三是城区居民散装水取水点水源地保护区；四是拟设城区备用水水源地一级和二级保护区。为确保调查结果的真实性和权威性，该县以公开招标方式专门聘请委托长沙一家有资质的检测机构进行检测。调查委员会成员分为两组，全程参与第三方的取样调查和水源保护区附近机关、厂矿、企事业单位的调查。县人民政府对县人大常委会这次关于饮用水水源的监督高度重视，县人民政府县长田连钊多次现场调研，多次主持召开专题会议，研究制定了《关于全县饮用水水源地环境保护专项整治工作方案》，责成相关部门联动，加强对饮用水源的周围环境进行专项排查和整治，全县饮用水水源保护工作取得了显著成效，全县人民饮用水安全得到了有效保障。2018 年 8 月 30 日，县八届人大常委会第十五次会议审议县人大特定问题调查委员会关于城区自来水水源安全隐患问题调查报告。经过一年多的持续监督，2018 年 12 月 11 日，该县人大常委会主任龙力代表特定问题调查委员会宣布，人大监督有力，政府整改治理取得明显成效。[1]

2018 年 3 月，四川省自贡市第十七届人大常委会第十四次会议决定，成立自贡市大气污染防治工作情况特定问题调查委员会。当时，自贡市大气环境质量综合监测指标年度排名垫底；中央环保督察组向四川省反馈意见中点名批评自贡市多项工作缺位缺失；市民群众对本地区大气污染防治工作心存质疑，对可视范

---

〔1〕 易礼兵：《创新监督方式增强监督实效——靖州苗族侗族自治县人大常委会首次开展饮用水安全特定问题调查》，《怀化人大》2018 年第 6 期。

围仍然频繁的雾霾天气和依旧存在的污染现象反映强烈。面对本市大气环境质量不佳的严峻现实和人民群众"蓝天白云下自由呼吸"的迫切愿望，人大依法履职，亮剑出招。按照《自贡市大气污染防治工作情况特定问题调查工作方案》安排，调查委员会以市人大常委会组成人员为主，下设办公室和专家组，同时根据工作需要，按照属地原则，在调查委员会内分设7个调查组，由委员会副主任兼任各组组长，范围涵盖全市6个区、县和1个高新区。除了有140名市人大代表，2300余名区、县和乡镇人大代表，还有180名群众代表参与。调查内容包括：地区大气环境质量现状，围绕"铁腕治霾十大专项行动"分别开展落后产能淘汰和"散乱污"企业整治、露天焚烧管控和烟花爆竹禁放、重点行业达标排放和重点企业减排、扬尘综合治理和绿色施工、机动车尾气管控和黄标车淘汰、挥发性有机物分类治理、餐饮油烟整治和露天烧烤、重点排污企业错峰生产等专项治理情况调查；各级政府及有关职能部门贯彻执行大气污染防治法情况以及责任人履职情况；违反大气污染防治法的相关单位及责任人处罚追责情况。为推进问题边查边改，特定问题调查委员会采取查证后反馈意见、召开督办工作会等方式，将核查情况、专家意见、调查组建议及时对应传达至相关责任主体与监管部门，促使部分简单易办的问题及时销账。9月底，根据特定问题调查报告，自贡市人大常委会作出关于加强自贡市大气污染防治工作的决定。[1]

2020年8月27日，河南省焦作市人大常委会第二十次会议审议通过了《关于成立中小学校校外午托部管理情况特定问题调查委员会的议案》。特定问题调查委员会下设六个调查小组，聚

---

〔1〕 李媛莉：《自贡市人大全国首创大气污染防治工作情况特定问题调查》，《华西都市报》2018年12月26日。

焦校外午托部管理方面存在的问题，对市教育局、市场监督管理局、公安局、消防支队、住房保障管理中心、卫生健康委的工作开展监督，查找根源、解剖原因、提出对策，力争使一些关键性问题得以解决。这次调查采取自查和实地调研相结合的方式进行。市政府及相关部门先进行自查，调查小组根据自查情况和掌握的有关资料，通过听取汇报、组织座谈、查阅资料、实地调查、问卷调查、网上征求意见和第三方调查等方式，对突出问题开展重点调查。10 月 30 日，市十三届人大常委会第二十一次会议听取和审议《关于我市中小学校校外午托部管理情况的特定问题调查报告》。此次特定问题调查摸清了 1406 家各类午托部的底数现状，找准了问题短板，会议要求市政府尽快制定管理办法，丰富托管形式，提升管理水平，确保在托中小学生安全健康成长。[1]

从全国来看，虽然特定问题调查这种刚性监督方式运用的并不是很多，但从已有的案例可以看出，特定问题调查的启动和运用产生了很好的社会效果，促进了当地人民群众普遍关注的一些焦点、热点、难点问题的解决。在开展特定问题调查的实践中，有的地方人大常委会为保障行使特定问题调查权的规范性和实效性，专门制定特定问题调查的具体工作办法，如 2012 年云南省昭通市人大常委会制定《昭通市人民代表大会常务委员会组织关于特定问题的调查委员会办法》，2013 年海南省海口市人大常委会通过《海口市人民代表大会常务委员会特定问题调查办法》，2016 年陕西省西安市人大常委会通过《西安市人民代表大会常

〔1〕 杜玲：《市人大常委会首次启动特定问题调查向中小学校校外午托部"亮剑"》，《焦作日报》2020 年 9 月 9 日，第 2 版。

务委员会组织特定问题调查暂行办法》。[1] 2017 年，浙江省慈溪市人大常委会出台《慈溪市人民代表大会常务委员会特定问题调查暂行办法》。该办法明确调查委员会设立条件。人大常委会主任会议可以向常委会提议组织关于特定问题的调查委员会；五分之一以上常委会组成人员书面联名，可以向常委会提议组织关于特定问题的调查委员会，由主任会议提请常委会审议。常委会决定设立特定问题调查委员会的，由主任会议提出决定草案和建议名单。办法合理界定调查委员会职权范围。特定问题调查委员会可以听取有关单位负责人的情况汇报，调阅有关案卷和材料，询问有关人员，组织听证、论证、专项审议和必要的鉴定。被调查对象有义务配合调查，并如实提供相关信息。调查中遇到阻力或受到非法干扰时，调查委员会可以要求相关机关予以协助排除。办法强调调查委员会所承担责任。特定问题调查委员会应当集体讨论问题，并在调查结束后及时向人大常委会提出调查报告。报告内容应当包括调查过程、调查结论及处理建议等。调查委员会成员应当在调查报告上署名，对调查结论和处理建议有不同意见的，应当在报告中予以说明。

---

〔1〕 戴激涛、裴晓妆：《地方人大特定问题调查的制度经验及启示》，《人大研究》2020 年第 12 期。

/ 附录 /

一、人大监督有关法律条文摘录

监督权是宪法和法律赋予人大及其常委会的一项重要职权。宪法对人大监督权作出原则性规定；根据宪法、代表法、全国人民代表大会组织法、地方各级人民代表大会和地方各级人民政府组织法、全国人民代表大会议事规则、全国人民代表大会常务委员会议事规则、立法法、民族区域自治法、预算法、审计法、企业国有资产法、监察法、人民法院组织法、人民检察院组织法、监察官法、法官法、检察官法、环境保护法、长江保护法、乡村振兴促进法、黑土地保护法、黄河保护法等法律对人大监督职权作出具体规定；监督法根据宪法和相关法律对全国人大常委会和地方各级人大常委会工作监督和法律监督的原则、形式和程序作出规定；全国人大常委会就加强人大监督工作作出专项决定。上述宪法、法律及法律决定对人大监督作出的规定基本构成人大监督法律制度体系。

（一）现行宪法有关人大监督的规定

《中华人民共和国宪法》（1982 年 12 月 4 日第五届全国人民

代表大会第五次会议通过　1982 年 12 月 4 日全国人民代表大会公告公布施行　根据 1988 年 4 月 12 日第七届全国人民代表大会第一次会议通过的《中华人民共和国宪法修正案》、1993 年 3 月 29 日第八届全国人民代表大会第一次会议通过的《中华人民共和国宪法修正案》、1999 年 3 月 15 日第九届全国人民代表大会第二次会议通过的《中华人民共和国宪法修正案》、2004 年 3 月 14 日第十届全国人民代表大会第二次会议通过的《中华人民共和国宪法修正案》和 2018 年 3 月 11 日第十三届全国人民代表大会第一次会议通过的《中华人民共和国宪法修正案》修正）

第三条　中华人民共和国的国家机构实行民主集中制的原则。

全国人民代表大会和地方各级人民代表大会都由民主选举产生，对人民负责，受人民监督。

国家行政机关、监察机关、审判机关、检察机关都由人民代表大会产生，对它负责，受它监督。

第六十二条　全国人民代表大会行使下列职权：

（二）监督宪法的实施；

（十）审查和批准国民经济和社会发展计划和计划执行情况的报告；

（十一）审查和批准国家的预算和预算执行情况的报告；

（十二）改变或者撤销全国人民代表大会常务委员会不适当的决定。

第六十七条　全国人民代表大会常务委员会行使下列职权：

（一）解释宪法，监督宪法的实施；

（五）在全国人民代表大会闭会期间，审查和批准国民经济和社会发展计划、国家预算在执行过程中所必须作的部分调整方案；

（六）监督国务院、中央军事委员会、国家监察委员会、最高人民法院和最高人民检察院的工作；

（七）撤销国务院制定的同宪法、法律相抵触的行政法规、决定和命令；

（八）撤销省、自治区、直辖市国家权力机关制定的同宪法、法律和行政法规相抵触的地方性法规和决议。

第七十一条 全国人民代表大会和全国人民代表大会常务委员会认为必要的时候，可以组织关于特定问题的调查委员会，并且根据调查委员会的报告，作出相应的决议。

调查委员会进行调查的时候，一切有关的国家机关、社会团体和公民都有义务向它提供必要的材料。

第七十三条 全国人民代表大会代表在全国人民代表大会开会期间，全国人民代表大会常务委员会组成人员在常务委员会开会期间，有权依照法律规定的程序提出对国务院或者国务院各部、各委员会的质询案。受质询的机关必须负责答复。

第九十二条 国务院对全国人民代表大会负责并报告工作；在全国人民代表大会闭会期间，对全国人民代表大会常务委员会负责并报告工作。

第九十九条 地方各级人民代表大会在本行政区域内，保证宪法、法律、行政法规的遵守和执行；依照法律规定的权限，通过和发布决议，审查和决定地方的经济建设、文化建设和公共事业建设的计划。

县级以上的地方各级人民代表大会审查和批准本行政区域内的国民经济和社会发展计划、预算以及它们的执行情况的报告；有权改变或者撤销本级人民代表大会常务委员会不适当的决定。

第一百零一条 地方各级人民代表大会分别选举并且有权罢免本级人民政府的省长和副省长、市长和副市长、县长和副县长、区长和副区长、乡长和副乡长、镇长和副镇长。

县级以上的地方各级人民代表大会选举并且有权罢免本级监察委员会主任、本级人民法院院长和本级人民检察院检察长。选出或者罢免人民检察院检察长，须报上级人民检察院检察长提请该级人民代表大会常务委员会批准。

第一百零三条 县级以上的地方各级人民代表大会常务委员会由主任、副主任若干人和委员若干人组成，对本级人民代表大会负责并报告工作。

县级以上的地方各级人民代表大会选举并有权罢免本级人民代表大会常务委员会的组成人员。

第一百零四条 县级以上的地方各级人民代表大会常务委员会讨论、决定本行政区域内各方面工作的重大事项；监督本级人民政府、监察委员会、人民法院和人民检察院的工作；撤销本级人民政府的不适当的决定和命令；撤销下一级人民代表大会的不适当的决议；依照法律规定的权限决定国家机关工作人员的任免；在本级人民代表大会闭会期间，罢免和补选上一级人民代表大会的个别代表。

第一百一十条 地方各级人民政府对本级人民代表大会负责并报告工作。县级以上的地方各级人民政府在本级人民代表大会闭会期间，对本级人民代表大会常务委员会负责并报告工作。

第一百二十六条 国家监察委员会对全国人民代表大会和全国人民代表大会常务委员会负责。地方各级监察委员会对产生它的国家权力机关和上一级监察委员会负责。

第一百三十三条 最高人民法院对全国人民代表大会和全

国人民代表大会常务委员会负责。地方各级人民法院对产生它的国家权力机关负责。

第一百三十八条 最高人民检察院对全国人民代表大会和全国人民代表大会常务委员会负责。地方各级人民检察院对产生它的国家权力机关和上级人民检察院负责。

（二）现行法律有关人大监督的规定

《中华人民共和国全国人民代表大会和地方各级人民代表大会代表法》《中华人民共和国全国人民代表大会组织法》《中华人民共和国地方各级人民代表大会和地方各级人民政府组织法》《中华人民共和国全国人民代表大会议事规则》《中华人民共和国全国人民代表大会常务委员会议事规则》《中华人民共和国立法法》《中华人民共和国民族区域自治法》《中华人民共和国预算法》《中华人民共和国审计法》《中华人民共和国企业国有资产法》《中华人民共和国监察法》《中华人民共和国人民法院组织法》《中华人民共和国人民检察院组织法》《中华人民共和国监察官法》《中华人民共和国法官法》《中华人民共和国检察官法》《中华人民共和国环境保护法》《中华人民共和国长江保护法》《中华人民共和国乡村振兴促进法》《中华人民共和国黑土地保护法》《中华人民共和国黄河保护法》等法律，对人大及其常委会的监督职权作出了比较具体的规定。

（一）《中华人民共和国全国人民代表大会和地方各级人民代表大会代表法》（1992 年 4 月 3 日第七届全国人民代表大会第五次会议通过 根据 2009 年 8 月 27 日第十一届全国人民代表大会常务委员会第十次会议《关于修改部分法律的决定》第一次修

正　根据 2010 年 10 月 28 日第十一届全国人民代表大会常务委员会第十七次会议《关于修改〈中华人民共和国全国人民代表大会和地方各级人民代表大会代表法〉的决定》第二次修正　根据 2015 年 8 月 29 日第十二届全国人民代表大会常务委员会第十六次会议《关于修改〈中华人民共和国地方各级人民代表大会和地方各级人民政府组织法〉、〈中华人民共和国全国人民代表大会和地方各级人民代表大会选举法〉、〈中华人民共和国全国人民代表大会和地方各级人民代表大会代表法〉的决定》第三次修正）

第三条　代表享有下列权利：

（一）出席本级人民代表大会会议，参加审议各项议案、报告和其他议题，发表意见；

（二）依法联名提出议案、质询案、罢免案等；

（三）提出对各方面工作的建议、批评和意见。

第十三条　代表在审议议案和报告时，可以向本级有关国家机关提出询问。有关国家机关应当派负责人或者负责人员回答询问。

第十四条　全国人民代表大会会议期间，一个代表团或者三十名以上的代表联名，有权书面提出对国务院和国务院各部、各委员会，最高人民法院，最高人民检察院的质询案。

县级以上的地方各级人民代表大会代表有权依照法律规定的程序提出对本级人民政府及其所属各部门，人民法院，人民检察院的质询案。

乡、民族乡、镇的人民代表大会代表有权依照法律规定的程序提出对本级人民政府的质询案。

质询案应当写明质询对象、质询的问题和内容。

质询案按照主席团的决定由受质询机关答复。提出质询案的代表半数以上对答复不满意的，可以要求受质询机关再作答复。

第十五条　全国人民代表大会代表有权依照法律规定的程序提出对全国人民代表大会常务委员会组成人员，中华人民共和国主席、副主席，国务院组成人员，中央军事委员会组成人员，最高人民法院院长，最高人民检察院检察长的罢免案。

县级以上的地方各级人民代表大会代表有权依照法律规定的程序提出对本级人民代表大会常务委员会组成人员，人民政府组成人员，人民法院院长，人民检察院检察长的罢免案。

乡、民族乡、镇的人民代表大会代表有权依照法律规定的程序提出对本级人民代表大会主席、副主席和人民政府领导人员的罢免案。

罢免案应当写明罢免的理由。

第十六条　县级以上的各级人民代表大会代表有权依法提议组织关于特定问题的调查委员会。

第十七条　代表参加本级人民代表大会表决，可以投赞成票，可以投反对票，也可以弃权。

第十八条　代表有权向本级人民代表大会提出对各方面工作的建议、批评和意见。建议、批评和意见应当明确具体，注重反映实际情况和问题。

第二十二条　县级以上的各级人民代表大会代表根据本级人民代表大会常务委员会的安排，对本级或者下级国家机关和有关单位的工作进行视察。乡、民族乡、镇的人民代表大会代表根据本级人民代表大会主席团的安排，对本级人民政府和有关单位的工作进行视察。

代表按前款规定进行视察，可以提出约见本级或者下级有关国家机关负责人。被约见的有关国家机关负责人或者由他委托的负责人员应当听取代表的建议、批评和意见。

代表可以持代表证就地进行视察。县级以上的地方各级人民代表大会常务委员会或者乡、民族乡、镇的人民代表大会主席团根据代表的要求，联系安排本级或者上级的代表持代表证就地进行视察。

代表视察时，可以向被视察单位提出建议、批评和意见，但不直接处理问题。

第二十三条 代表根据安排，围绕经济社会发展和关系人民群众切身利益、社会普遍关注的重大问题，开展专题调研。

第二十四条 代表参加视察、专题调研活动形成的报告，由本级人民代表大会常务委员会办事机构或者乡、民族乡、镇的人民代表大会主席团转交有关机关、组织。对报告中提出的意见和建议的研究处理情况应当向代表反馈。

第二十六条 县级以上的各级人民代表大会代表可以应邀列席本级人民代表大会常务委员会会议、本级人民代表大会各专门委员会会议，参加本级人民代表大会常务委员会组织的执法检查和其他活动。乡、民族乡、镇的人民代表大会代表参加本级人民代表大会主席团组织的执法检查和其他活动。

第二十八条 县级以上的各级人民代表大会代表根据本级人民代表大会或者本级人民代表大会常务委员会的决定，参加关于特定问题的调查委员会。

第二十九条 代表在本级人民代表大会闭会期间，有权向本级人民代表大会常务委员会或者乡、民族乡、镇的人民代表大会主席团提出对各方面工作的建议、批评和意见。建议、批评和意见应当明确具体，注重反映实际情况和问题。

（二）《中华人民共和国全国人民代表大会组织法》（1982 年

12 月 10 日第五届全国人民代表大会第五次会议通过　1982 年 12 月 10 日全国人民代表大会公告公布施行　根据 2021 年 3 月 11 日第十三届全国人民代表大会第四次会议《关于修改〈中华人民共和国全国人民代表大会组织法〉的决定》修正)

第二十条　全国人民代表大会主席团、三个以上的代表团或者十分之一以上的代表，可以提出对全国人民代表大会常务委员会的组成人员，中华人民共和国主席、副主席，国务院和中央军事委员会的组成人员，国家监察委员会主任，最高人民法院院长和最高人民检察院检察长的罢免案，由主席团提请大会审议。

第二十一条　全国人民代表大会会议期间，一个代表团或者三十名以上的代表联名，可以书面提出对国务院以及国务院各部门、国家监察委员会、最高人民法院、最高人民检察院的质询案。

第三十条　常务委员会会议期间，常务委员会组成人员十人以上联名，可以向常务委员会书面提出对国务院以及国务院各部门、国家监察委员会、最高人民法院、最高人民检察院的质询案。

第三十二条　常务委员会在全国人民代表大会闭会期间，根据委员长会议、国务院总理的提请，可以决定撤销国务院其他个别组成人员的职务；根据中央军事委员会主席的提请，可以决定撤销中央军事委员会其他个别组成人员的职务。

第四十一条　全国人民代表大会或者全国人民代表大会常务委员会可以组织对于特定问题的调查委员会。调查委员会的组织和工作，由全国人民代表大会或者全国人民代表大会常务委员会决定。

（三）《中华人民共和国地方各级人民代表大会和地方各级

人民政府组织法》(1979 年 7 月 1 日第五届全国人民代表大会第二次会议通过 1979 年 7 月 4 日公布 自 1980 年 1 月 1 日起施行 根据 1982 年 12 月 10 日第五届全国人民代表大会第五次会议《关于修改〈中华人民共和国地方各级人民代表大会和地方各级人民政府组织法〉的若干规定的决议》第一次修正 根据 1986 年 12 月 2 日第六届全国人民代表大会常务委员会第十八次会议《关于修改〈中华人民共和国地方各级人民代表大会和地方各级人民政府组织法〉的决定》第二次修正 根据 1995 年 2 月 28 日第八届全国人民代表大会常务委员会第十二次会议《关于修改〈中华人民共和国地方各级人民代表大会和地方各级人民政府组织法〉的决定》第三次修正 根据 2004 年 10 月 27 日第十届全国人民代表大会常务委员会第十二次会议《关于修改〈中华人民共和国地方各级人民代表大会和地方各级人民政府组织法〉的决定》第四次修正 根据 2015 年 8 月 29 日第十二届全国人民代表大会常务委员会第十六次会议《关于修改〈中华人民共和国地方各级人民代表大会和地方各级人民政府组织法〉、〈中华人民共和国全国人民代表大会和地方各级人民代表大会选举法〉、〈中华人民共和国全国人民代表大会和地方各级人民代表大会代表法〉的决定》第五次修正 根据 2022 年 3 月 11 日第十三届全国人民代表大会第五次会议《关于修改〈中华人民共和国地方各级人民代表大会和地方各级人民政府组织法〉的决定》第六次修正)

第十一条 县级以上的地方各级人民代表大会行使下列职权:

(一)在本行政区域内,保证宪法、法律、行政法规和上级人民代表大会及其常务委员会决议的遵守和执行,保证国家计划和国家预算的执行;

（二）审查和批准本行政区域内的国民经济和社会发展规划纲要、计划和预算及其执行情况的报告，审查监督政府债务，监督本级人民政府对国有资产的管理；

（八）听取和审议本级人民代表大会常务委员会的工作报告；

（九）听取和审议本级人民政府和人民法院、人民检察院的工作报告；

（十）改变或者撤销本级人民代表大会常务委员会的不适当的决议；

（十一）撤销本级人民政府的不适当的决定和命令。

第十二条　乡、民族乡、镇的人民代表大会行使下列职权：

（四）审查和批准本行政区域内的预算和预算执行情况的报告，监督本级预算的执行，审查和批准本级预算的调整方案，审查和批准本级决算；

（八）听取和审议乡、民族乡、镇的人民政府的工作报告；

（九）听取和审议乡、民族乡、镇的人民代表大会主席团的工作报告；

（十）撤销乡、民族乡、镇的人民政府的不适当的决定和命令。

第十三条　地方各级人民代表大会有权罢免本级人民政府的组成人员。县级以上的地方各级人民代表大会有权罢免本级人民代表大会常务委员会的组成人员和由它选出的监察委员会主任、人民法院院长、人民检察院检察长。罢免人民检察院检察长，须报经上一级人民检察院检察长提请该级人民代表大会常务委员会批准。

第二十四条　地方各级人民代表大会举行会议的时候，代表十人以上联名可以书面提出对本级人民政府和它所属各工作部门以及监察委员会、人民法院、人民检察院的质询案。质询案必须写明质询对象、质询的问题和内容。

质询案由主席团决定交由受质询机关在主席团会议、大会全体会议或者有关的专门委员会会议上口头答复，或者由受质询机关书面答复。在主席团会议或者专门委员会会议上答复的，提质询案的代表有权列席会议，发表意见；主席团认为必要的时候，可以将答复质询案的情况报告印发会议。

质询案以口头答复的，应当由受质询机关的负责人到会答复；质询案以书面答复的，应当由受质询机关的负责人签署，由主席团印发会议或者印发提质询案的代表。

第三十一条 县级以上的地方各级人民代表大会举行会议的时候，主席团、常务委员会或者十分之一以上代表联名，可以提出对本级人民代表大会常务委员会组成人员、人民政府组成人员、监察委员会主任、人民法院院长、人民检察院检察长的罢免案，由主席团提请大会审议。

乡、民族乡、镇的人民代表大会举行会议的时候，主席团或者五分之一以上代表联名，可以提出对人民代表大会主席、副主席，乡长、副乡长，镇长、副镇长的罢免案，由主席团提请大会审议。

罢免案应当写明罢免理由。

被提出罢免的人员有权在主席团会议或者大会全体会议上提出申辩意见，或者书面提出申辩意见。在主席团会议上提出的申辩意见或者书面提出的申辩意见，由主席团印发会议。

向县级以上的地方各级人民代表大会提出的罢免案，由主席团交会议审议后，提请全体会议表决；或者由主席团提议，经全体会议决定，组织调查委员会，由本级人民代表大会下次会议根据调查委员会的报告审议决定。

第三十六条 县级以上的地方各级人民代表大会可以组织关于特定问题的调查委员会。

主席团或者十分之一以上代表书面联名，可以向本级人民代表大会提议组织关于特定问题的调查委员会，由主席团提请全体会议决定。

调查委员会由主任委员、副主任委员和委员组成，由主席团在代表中提名，提请全体会议通过。

调查委员会应当向本级人民代表大会提出调查报告。人民代表大会根据调查委员会的报告，可以作出相应的决议。人民代表大会可以授权它的常务委员会听取调查委员会的调查报告，常务委员会可以作出相应的决议，报人民代表大会下次会议备案。

第五十条 县级以上的地方各级人民代表大会常务委员会行使下列职权：

（五）根据本级人民政府的建议，审查和批准本行政区域内的国民经济和社会发展规划纲要、计划和本级预算的调整方案；

（六）监督本行政区域内的国民经济和社会发展规划纲要、计划和预算的执行，审查和批准本级决算，监督审计查出问题整改情况，审查监督政府债务；

（七）监督本级人民政府、监察委员会、人民法院和人民检察院的工作，听取和审议有关专项工作报告，组织执法检查，开展专题询问等；联系本级人民代表大会代表，受理人民群众对上述机关和国家工作人员的申诉和意见；

（八）监督本级人民政府对国有资产的管理，听取和审议本级人民政府关于国有资产管理情况的报告；

（九）听取和审议本级人民政府关于年度环境状况和环境保

护目标完成情况的报告；

（十）听取和审议备案审查工作情况报告；

（十一）撤销下一级人民代表大会及其常务委员会的不适当的决议；

（十二）撤销本级人民政府的不适当的决定和命令；

（十七）在本级人民代表大会闭会期间，决定撤销个别副省长、自治区副主席、副市长、副州长、副县长、副区长的职务；决定撤销由它任命的本级人民政府其他组成人员和监察委员会副主任、委员，人民法院副院长、庭长、副庭长、审判委员会委员、审判员，人民检察院副检察长、检察委员会委员、检察员，中级人民法院院长，人民检察院分院检察长的职务；

第五十三条　在常务委员会会议期间，省、自治区、直辖市、自治州、设区的市的人民代表大会常务委员会组成人员五人以上联名，县级的人民代表大会常务委员会组成人员三人以上联名，可以向常务委员会书面提出对本级人民政府及其工作部门、监察委员会、人民法院、人民检察院的质询案。质询案必须写明质询对象、质询的问题和内容。

质询案由主任会议决定交由受质询机关在常务委员会全体会议上或者有关的专门委员会会议上口头答复，或者由受质询机关书面答复。在专门委员会会议上答复的，提质询案的常务委员会组成人员有权列席会议，发表意见；主任会议认为必要的时候，可以将答复质询案的情况报告印发会议。

质询案以口头答复的，应当由受质询机关的负责人到会答复；质询案以书面答复的，应当由受质询机关的负责人签署，由主任会议印发会议或者印发提质询案的常务委员会组成人员。

第五十八条　主任会议或者五分之一以上的常务委员会组成

人员书面联名，可以向本级人民代表大会常务委员会提议组织关于特定问题的调查委员会，由全体会议决定。

调查委员会由主任委员、副主任委员和委员组成，由主任会议在常务委员会组成人员和其他代表中提名，提请全体会议通过。

调查委员会应当向本级人民代表大会常务委员会提出调查报告。常务委员会根据调查委员会的报告，可以作出相应的决议。

（四）《中华人民共和国全国人民代表大会议事规则》（1989年4月4日第七届全国人民代表大会第二次会议通过 根据2021年3月11日第十三届全国人民代表大会第四次会议《关于修改〈中华人民共和国全国人民代表大会议事规则〉的决定》修正）

第三十三条 全国人民代表大会每年举行会议的时候，全国人民代表大会常务委员会、国务院、最高人民法院、最高人民检察院向会议提出的工作报告，经各代表团审议后，会议可以作出相应的决议。

第三十四条 全国人民代表大会会议举行的四十五日前，国务院有关主管部门应当就上一年度国民经济和社会发展计划执行情况的主要内容与本年度国民经济和社会发展计划草案的初步方案，上一年度中央和地方预算执行情况的主要内容与本年度中央和地方预算草案的初步方案，向全国人民代表大会财政经济委员会和有关的专门委员会汇报，由财政经济委员会进行初步审查。财政经济委员会进行初步审查时，应当邀请全国人民代表大会代表参加。

第三十五条 全国人民代表大会每年举行会议的时候，国务院应当向会议提出关于上一年度国民经济和社会发展计划执行情况与本年度国民经济和社会发展计划草案的报告、国民经济和社会发展计划草案，关于上一年度中央和地方预算执行情况与本年度中央和地方预算草案的报告、中央和地方预算草案，由各代表团进行审查，并由财政经济委员会和有关的专门委员会审查。

财政经济委员会根据各代表团和有关的专门委员会的审查意见，对前款规定的事项进行审查，向主席团提出审查结果报告，主席团审议通过后，印发会议，并将关于上一年度国民经济和社会发展计划执行情况与本年度国民经济和社会发展计划的决议草案、关于上一年度中央和地方预算执行情况与本年度中央和地方预算的决议草案提请大会全体会议表决。

有关的专门委员会的审查意见应当及时印发会议。

第三十六条　国民经济和社会发展计划、中央预算经全国人民代表大会批准后，在执行过程中必须作部分调整的，国务院应当将调整方案提请全国人民代表大会常务委员会审查和批准。

第三十七条　国民经济和社会发展五年规划纲要和中长期规划纲要的审查、批准和调整，参照本章有关规定执行。

第四十四条　主席团、三个以上的代表团或者十分之一以上的代表，可以提出对全国人民代表大会常务委员会的组成人员，中华人民共和国主席、副主席，国务院的组成人员，中央军事委员会的组成人员，国家监察委员会主任，最高人民法院院长和最高人民检察院检察长的罢免案，由主席团交各代表团审议后，提请大会全体会议表决；或者依照本规则第六章的规定，由主席团提议，经大会全体会议决定，组织调查委员会，由全国人民代表大会下次会议根据调查委员会的报告审议决定。

罢免案应当写明罢免理由，并提供有关的材料。

罢免案提请大会全体会议表决前，被提出罢免的人员有权在主席团会议和大会全体会议上提出申辩意见，或者书面提出申辩意见，由主席团印发会议。

第四十五条 全国人民代表大会常务委员会组成人员、专门委员会成员的全国人民代表大会代表职务被原选举单位罢免的，其全国人民代表大会常务委员会组成人员、专门委员会成员的职务相应撤销，由主席团或者全国人民代表大会常务委员会予以公告。

第四十六条 全国人民代表大会常务委员会组成人员、专门委员会成员，辞去全国人民代表大会代表职务的请求被接受的，其全国人民代表大会常务委员会组成人员、专门委员会成员的职务相应终止，由全国人民代表大会常务委员会予以公告。

第四十七条 各代表团审议议案和有关报告的时候，有关部门应当派负责人员到会，听取意见，回答代表提出的询问。

各代表团全体会议审议政府工作报告，审查关于上一年度国民经济和社会发展计划执行情况与本年度国民经济和社会发展计划草案的报告、国民经济和社会发展计划草案，审查关于上一年度中央和地方预算执行情况与本年度中央和地方预算草案的报告、中央和地方预算草案，审议最高人民法院工作报告、最高人民检察院工作报告的时候，国务院以及国务院各部门负责人，最高人民法院、最高人民检察院负责人或者其委派的人员应当分别参加会议，听取意见，回答询问。

主席团和专门委员会对议案和有关报告进行审议的时候，国务院或者有关机关负责人应当到会，听取意见，回答询问，并可以对议案或者有关报告作补充说明。

第四十八条 全国人民代表大会会议期间，一个代表团或者三十名以上的代表联名，可以书面提出对国务院以及国务院各部门、国家监察委员会、最高人民法院、最高人民检察院的质询案。

第四十九条 质询案必须写明质询对象、质询的问题和内容。

第五十条 质询案按照主席团的决定由受质询机关的负责人在主席团会议、有关的专门委员会会议或者有关的代表团会议上口头答复，或者由受质询机关书面答复。在主席团会议或者专门委员会会议上答复的，提质询案的代表团团长或者代表有权列席会议，发表意见。

提质询案的代表或者代表团对答复质询不满意的，可以提出要求，经主席团决定，由受质询机关再作答复。

在专门委员会会议或者代表团会议上答复的，有关的专门委员会或者代表团应当将答复质询案的情况向主席团报告。

主席团认为必要的时候，可以将答复质询案的情况报告印发会议。

质询案以书面答复的，受质询机关的负责人应当签署，由主席团决定印发会议。

第五十一条 全国人民代表大会认为必要的时候，可以组织关于特定问题的调查委员会。

第五十二条 主席团、三个以上的代表团或者十分之一以上的代表联名，可以提议组织关于特定问题的调查委员会，由主席团提请大会全体会议决定。

调查委员会由主任委员、副主任委员若干人和委员若干人组成，由主席团在代表中提名，提请大会全体会议通过。调查委员会可以聘请专家参加调查工作。

第五十三条 调查委员会进行调查的时候，一切有关的国家机关、社会团体和公民都有义务如实向它提供必要的材料。提供材料的公民要求调查委员会对材料来源保密的，调查委员会应当予以保密。

调查委员会在调查过程中，可以不公布调查的情况和材料。

第五十四条 调查委员会应当向全国人民代表大会提出调查报告。全国人民代表大会根据调查委员会的报告，可以作出相应的决议。

全国人民代表大会可以授权全国人民代表大会常务委员会在全国人民代表大会闭会期间，听取调查委员会的调查报告，并可以作出相应的决议，报全国人民代表大会下次会议备案。

（五）《中华人民共和国全国人民代表大会常务委员会议事规则》（1987 年 11 月 24 日第六届全国人民代表大会常务委员会第二十三次会议通过 根据 2009 年 4 月 24 日第十一届全国人民代表大会常务委员会第八次会议《关于修改〈中华人民共和国全国人民代表大会常务委员会议事规则〉的决定》第一次修正 根据 2022 年 6 月 24 日第十三届全国人民代表大会常务委员会第三十五次会议《关于修改〈中华人民共和国全国人民代表大会常务委员会议事规则〉的决定》第二次修正）

第三十三条 常务委员会根据年度工作计划和需要听取国务院、国家监察委员会、最高人民法院、最高人民检察院的专项工作报告。

常务委员会召开全体会议，定期听取下列报告：

（一）关于国民经济和社会发展计划、预算执行情况的报告，关于国民经济和社会发展五年规划纲要实施情况的中期评估报告；

（二）决算报告、审计工作报告、审计查出问题整改情况的报告；

（三）国务院关于年度环境状况和环境保护目标完成情况的报告；

（四）国务院关于国有资产管理情况的报告；

（五）国务院关于金融工作有关情况的报告；

（六）常务委员会执法检查组提出的执法检查报告；

（七）专门委员会关于全国人民代表大会会议主席团交付审议的代表提出的议案审议结果的报告；

（八）常务委员会办公厅和有关部门关于全国人民代表大会会议代表建议、批评和意见办理情况的报告；

（九）常务委员会法制工作委员会关于备案审查工作情况的报告；

（十）其他报告。

第三十四条　常务委员会全体会议听取报告后，可以由分组会议和联组会议进行审议。

委员长会议可以决定将报告交有关的专门委员会审议，提出意见。

第三十五条　常务委员会组成人员对各项报告的审议意见交由有关机关研究处理。有关机关应当将研究处理情况向常务委员会提出书面报告。

常务委员会认为必要的时候，可以对有关报告作出决议。有关机关应当在决议规定的期限内，将执行决议的情况向常务委员会报告。

委员长会议可以根据工作报告中的建议、常务委员会组成人员的审议意见，提出有关法律问题或者重大问题的决定的议案，提请常务委员会审议，必要时由常务委员会提请全国人民代表大会审议。

第三十六条　常务委员会分组会议对议案或者有关的报告进行审议的时候，应当通知有关部门派人到会，听取意见，回答询问。

常务委员会联组会议对议案或者有关的报告进行审议的时候，应当通知有关负责人到会，听取意见，回答询问。

第三十七条　常务委员会围绕关系改革发展稳定大局和人民切身利益、社会普遍关注的重大问题，可以召开联组会议、分组会议，进行专题询问。

根据专题询问的议题，国务院及国务院有关部门和国家监察委员会、最高人民法院、最高人民检察院的负责人应当到会，听取意见，回答询问。

专题询问中提出的意见交由有关机关研究处理，有关机关应当及时向常务委员会提交研究处理情况报告。必要时，可以由委员长会议将研究处理情况报告提请常务委员会审议，由常务委员会作出决议。

第三十八条　根据常务委员会工作安排或者受委员长会议委托，专门委员会可以就有关问题开展调研询问，并提出开展调研询问情况的报告。

第三十九条　在常务委员会会议期间，常务委员会组成人员十人以上联名，可以向常务委员会书面提出对国务院及国务院各部门和国家监察委员会、最高人民法院、最高人民检察院的质询案。

第四十条　质询案必须写明质询对象、质询的问题和内容。

第四十一条　质询案由委员长会议决定交由有关的专门委员会审议或者提请常务委员会会议审议。

第四十二条　质询案由委员长会议决定，由受质询机关的负责人在常务委员会会议上或者有关的专门委员会会议上口头答复，或者由受质询机关书面答复。在专门委员会会议上答复的，专门委员会应当向常务委员会或者委员长会议提出报告。

质询案以书面答复的，应当由被质询机关负责人签署，并印发常务委员会组成人员和有关的专门委员会。

专门委员会审议质询案的时候，提质询案的常务委员会组成人员可以出席会议，发表意见。

（六）《中华人民共和国立法法》（2000 年 3 月 15 日第九届全国人民代表大会第三次会议通过 根据 2015 年 3 月 15 日第十二届全国人民代表大会第三次会议《关于修改〈中华人民共和国立法法〉的决定》第一次修正 根据 2023 年 3 月 13 日第十四届全国人民代表大会第一次会议《关于修改〈中华人民共和国立法法〉的决定》第二次修正)

第九十八条 宪法具有最高的法律效力，一切法律、行政法规、地方性法规、自治条例和单行条例、规章都不得同宪法相抵触。

第一百零七条 法律、行政法规、地方性法规、自治条例和单行条例、规章有下列情形之一的，由有关机关依照本法第一百零八条规定的权限予以改变或者撤销：

（一）超越权限的；

（二）下位法违反上位法规定的；

（三）规章之间对同一事项的规定不一致，经裁决应当改变或者撤销一方的规定的；

（四）规章的规定被认为不适当，应当予以改变或者撤销的；

（五）违背法定程序的。

第一百零八条 改变或者撤销法律、行政法规、地方性法

规、自治条例和单行条例、规章的权限是:

（一）全国人民代表大会有权改变或者撤销它的常务委员会制定的不适当的法律，有权撤销全国人民代表大会常务委员会批准的违背宪法和本法第八十五条第二款规定的自治条例和单行条例；

（二）全国人民代表大会常务委员会有权撤销同宪法和法律相抵触的行政法规，有权撤销同宪法、法律和行政法规相抵触的地方性法规，有权撤销省、自治区、直辖市的人民代表大会常务委员会批准的违背宪法和本法第八十五条第二款规定的自治条例和单行条例；

（三）国务院有权改变或者撤销不适当的部门规章和地方政府规章；

（四）省、自治区、直辖市的人民代表大会有权改变或者撤销它的常务委员会制定的和批准的不适当的地方性法规；

（五）地方人民代表大会常务委员会有权撤销本级人民政府制定的不适当的规章；

（六）省、自治区的人民政府有权改变或者撤销下一级人民政府制定的不适当的规章；

（七）授权机关有权撤销被授权机关制定的超越授权范围或者违背授权目的的法规，必要时可以撤销授权。

第一百零九条 行政法规、地方性法规、自治条例和单行条例、规章应当在公布后的三十日内依照下列规定报有关机关备案:

（一）行政法规报全国人民代表大会常务委员会备案；

（二）省、自治区、直辖市的人民代表大会及其常务委员会制定的地方性法规，报全国人民代表大会常务委员会和国务院备案；设区的市、自治州的人民代表大会及其常务委员会制定的地方性法规，由省、自治区的人民代表大会常务委员会报全国人民代表大会常务委员会和国务院备案；

（三）自治州、自治县的人民代表大会制定的自治条例和单行条例，由省、自治区、直辖市的人民代表大会常务委员会报全国人民代表大会常务委员会和国务院备案；自治条例、单行条例报送备案时，应当说明对法律、行政法规、地方性法规作出变通的情况；

（四）部门规章和地方政府规章报国务院备案；地方政府规章应当同时报本级人民代表大会常务委员会备案；设区的市、自治州的人民政府制定的规章应当同时报省、自治区的人民代表大会常务委员会和人民政府备案；

（五）根据授权制定的法规应当报授权决定规定的机关备案；经济特区法规、浦东新区法规、海南自由贸易港法规报送备案时，应当说明变通的情况。

第一百一十条　国务院、中央军事委员会、国家监察委员会、最高人民法院、最高人民检察院和各省、自治区、直辖市的人民代表大会常务委员会认为行政法规、地方性法规、自治条例和单行条例同宪法或者法律相抵触，或者存在合宪性、合法性问题的，可以向全国人民代表大会常务委员会书面提出进行审查的要求，由全国人民代表大会有关的专门委员会和常务委员会工作机构进行审查、提出意见。

前款规定以外的其他国家机关和社会团体、企业事业组织以及公民认为行政法规、地方性法规、自治条例和单行条例同宪法或者法律相抵触的，可以向全国人民代表大会常务委员会书面提出进行审查的建议，由常务委员会工作机构进行审查；必要时，送有关的专门委员会进行审查、提出意见。

第一百一十一条 全国人民代表大会专门委员会、常务委员会工作机构可以对报送备案的行政法规、地方性法规、自治条例和单行条例等进行主动审查，并可以根据需要进行专项审查。

国务院备案审查工作机构可以对报送备案的地方性法规、自治条例和单行条例，部门规章和省、自治区、直辖市的人民政府制定的规章进行主动审查，并可以根据需要进行专项审查。

第一百一十二条 全国人民代表大会专门委员会、常务委员会工作机构在审查中认为行政法规、地方性法规、自治条例和单行条例同宪法或者法律相抵触，或者存在合宪性、合法性问题的，可以向制定机关提出书面审查意见；也可以由宪法和法律委员会与有关的专门委员会、常务委员会工作机构召开联合审查会议，要求制定机关到会说明情况，再向制定机关提出书面审查意见。制定机关应当在两个月内研究提出是否修改或者废止的意见，并向全国人民代表大会宪法和法律委员会、有关的专门委员会或者常务委员会工作机构反馈。

全国人民代表大会宪法和法律委员会、有关的专门委员会、常务委员会工作机构根据前款规定，向制定机关提出审查意见，制定机关按照所提意见对行政法规、地方性法规、自治条例和单行条例进行修改或者废止的，审查终止。

全国人民代表大会宪法和法律委员会、有关的专门委员会、常务委员会工作机构经审查认为行政法规、地方性法规、自治条例和单行条例同宪法或者法律相抵触，或者存在合宪性、合法性问题需要修改或者废止，而制定机关不予修改或者废止的，应当向委员长会议提出予以撤销的议案、建议，由委员长会议决定提请常务委员会会议审议决定。

第一百一十三条　全国人民代表大会有关的专门委员会、常务委员会工作机构应当按照规定要求，将审查情况向提出审查建议的国家机关、社会团体、企业事业组织以及公民反馈，并可以向社会公开。

第一百一十四条　其他接受备案的机关对报送备案的地方性法规、自治条例和单行条例、规章的审查程序，按照维护法制统一的原则，由接受备案的机关规定。

第一百一十五条　备案审查机关应当建立健全备案审查衔接联动机制，对应当由其他机关处理的审查要求或者审查建议，及时移送有关机关处理。

第一百一十六条　对法律、行政法规、地方性法规、自治条例和单行条例、规章和其他规范性文件，制定机关根据维护法制统一的原则和改革发展的需要进行清理。

第一百一十八条　国家监察委员会根据宪法和法律、全国人民代表大会常务委员会的有关决定，制定监察法规，报全国人民代表大会常务委员会备案。

第一百一十九条　最高人民法院、最高人民检察院作出的属于审判、检察工作中具体应用法律的解释，应当主要针对具体的法律条文，并符合立法的目的、原则和原意。遇有本法第四十八条第二款规定情况的，应当向全国人民代表大会常务委员会提出法律解释的要求或者提出制定、修改有关法律的议案。

最高人民法院、最高人民检察院作出的属于审判、检察工作中具体应用法律的解释，应当自公布之日起三十日内报全国人民代表大会常务委员会备案。

（七）《中华人民共和国民族区域自治法》（1984 年 5 月 31日第六届全国人民代表大会第二次会议通过　根据 2001 年 2 月

28 日第九届全国人民代表大会常务委员会第二十次会议《关于修改〈中华人民共和国民族区域自治法〉的决定》修正)

第十五条 民族自治地方的自治机关是自治区、自治州、自治县的人民代表大会和人民政府。

民族自治地方的人民政府对本级人民代表大会和上一级国家行政机关负责并报告工作,在本级人民代表大会闭会期间,对本级人民代表大会常务委员会负责并报告工作。各民族自治地方的人民政府都是国务院统一领导下的国家行政机关,都服从国务院。

第十九条 民族自治地方的人民代表大会有权依照当地民族的政治、经济和文化的特点,制定自治条例和单行条例。自治区的自治条例和单行条例,报全国人民代表大会常务委员会批准后生效。自治州、自治县的自治条例和单行条例报省、自治区、直辖市的人民代表大会常务委员会批准后生效,并报全国人民代表大会常务委员会和国务院备案。

第四十六条 民族自治地方的人民法院和人民检察院对本级人民代表大会及其常务委员会负责。民族自治地方的人民检察院并对上级人民检察院负责。

(八)《中华人民共和国预算法》(1994 年 3 月 22 日第八届全国人民代表大会第二次会议通过 根据 2014 年 8 月 31 日第十二届全国人民代表大会常务委员会第十次会议《关于修改〈中华人民共和国预算法〉的决定》第一次修正 根据 2018 年 12 月 29 日第十三届全国人民代表大会常务委员会第七次会议《关于修改〈中华人民共和国产品质量法〉等五部法律的决定》第二次修正)

第十三条 经人民代表大会批准的预算,非经法定程序,不得调整。各级政府、各部门、各单位的支出必须以经批准的预算为依据，未列入预算的不得支出。

第十四条　经本级人民代表大会或者本级人民代表大会常务委员会批准的预算、预算调整、决算、预算执行情况的报告及报表，应当在批准后二十日内由本级政府财政部门向社会公开，并对本级政府财政转移支付安排、执行的情况以及举借债务的情况等重要事项作出说明。

第二十条　全国人民代表大会审查中央和地方预算草案及中央和地方预算执行情况的报告；批准中央预算和中央预算执行情况的报告；改变或者撤销全国人民代表大会常务委员会关于预算、决算的不适当的决议。

全国人民代表大会常务委员会监督中央和地方预算的执行；审查和批准中央预算的调整方案；审查和批准中央决算；撤销国务院制定的同宪法、法律相抵触的关于预算、决算的行政法规、决定和命令；撤销省、自治区、直辖市人民代表大会及其常务委员会制定的同宪法、法律和行政法规相抵触的关于预算、决算的地方性法规和决议。

第二十一条　县级以上地方各级人民代表大会审查本级总预算草案及本级总预算执行情况的报告；批准本级预算和本级预算执行情况的报告；改变或者撤销本级人民代表大会常务委员会关于预算、决算的不适当的决议；撤销本级政府关于预算、决算的不适当的决定和命令。

县级以上地方各级人民代表大会常务委员会监督本级总预算的执行；审查和批准本级预算的调整方案；审查和批准本级决算；撤销本级政府和下一级人民代表大会及其常务委员会关于预算、决算的不适当的决定、命令和决议。

乡、民族乡、镇的人民代表大会审查和批准本级预算和本级预算执行情况的报告；监督本级预算的执行；审查和批准本级预算的调整方案；审查和批准本级决算；撤销本级政府关于预算、决算的不适当的决定和命令。

第二十二条　全国人民代表大会财政经济委员会对中央预算草案初步方案及上一年预算执行情况、中央预算调整初步方案和中央决算草案进行初步审查，提出初步审查意见。

省、自治区、直辖市人民代表大会有关专门委员会对本级预算草案初步方案及上一年预算执行情况、本级预算调整初步方案和本级决算草案进行初步审查，提出初步审查意见。

设区的市、自治州人民代表大会有关专门委员会对本级预算草案初步方案及上一年预算执行情况、本级预算调整初步方案和本级决算草案进行初步审查，提出初步审查意见，未设立专门委员会的，由本级人民代表大会常务委员会有关工作机构研究提出意见。

县、自治县、不设区的市、市辖区人民代表大会常务委员会对本级预算草案初步方案及上一年预算执行情况进行初步审查，提出初步审查意见。县、自治县、不设区的市、市辖区人民代表大会常务委员会有关工作机构对本级预算调整初步方案和本级决算草案研究提出意见。

设区的市、自治州以上各级人民代表大会有关专门委员会进行初步审查、常务委员会有关工作机构研究提出意见时，应当邀请本级人民代表大会代表参加。

对依照本条第一款至第四款规定提出的意见，本级政府财政部门应当将处理情况及时反馈。

依照本条第一款至第四款规定提出的意见以及本级政府财政

部门反馈的处理情况报告，应当印发本级人民代表大会代表。

全国人民代表大会常务委员会和省、自治区、直辖市、设区的市、自治州人民代表大会常务委员会有关工作机构，依照本级人民代表大会常务委员会的决定，协助本级人民代表大会财政经济委员会或者有关专门委员会承担审查预算草案、预算调整方案、决算草案和监督预算执行等方面的具体工作。

第二十三条　国务院编制中央预算、决算草案；向全国人民代表大会作关于中央和地方预算草案的报告；将省、自治区、直辖市政府报送备案的预算汇总后报全国人民代表大会常务委员会备案；组织中央和地方预算的执行；决定中央预算预备费的动用；编制中央预算调整方案；监督中央各部门和地方政府的预算执行；改变或者撤销中央各部门和地方政府关于预算、决算的不适当的决定、命令；向全国人民代表大会、全国人民代表大会常务委员会报告中央和地方预算的执行情况。

第二十四条　县级以上地方各级政府编制本级预算、决算草案；向本级人民代表大会作关于本级总预算草案的报告；将下一级政府报送备案的预算汇总后报本级人民代表大会常务委员会备案；组织本级总预算的执行；决定本级预算预备费的动用；编制本级预算的调整方案；监督本级各部门和下级政府的预算执行；改变或者撤销本级各部门和下级政府关于预算、决算的不适当的决定、命令；向本级人民代表大会、本级人民代表大会常务委员会报告本级总预算的执行情况。

乡、民族乡、镇政府编制本级预算、决算草案；向本级人民代表大会作关于本级预算草案的报告；组织本级预算的执行；决定本级预算预备费的动用；编制本级预算的调整方案；向本级人民代表大会报告本级预算的执行情况。

经省、自治区、直辖市政府批准，乡、民族乡、镇本级预算草案、预算调整方案、决算草案，可以由上一级政府代编，并依照本法第二十一条的规定报乡、民族乡、镇的人民代表大会审查和批准。

第四十三条 中央预算由全国人民代表大会审查和批准。

地方各级预算由本级人民代表大会审查和批准。

第四十四条 国务院财政部门应当在每年全国人民代表大会会议举行的四十五日前，将中央预算草案的初步方案提交全国人民代表大会财政经济委员会进行初步审查。

省、自治区、直辖市政府财政部门应当在本级人民代表大会会议举行的三十日前，将本级预算草案的初步方案提交本级人民代表大会有关专门委员会进行初步审查。

设区的市、自治州政府财政部门应当在本级人民代表大会会议举行的三十日前，将本级预算草案的初步方案提交本级人民代表大会有关专门委员会进行初步审查，或者送交本级人民代表大会常务委员会有关工作机构征求意见。

县、自治县、不设区的市、市辖区政府应当在本级人民代表大会会议举行的三十日前，将本级预算草案的初步方案提交本级人民代表大会常务委员会进行初步审查。

第四十五条 县、自治县、不设区的市、市辖区、乡、民族乡、镇的人民代表大会举行会议审查预算草案前，应当采用多种形式，组织本级人民代表大会代表，听取选民和社会各界的意见。

第四十六条 报送各级人民代表大会审查和批准的预算草案应当细化。本级一般公共预算支出，按其功能分类应当编列到项；按其经济性质分类，基本支出应当编列到款。本级政府性基金预算、国有资本经营预算、社会保险基金预算支出，按其功能分类应当编列到项。

第四十七条 国务院在全国人民代表大会举行会议时，向大会作关于中央和地方预算草案以及中央和地方预算执行情况的报告。

地方各级政府在本级人民代表大会举行会议时，向大会作关于总预算草案和总预算执行情况的报告。

第四十八条 全国人民代表大会和地方各级人民代表大会对预算草案及其报告、预算执行情况的报告重点审查下列内容：

（一）上一年预算执行情况是否符合本级人民代表大会预算决议的要求；

（二）预算安排是否符合本法的规定；

（三）预算安排是否贯彻国民经济和社会发展的方针政策，收支政策是否切实可行；

（四）重点支出和重大投资项目的预算安排是否适当；

（五）预算的编制是否完整，是否符合本法第四十六条的规定；

（六）对下级政府的转移性支出预算是否规范、适当；

（七）预算安排举借的债务是否合法、合理，是否有偿还计划和稳定的偿还资金来源；

（八）与预算有关重要事项的说明是否清晰。

第四十九条 全国人民代表大会财政经济委员会向全国人民代表大会主席团提出关于中央和地方预算草案及中央和地方预算执行情况的审查结果报告。

省、自治区、直辖市、设区的市、自治州人民代表大会有关专门委员会，县、自治县、不设区的市、市辖区人民代表大会常务委员会，向本级人民代表大会主席团提出关于总预算草案及上一年总预算执行情况的审查结果报告。

审查结果报告应当包括下列内容：

（一）对上一年预算执行和落实本级人民代表大会预算决议的情况作出评价；

（二）对本年度预算草案是否符合本法的规定，是否可行作出评价；

（三）对本级人民代表大会批准预算草案和预算报告提出建议；

（四）对执行年度预算、改进预算管理、提高预算绩效、加强预算监督等提出意见和建议。

第五十条　乡、民族乡、镇政府应当及时将经本级人民代表大会批准的本级预算报上一级政府备案。县级以上地方各级政府应当及时将经本级人民代表大会批准的本级预算及下一级政府报送备案的预算汇总，报上一级政府备案。

县级以上地方各级政府将下一级政府依照前款规定报送备案的预算汇总后，报本级人民代表大会常务委员会备案。国务院将省、自治区、直辖市政府依照前款规定报送备案的预算汇总后，报全国人民代表大会常务委员会备案。

第五十一条　国务院和县级以上地方各级政府对下一级政府依照本法第五十条规定报送备案的预算，认为有同法律、行政法规相抵触或者有其他不适当之处，需要撤销批准预算的决议的，应当提请本级人民代表大会常务委员会审议决定。

第五十二条　各级预算经本级人民代表大会批准后，本级政府财政部门应当在二十日内向本级各部门批复预算。各部门应当在接到本级政府财政部门批复的本部门预算后十五日内向所属各单位批复预算。

中央对地方的一般性转移支付应当在全国人民代表大会批准预算后三十日内正式下达。中央对地方的专项转移支付应当在全国人民代表大会批准预算后九十日内正式下达。

省、自治区、直辖市政府接到中央一般性转移支付和专项转移支付后，应当在三十日内正式下达到本行政区域县级以上各级政府。

县级以上地方各级预算安排对下级政府的一般性转移支付和专项转移支付，应当分别在本级人民代表大会批准预算后的三十日和六十日内正式下达。

对自然灾害等突发事件处理的转移支付，应当及时下达预算；对据实结算等特殊项目的转移支付，可以分期下达预算，或者先预付后结算。

县级以上各级政府财政部门应当将批复本级各部门的预算和批复下级政府的转移支付预算，抄送本级人民代表大会财政经济委员会、有关专门委员会和常务委员会有关工作机构。

第五十八条 各级预算的收入和支出实行收付实现制。

特定事项按照国务院的规定实行权责发生制的有关情况，应当向本级人民代表大会常务委员会报告。

第六十九条 在预算执行中，各级政府对于必须进行的预算调整，应当编制预算调整方案。预算调整方案应当说明预算调整的理由、项目和数额。

在预算执行中，由于发生自然灾害等突发事件，必须及时增加预算支出的，应当先动支预备费；预备费不足支出的，各级政府可以先安排支出，属于预算调整的，列入预算调整方案。

国务院财政部门应当在全国人民代表大会常务委员会举行会

议审查和批准预算调整方案的三十日前，将预算调整初步方案送交全国人民代表大会财政经济委员会进行初步审查。

省、自治区、直辖市政府财政部门应当在本级人民代表大会常务委员会举行会议审查和批准预算调整方案的三十日前，将预算调整初步方案送交本级人民代表大会有关专门委员会进行初步审查。

设区的市、自治州政府财政部门应当在本级人民代表大会常务委员会举行会议审查和批准预算调整方案的三十日前，将预算调整初步方案送交本级人民代表大会有关专门委员会进行初步审查，或者送交本级人民代表大会常务委员会有关工作机构征求意见。

县、自治县、不设区的市、市辖区政府财政部门应当在本级人民代表大会常务委员会举行会议审查和批准预算调整方案的三十日前，将预算调整初步方案送交本级人民代表大会常务委员会有关工作机构征求意见。

中央预算的调整方案应当提请全国人民代表大会常务委员会审查和批准。县级以上地方各级预算的调整方案应当提请本级人民代表大会常务委员会审查和批准；乡、民族乡、镇预算的调整方案应当提请本级人民代表大会审查和批准。未经批准，不得调整预算。

第七十条　经批准的预算调整方案，各级政府应当严格执行。未经本法第六十九条规定的程序，各级政府不得作出预算调整的决定。

对违反前款规定作出的决定，本级人民代表大会、本级人民代表大会常务委员会或者上级政府应当责令其改变或者撤销。

第七十一条　在预算执行中，地方各级政府因上级政府增加不需要本级政府提供配套资金的专项转移支付而引起的预算支出变化，不属于预算调整。

接受增加专项转移支付的县级以上地方各级政府应当向本级人民代表大会常务委员会报告有关情况；接受增加专项转移支付的乡、民族乡、镇政府应当向本级人民代表大会报告有关情况。

第七十七条　国务院财政部门编制中央决算草案，经国务院审计部门审计后，报国务院审定，由国务院提请全国人民代表大会常务委员会审查和批准。

县级以上地方各级政府财政部门编制本级决算草案，经本级政府审计部门审计后，报本级政府审定，由本级政府提请本级人民代表大会常务委员会审查和批准。

乡、民族乡、镇政府编制本级决算草案，提请本级人民代表大会审查和批准。

第七十八条　国务院财政部门应当在全国人民代表大会常务委员会举行会议审查和批准中央决算草案的三十日前，将上一年度中央决算草案提交全国人民代表大会财政经济委员会进行初步审查。

省、自治区、直辖市政府财政部门应当在本级人民代表大会常务委员会举行会议审查和批准本级决算草案的三十日前，将上一年度本级决算草案提交本级人民代表大会有关专门委员会进行初步审查。

设区的市、自治州政府财政部门应当在本级人民代表大会常务委员会举行会议审查和批准本级决算草案的三十日前，将上一年度本级决算草案提交本级人民代表大会有关专门委员会进行初步审查，或者送交本级人民代表大会常务委员会有关工作机构征求意见。

县、自治县、不设区的市、市辖区政府财政部门应当在本级人民代表大会常务委员会举行会议审查和批准本级决算草案的三十日前,将上一年度本级决算草案送交本级人民代表大会常务委员会有关工作机构征求意见。

全国人民代表大会财政经济委员会和省、自治区、直辖市、设区的市、自治州人民代表大会有关专门委员会,向本级人民代表大会常务委员会提出关于本级决算草案的审查结果报告。

第七十九条 县级以上各级人民代表大会常务委员会和乡、民族乡、镇人民代表大会对本级决算草案,重点审查下列内容:

(一)预算收入情况;

(二)支出政策实施情况和重点支出、重大投资项目资金的使用及绩效情况;

(三)结转资金的使用情况;

(四)资金结余情况;

(五)本级预算调整及执行情况;

(六)财政转移支付安排执行情况;

(七)经批准举借债务的规模、结构、使用、偿还等情况;

(八)本级预算周转金规模和使用情况;

(九)本级预备费使用情况;

(十)超收收入安排情况,预算稳定调节基金的规模和使用情况;

(十一)本级人民代表大会批准的预算决议落实情况;

(十二)其他与决算有关的重要情况。

县级以上各级人民代表大会常务委员会应当结合本级政府提出的上一年度预算执行和其他财政收支的审计工作报告,对本级决算草案进行审查。

第八十条　各级决算经批准后，财政部门应当在二十日内向本级各部门批复决算。各部门应当在接到本级政府财政部门批复的本部门决算后十五日内向所属单位批复决算。

第八十一条　地方各级政府应当将经批准的决算及下一级政府上报备案的决算汇总，报上一级政府备案。

县级以上各级政府应当将下一级政府报送备案的决算汇总后，报本级人民代表大会常务委员会备案。

第八十二条　国务院和县级以上地方各级政府对下一级政府依照本法第八十一条规定报送备案的决算，认为有同法律、行政法规相抵触或者有其他不适当之处，需要撤销批准该项决算的决议的，应当提请本级人民代表大会常务委员会审议决定；经审议决定撤销的，该下级人民代表大会常务委员会应当责成本级政府依照本法规定重新编制决算草案，提请本级人民代表大会常务委员会审查和批准。

第八十三条　全国人民代表大会及其常务委员会对中央和地方预算、决算进行监督。

县级以上地方各级人民代表大会及其常务委员会对本级和下级预算、决算进行监督。

乡、民族乡、镇人民代表大会对本级预算、决算进行监督。

第八十四条　各级人民代表大会和县级以上各级人民代表大会常务委员会有权就预算、决算中的重大事项或者特定问题组织调查，有关的政府、部门、单位和个人应当如实反映情况和提供必要的材料。

第八十五条　各级人民代表大会和县级以上各级人民代表大会常务委员会举行会议时，人民代表大会代表或者常务委员会组成人员，依照法律规定程序就预算、决算中的有关问题提出询问或者质询，受询问或者受质询的有关的政府或者财政部门必须及时给予答复。

第八十六条 国务院和县级以上地方各级政府应当在每年六月至九月期间向本级人民代表大会常务委员会报告预算执行情况。

第九十七条 各级政府财政部门应当按年度编制以权责发生制为基础的政府综合财务报告，报告政府整体财务状况、运行情况和财政中长期可持续性，报本级人民代表大会常务委员会备案。

（九）《中华人民共和国审计法》（1994 年 8 月 31 日第八届全国人民代表大会常务委员会第九次会议通过　根据 2006 年 2 月 28 日第十届全国人民代表大会常务委员会第二十次会议《关于修改〈中华人民共和国审计法〉的决定》第一次修正　根据 2021 年 10 月 23 日第十三届全国人民代表大会常务委员会第三十一次会议《关于修改〈中华人民共和国审计法〉的决定》第二次修正）

第四条 国务院和县级以上地方人民政府应当每年向本级人民代表大会常务委员会提出审计工作报告。审计工作报告应当报告审计机关对预算执行、决算草案以及其他财政收支的审计情况，重点报告对预算执行及其绩效的审计情况，按照有关法律、行政法规的规定报告对国有资源、国有资产的审计情况。必要时，人民代表大会常务委员会可以对审计工作报告作出决议。

国务院和县级以上地方人民政府应当将审计工作报告中指出的问题的整改情况和处理结果向本级人民代表大会常务委员会报告。

（十）《中华人民共和国企业国有资产法》（2008 年 10 月 28

日第十一届全国人民代表大会常务委员会第五次会议通过)

第六十条 国有资本经营预算按年度单独编制,纳入本级人民政府预算,报本级人民代表大会批准。

第六十二条 国有资本经营预算管理的具体办法和实施步骤,由国务院规定,报全国人民代表大会常务委员会备案。

第六十三条 各级人民代表大会常务委员会通过听取和审议本级人民政府履行出资人职责的情况和国有资产监督管理情况的专项工作报告,组织对本法实施情况的执法检查等,依法行使监督职权。

第六十六条 国务院和地方人民政府应当依法向社会公布国有资产状况和国有资产监督管理工作情况,接受社会公众的监督。

任何单位和个人有权对造成国有资产损失的行为进行检举和控告。

(十一)《中华人民共和国监察法》(2018 年 3 月 20 日第十三届全国人民代表大会第一次会议通过)

第八条 国家监察委员会由全国人民代表大会产生,负责全国监察工作。

国家监察委员会对全国人民代表大会及其常务委员会负责,并接受其监督。

第九条 地方各级监察委员会由本级人民代表大会产生,负责本行政区域内的监察工作。

地方各级监察委员会对本级人民代表大会及其常务委员会和上一级监察委员会负责,并接受其监督。

第五十三条 各级监察委员会应当接受本级人民代表大会及其常务委员会的监督。

各级人民代表大会常务委员会听取和审议本级监察委员会的专项工作报告,组织执法检查。

县级以上各级人民代表大会及其常务委员会举行会议时,人民代表大会代表或者常务委员会组成人员可以依照法律规定的程序,就监察工作中的有关问题提出询问或者质询。

(十二)《中华人民共和国人民法院组织法》(1979 年 7 月 1 日第五届全国人民代表大会第二次会议通过 根据 1983 年 9 月 2 日第六届全国人民代表大会常务委员会第二次会议《关于修改〈中华人民共和国人民法院组织法〉的决定》第一次修正 根据 1986 年 12 月 2 日第六届全国人民代表大会常务委员会第十八次会议《关于修改〈中华人民共和国地方各级人民代表大会和地方各级人民政府组织法〉的决定》第二次修正 根据 2006 年 10 月 31 日第十届全国人民代表大会常务委员会第二十四次会议《关于修改〈中华人民共和国人民法院组织法〉的决定》第三次修正 2018 年 10 月 26 日第十三届全国人民代表大会常务委员会第六次会议修订)

第九条 最高人民法院对全国人民代表大会及其常务委员会负责并报告工作。地方各级人民法院对本级人民代表大会及其常务委员会负责并报告工作。

各级人民代表大会及其常务委员会对本级人民法院的工作实施监督。

第四十四条 人民法院院长任期与产生它的人民代表大会每届任期相同。

各级人民代表大会有权罢免由其选出的人民法院院长。在地方人民代表大会闭会期间,本级人民代表大会常务委员会认为人民法院院长需要撤换的,应当报请上级人民代表大会常务委员会批准。

（十三）《中华人民共和国人民检察院组织法》（1979 年 7 月 1 日第五届全国人民代表大会第二次会议通过 根据 1983 年 9 月 2 日第六届全国人民代表大会常务委员会第二次会议《关于修改〈中华人民共和国人民检察院组织法〉的决定》第一次修正 根据 1986 年 12 月 2 日第六届全国人民代表大会常务委员会第十八次会议《关于修改〈中华人民共和国地方各级人民代表大会和地方各级人民政府组织法〉的决定》第二次修正 2018 年 10 月 26 日第十三届全国人民代表大会常务委员会第六次会议修订）

第九条 最高人民检察院对全国人民代表大会及其常务委员会负责并报告工作。地方各级人民检察院对本级人民代表大会及其常务委员会负责并报告工作。

各级人民代表大会及其常务委员会对本级人民检察院的工作实施监督。

第三十七条 最高人民检察院检察长由全国人民代表大会选举和罢免，副检察长、检察委员会委员和检察员由检察长提请全国人民代表大会常务委员会任免。

第三十八条 地方各级人民检察院检察长由本级人民代表大会选举和罢免，副检察长、检察委员会委员和检察员由检察长提请本级人民代表大会常务委员会任免。

第三十九条 人民检察院检察长任期与产生它的人民代表大会每届任期相同。

全国人民代表大会常务委员会和省、自治区、直辖市人民代表大会常务委员会根据本级人民检察院检察长的建议，可以撤换下级人民检察院检察长、副检察长和检察委员会委员。

（十四）《中华人民共和国监察官法》（2021 年 8 月 20 日第

十三届全国人民代表大会常务委员会第三十次会议通过）

第十九条 国家监察委员会主任由全国人民代表大会选举和罢免，副主任、委员由国家监察委员会主任提请全国人民代表大会常务委员会任免。

地方各级监察委员会主任由本级人民代表大会选举和罢免，副主任、委员由监察委员会主任提请本级人民代表大会常务委员会任免。

（十五）《中华人民共和国法官法》（1995 年 2 月 28 日第八届全国人民代表大会常务委员会第十二次会议通过　根据 2001 年 6 月 30 日第九届全国人民代表大会常务委员会第二十二次会议《关于修改〈中华人民共和国法官法〉的决定》第一次修正　根据 2017 年 9 月 1 日第十二届全国人民代表大会常务委员会第二十九次会议《关于修改〈中华人民共和国法官法〉等八部法律的决定》第二次修正　2019 年 4 月 23 日第十三届全国人民代表大会常务委员会第十次会议修订）

第十八条 法官的任免，依照宪法和法律规定的任免权限和程序办理。

最高人民法院院长由全国人民代表大会选举和罢免，副院长、审判委员会委员、庭长、副庭长和审判员，由院长提请全国人民代表大会常务委员会任免。

最高人民法院巡回法庭庭长、副庭长，由院长提请全国人民代表大会常务委员会任免。

地方各级人民法院院长由本级人民代表大会选举和罢免，副院长、审判委员会委员、庭长、副庭长和审判员，由院长提请本级人民代表大会常务委员会任免。

（十六）《中华人民共和国检察官法》（1995 年 2 月 28 日第

八届全国人民代表大会常务委员会第十二次会议通过 根据 2001 年 6 月 30 日第九届全国人民代表大会常务委员会第二十二次会议《关于修改〈中华人民共和国检察官法〉的决定》第一次修正 根据 2017 年 9 月 1 日第十二届全国人民代表大会常务委员会第二十九次会议《关于修改〈中华人民共和国检察官法〉等八部法律的决定》第二次修正 2019 年 4 月 23 日第十三届全国人民代表大会常务委员会第十次会议修订)

第十八条 检察官的任免,依照宪法和法律规定的任免权限和程序办理。

最高人民检察院检察长由全国人民代表大会选举和罢免,副检察长、检察委员会委员和检察员,由检察长提请全国人民代表大会常务委员会任免。

地方各级人民检察院检察长由本级人民代表大会选举和罢免,副检察长、检察委员会委员和检察员,由检察长提请本级人民代表大会常务委员会任免。

(十七)《中华人民共和国环境保护法》(1989 年 12 月 26 日第七届全国人民代表大会常务委员会第十一次会议通过 2014 年 4 月 24 日第十二届全国人民代表大会常务委员会第八次会议修订)

第二十七条 县级以上人民政府应当每年向本级人民代表大会或者人民代表大会常务委员会报告环境状况和环境保护目标完成情况,对发生的重大环境事件应当及时向本级人民代表大会常务委员会报告,依法接受监督。

(十八)《中华人民共和国长江保护法》(2020 年 12 月 26 日第十三届全国人民代表大会常务委员会第二十四次会议通过)

第八十二条 国务院应当定期向全国人民代表大会常务委员

会报告长江流域生态环境状况及保护和修复工作等情况。

长江流域县级以上地方人民政府应当定期向本级人民代表大会或者其常务委员会报告本级人民政府长江流域生态环境保护和修复工作等情况。

（十九）《中华人民共和国乡村振兴促进法》（2021年4月29日第十三届全国人民代表大会常务委员会第二十八次会议通过）

第七十条　县级以上各级人民政府应当向本级人民代表大会或者其常务委员会报告乡村振兴促进工作情况。乡镇人民政府应当向本级人民代表大会报告乡村振兴促进工作情况。

（二十）《中华人民共和国黑土地保护法》（2022年6月24日第十三届全国人民代表大会常务委员会第三十五次会议通过）

第二十八条　县级以上人民政府应当向本级人民代表大会或者其常务委员会报告黑土地保护情况，依法接受监督。

（二十一）《中华人民共和国黄河保护法》（2022年10月30日第十三届全国人民代表大会常务委员会第三十七次会议通过）

第一百零七条　国务院应当定期向全国人民代表大会常务委员会报告黄河流域生态保护和高质量发展工作情况。

黄河流域县级以上地方人民政府应当定期向本级人民代表大会或者其常务委员会报告本级人民政府黄河流域生态保护和高质量发展工作情况。

（三）有关人大监督的决定

1993年以来，全国人大常委会就加强人大监督工作先后作出4个决定：《关于加强对法律实施情况检查监督的若干规定》《关于加强经济工作监督的决定》《关于加强中央预算审查监督的决定》《关于加强国有资产管理情况监督的决定》。1993 年 9 月 2日八届全国人大常委会第三次会议通过《关于加强对法律实施情况检查监督的若干规定》，2009 年 6 月 27 日十一届全国人大常委会第九次会议通过《全国人民代表大会常务委员会关于废止部分法律的决定》予以废止。

（一）《全国人民代表大会常务委员会关于加强经济工作监督的决定》（2000 年 3 月 1 日第九届全国人民代表大会常务委员会第十四次会议通过 2021 年 12 月 24 日第十三届全国人民代表大会常务委员会第三十二次会议修订）

为更好地履行宪法和法律赋予全国人民代表大会及其常务委员会的职责，贯彻落实党中央决策部署，进一步加强经济工作监督，切实增强监督实效，推动高质量发展，推进国家治理体系和治理能力现代化，结合实践经验，作如下决定：

1. 全国人民代表大会常务委员会依法对国务院经济工作行使监督职权。全国人民代表大会财政经济委员会和有关专门委员会在全国人民代表大会及其常务委员会领导下，承担有关具体工作。国务院及其有关部门应当做好协助和配合。

2. 全国人民代表大会常务委员会开展经济工作监督，应当坚持中国共产党的领导，坚持以马克思列宁主义、毛泽东思想、邓小平理论、"三个代表"重要思想、科学发展观、习近平新时代中国特色社会主义思想为指导，坚持以人民为中心，坚持和完善社会主义基本经济制度，保障和促进市场在资源配置中起决定性作用和更好发挥政府作用，立足新发展阶段，贯彻新发展理念，构建新发展格局，推动高质量发展。

3. 根据全国人民代表大会议事规则的有关规定，全国人民代表大会财政经济委员会应当在全国人民代表大会会议举行的四十五日前，会同有关专门委员会，对国民经济和社会发展年度计划进行初步审查，形成初步审查意见，送国务院有关主管部门。国务院有关主管部门应当将处理情况及时反馈财政经济委员会。

全国人民代表大会财政经济委员会开展初步审查阶段，有关专门委员会可以开展专项审查，提出专项审查意见，送财政经济委员会研究处理。

4. 对国民经济和社会发展年度计划初步审查时，国务院有关主管部门应当提交以下材料：

（1）关于上一年度国民经济和社会发展计划执行情况与本年度国民经济和社会发展计划草案的报告，其中应当报告上一年度国民经济和社会发展计划主要目标和任务完成情况、全国人民代表大会决议贯彻落实情况，对本年度国民经济和社会发展计划主要目标、工作任务及相应的主要政策、措施的编制依据和考虑作出说明和解释；

（2）本年度国民经济和社会发展计划草案的初步方案；

（3）关于上一年度中央预算内投资计划执行情况的说明和本年度中央预算内投资计划的安排；

（4）初步审查所需要的其他材料。

5. 对国民经济和社会发展年度计划初步审查的重点是：上一年度国民经济和社会发展计划完成情况，特别是主要目标和任务的完成情况；本年度国民经济和社会发展计划编制的指导思想应当符合党中央决策部署和中央经济工作会议精神，符合国民经济和社会发展五年规划纲要和中长期规划纲要；主要目标、重点任务和重大工程项目应当符合经济社会发展条件特别是资源、财力、环境实际支撑能力，符合五年规划纲要实施的基本要求，有利于经济社会长期健康发展；主要政策取向和措施安排应当符合完善体制机制和依法行政的要求，坚持目标导向和问题导向，针对性强且切实可行，财政政策、货币政策应当与主要目标相匹配。

6. 全国人民代表大会财政经济委员会向全国人民代表大会主席团提出关于上一年度国民经济和社会发展计划执行情况和本年度国民经济和社会发展计划草案的审查结果报告。审查结果报告应当包括下列内容：

（1）关于上一年度国民经济和社会发展计划执行情况的总体评价，需要关注的主要问题；

（2）对本年度国民经济和社会发展计划报告和计划草案的可行性作出评价，对本年度国民经济和社会发展计划执行工作提出意见和建议；

（3）对全国人民代表大会会议批准国民经济和社会发展年度计划报告和计划草案提出建议。

7. 全国人民代表大会常务委员会应当加强对全国人民代表大会批准的国民经济和社会发展年度计划执行的监督。

全国人民代表大会常务委员会应当在每年八月听取和审议国务院关于本年度上一阶段国民经济和社会发展计划执行情况的报告。常务委员会组成人员的审议意见交由国务院研究处理，国务院应当将研究处理情况向常务委员会提出书面报告。国民经济和社会发展年度计划执行情况的报告、常务委员会组成人员的审议意见和国务院对审议意见的研究处理情况，向全国人民代表大会代表通报并向社会公布。

全国人民代表大会财政经济委员会结合上半年经济形势分析做好相关准备工作，向常务委员会提出分析报告。

8. 对国民经济和社会发展年度计划执行监督的重点是：国民经济和社会发展年度计划执行应当贯彻党中央决策部署和中央经济工作会议精神，落实全国人民代表大会决议要求，符合政府工作报告中提出的各项目标和任务要求；主要目标特别是约束性指标完成情况、重点任务和重大工程项目进展情况应当符合国民经济和社会发展年度计划进度安排；国民经济和社会发展计划执行情况的报告应当深入分析存在的主要困难和问题及其原因，对未达到预期进度的指标和任务应当作出说明和解释，提出具有针对性且切实可行的政策措施，推动国民经济和社会发展年度计划顺利完成。

9. 全国人民代表大会财政经济委员会在每年四月、七月和十月中旬分别召开季度经济形势分析会议，听取国务院有关部门关于一季度、上半年、前三季度国民经济运行情况的汇报，进行分析研究，将会议对国民经济运行情况的分析和提出的意见建议向委员长会议报告，并以会议纪要和简报形式发送国务院办公厅及有关部门，各省、自治区、直辖市人民代表大会常务委员会办公厅。

10. 国民经济和社会发展五年规划纲要和中长期规划纲要草案的初步审查和审查，参照本决定第三条、第六条的规定执行。

五年规划纲要和中长期规划纲要草案提请全国人民代表大会审查批准的前一年，全国人民代表大会常务委员会围绕五年规划纲要和中长期规划纲要编制工作开展专题调研，听取调研工作情况的报告，并将调研报告送有关方面研究参考，为全国人民代表大会审查批准做好准备工作。

全国人民代表大会常务委员会办公厅和财政经济委员会承担具体组织工作，拟定调研工作方案，协调有关专门委员会和常务委员会工作机构开展专题调研，汇总集成调研成果。

11. 对五年规划纲要和中长期规划纲要草案初步审查时，国务院有关主管部门应当提交以下材料：

（1）五年规划纲要和中长期规划纲要草案；

（2）关于五年规划纲要和中长期规划纲要草案及其编制情况的说明，其中应当对上一个五年规划纲要主要目标和任务完成情况、全国人民代表大会决议贯彻落实情况、本五年规划纲要主要目标和重点任务的编制依据和考虑等作出说明和解释；

（3）关于重大工程项目的安排；

（4）初步审查所需要的其他材料。

12. 对五年规划纲要和中长期规划纲要草案初步审查的重点是：上一个五年规划纲要实施情况；本五年规划纲要编制的指导思想应当符合党中央关于五年规划的建议精神，能够发挥未来五年发展蓝图和行动纲领的作用；主要目标、重点任务和重大工程项目应当符合我国国情和发展阶段，符合经济社会发展的客观规律，符合国家中长期发展战略目标，兼顾必要性与可行性；主要政策取向应当符合党的基本理论、基本路线、基本方略，针对性强且切实可行。

13. 国务院应当加强对五年规划纲要实施情况的动态监测、中期评估和总结评估。全国人民代表大会常务委员会应当加强对五年规划纲要实施的监督。

全国人民代表大会财政经济委员会和有关专门委员会在全国人民代表大会及其常务委员会领导下，有针对性地做好五年规划纲要实施的监督工作，推动五年规划纲要顺利实施。

国务院有关主管部门应当将五年规划纲要实施情况的动态监测材料送全国人民代表大会财政经济委员会。

14. 五年规划纲要实施的中期阶段，国务院应当将五年规划纲要实施情况的中期评估报告提请全国人民代表大会常务委员会审议。常务委员会组成人员的审议意见交由国务院研究处理，国务院应当将研究处理情况向常务委员会提出书面报告。五年规划纲要实施情况的中期评估报告、常务委员会组成人员的审议意见和国务院对审议意见的研究处理情况，向全国人民代表大会代表通报并向社会公布。财政经济委员会会同有关专门委员会开展专题调研，向常务委员会提出调研报告。

对五年规划纲要实施情况中期评估的监督重点是：五年规划纲要实施应当符合党中央的建议精神，贯彻落实全国人民代表大会决议要求；主要目标特别是约束性指标完成情况、重点任务和重大工程项目进展情况应当符合五年规划纲要进度安排；五年规划纲要实施情况的中期评估报告应当深入分析存在的主要困难和问题及其原因，对未达到预期进度的指标和任务应当作出解释和说明，提出有针对性且切实可行的政策措施，推动五年规划纲要顺利完成。

15. 国务院应当对上一个五年规划纲要实施情况进行总结评估，形成总结评估报告，与提请全国人民代表大会审查批准的五年规划纲要草案一并印发全国人民代表大会会议。五年规划纲要的总结评估报告应当包括下列内容：

（1）主要指标完成情况；

（2）重点任务落实情况；

（3）重大工程项目实施情况；

（4）存在的主要困难和问题；

（5）相关意见建议。

16. 经全国人民代表大会批准的国民经济和社会发展年度计

划、五年规划纲要在执行过程中，出现下列情况之一的，可以进行调整：

（1）因国内外经济形势发生重大变化导致宏观调控政策取向和主要目标、重点任务等必须作出重大调整的；

（2）国家发生特别重大自然灾害、全局性的重大公共安全事件或者进入紧急状态等导致国民经济和社会发展年度计划、五年规划纲要无法正常执行或者完成的；

（3）其他特殊情况导致国民经济和社会发展年度计划、五年规划纲要无法正常执行或者完成的。

17. 国民经济和社会发展年度计划、五年规划纲要经全国人民代表大会批准后，在执行过程中需要作部分调整的，国务院应当将调整方案提请全国人民代表大会常务委员会审查和批准。国民经济和社会发展年度计划调整方案的提出一般不迟于当年第三季度末；五年规划纲要调整方案的提出一般不迟于其实施的第四年第二季度末。除特殊情况外，国务院应当在全国人民代表大会常务委员会会议举行的三十日前，将调整方案报送常务委员会。

除特殊情况外，国务院有关主管部门应当在全国人民代表大会常务委员会会议举行的四十五日前，将国务院的调整方案送交全国人民代表大会财政经济委员会，由财政经济委员会进行初步审查，并向常务委员会提出审查结果报告。

经全国人民代表大会常务委员会批准的国民经济和社会发展年度计划、五年规划纲要调整方案，应当向全国人民代表大会下次会议报告。

18. 全国人民代表大会常务委员会围绕党和国家经济工作中心和全局依法加强监督，重点关注深化经济体制改革、优化营商环境、加强科技创新、推动区域协调发展、坚持绿色低碳发展、保障和改善民生、促进共同富裕、推进高水平对外开放、维护国家经济安全等方面工作落实情况，必要时可以听取和审议国务院专项工作报告、开展专题询问或者作出决议。

全国人民代表大会财政经济委员会、有关专门委员会和常务委员会有关工作机构在常务委员会领导下做好相关工作，督促国务院有关部门更好地推进落实工作。

19. 国务院对事关国民经济和社会发展全局、涉及人民群众切身利益的重大决策，依法在出台前向全国人民代表大会常务委员会报告。

出现下列情况之一的，国务院或者国务院有关部门应当向全国人民代表大会常务委员会或者财政经济委员会和有关专门委员会报告，作出说明：

（1）因国际经济形势或者国内经济运行发生重大变化需要对宏观调控政策取向作出重大调整；

（2）涉及国计民生、国家经济安全、人民群众切身利益的重大经济体制改革或者对外开放方案出台前；

（3）重大自然灾害或者给国家财产、集体财产、人民群众生命财产造成严重损失的重大事件发生后；

（4）其他有必要向全国人民代表大会常务委员会或者财政经济委员会和有关专门委员会报告的重大经济事项。

全国人民代表大会常务委员会认为必要时，可以依法作出决定决议，也可以将讨论中的意见建议转送国务院及其有关部门研究处理。

20. 对涉及面广、影响深远、投资巨大的国家特别重大建设项目，国务院可以向全国人民代表大会或者常务委员会提出议案，由全国人民代表大会或者常务委员会审议并作出决定。

根据全国人民代表大会或者常务委员会安排，财政经济委员会会同有关专门委员会对前款所述议案进行初步审查，并向全国人民代表大会或者常务委员会提出审查报告。

21. 全国人民代表大会常务委员会对国民经济和社会发展年度计划、五年规划纲要确定的重大工程项目和本决定第二十条所述的国家特别重大建设项目等，根据需要听取国务院的工作汇报，进行审议，认为必要时可以作出决议。

根据全国人民代表大会常务委员会安排，财政经济委员会会同有关专门委员会和常务委员会有关工作机构，可以对前款所述项目的实施情况开展专题调研，向常务委员会提出专题调研报告。

国务院有关主管部门应当每半年向全国人民代表大会财政经济委员会提供中央预算内投资计划实施情况的有关材料。

22. 全国人民代表大会常务委员会应当加强对金融工作的监督。国务院应当在每年十月向全国人民代表大会常务委员会报告下列情况：

（1）货币政策执行情况；

（2）金融业运行情况和监督管理工作情况；

（3）金融支持实体经济情况；

（4）金融体系改革和对外开放情况；

（5）防范化解金融风险隐患情况。

国务院有关主管部门应当及时向全国人民代表大会财政经济委员会提供月度、季度和年度金融运行数据和相关材料，配合支持跟踪监督工作。

23. 同外国或者国际组织缔结有关经济方面的条约和协定，凡根据缔结条约程序法的规定，应当由全国人民代表大会常务委员会决定批准或者加入的，由国务院向全国人民代表大会常务委员会提出议案，提请审议决定。按照常务委员会议事规则有关规定，可以将议案交由财政经济委员会提出审议意见。

上述条约和协定的修改、废除或者退出，比照其缔结的程序办理。

24. 全国人民代表大会常务委员会通过听取和审议专项工作报告、执法检查、询问和质询、特定问题调查、专题调研等方式，加强对国务院及其有关部门经济工作的监督。

根据全国人民代表大会常务委员会安排，财政经济委员会和有关专门委员会可以召开会议，听取国务院有关部门的专题汇报。

全国人民代表大会常务委员会，财政经济委员会和有关专门委员会可以运用审计监督、财会监督和统计监督成果，聘请研究机构和专家学者，委托第三方评估，利用大数据技术等，提高经济工作监督效能。

25. 对全国人民代表大会及其常务委员会在经济工作监督中作出的决议、决定和审议意见等，常务委员会应当加强跟踪监督，督促国务院及其有关部门贯彻执行决议和决定，认真研究处理意见和建议并及时反馈。常务委员会认为必要时，可以就有关情况听取和审议国务院的专项工作报告。国务院应当在规定期限内，将决定决议的执行情况或者审议意见的研究处理情况向全国人民代表大会常务委员会报告。财政经济委员会承担跟踪监督的具体工作。

对不执行决定决议或者执行决定决议不力造成严重后果的，全国人民代表大会及其常务委员会可以通过专题询问、质询、特定问题调查等方式加强监督。

26. 全国人民代表大会常务委员会行使经济工作监督职权的情况，应当向全国人民代表大会报告，接受监督。财政经济委员会和有关专门委员会提出的意见和建议，应当报告委员长会议，由委员长会议决定是否批转国务院及其有关部门研究处理，并将结果报告全国人民代表大会常务委员会。

27. 全国人民代表大会常务委员会开展经济工作监督，应当充分发挥全国人民代表大会代表的作用，认真听取代表意见建议，主动回应代表关切，支持代表依法履职。

全国人民代表大会财政经济委员会和有关专门委员会应当建立健全经济工作监督联系代表工作机制。确定监督项目、开展监督工作，应当认真听取全国人民代表大会代表的意见建议。财政经济委员会和有关专门委员会围绕代表议案建议提出的、代表普遍关注的经济社会发展工作中的突出问题，组织开展专题调研。

全国人民代表大会财政经济委员会对国民经济和社会发展年度计划和五年规划纲要草案进行初步审查时，应当邀请全国人民代表大会代表参加。本决定所列其他事项的监督工作，可以根据需要邀请有关方面的全国人民代表大会代表参加。

开展经济工作监督的有关情况应当通过代表工作机构及时向全国人民代表大会代表通报，有关材料应当及时发送全国人民代表大会代表。

28. 全国人民代表大会常务委员会听取和审议、讨论本决定所列事项时，国务院及其有关部门应当根据要求，及时提供相关的信息资料和情况说明，并派国务院负责人或者有关部门负责人到会汇报情况，听取意见，回答询问。

全国人民代表大会财政经济委员会和有关专门委员会听取和审议、讨论本决定所列事项时，国务院有关部门应当根据要求，及时提供相关的信息资料和情况说明，并派本部门有关负责人到会汇报情况，听取意见，回答询问。

国务院有关部门根据全国人民代表大会财政经济委员会和有关专门委员会的要求，利用国家电子政务网等方式，定期提供国民经济和社会发展数据和相关材料。

29. 全国人民代表大会常务委员会开展经济工作监督的情况，除法律另有规定外，向社会公开。

本决定自公布之日起施行。

（二）《全国人民代表大会常务委员会关于加强中央预算审查监督的决定》（1999 年 12 月 25 日第九届全国人民代表大会常务委员会第十三次会议通过　2021 年 4 月 29 日第十三届全国人民代表大会常务委员会第二十八次会议修订）

为履行宪法法律赋予全国人民代表大会及其常务委员会的预算审查监督职责，贯彻落实党中央关于加强人大预算决算审查监督职能的部署要求，推进全面依法治国，健全完善中国特色社会主义预算审查监督制度，规范预算行为，提高预算绩效，厉行节约，更好地发挥中央预算在推进国家治理体系和治理能力现代化、推动高质量发展、促进社会进步、改善人民生活和全面深化改革开放中的重要作用，必须进一步加强对中央预算的审查监督。为此，特作如下决定：

1. 加强全口径审查和全过程监管。全国人民代表大会及其常务委员会对政府预算决算开展全口径审查和全过程监管，坚持党中央集中统一领导，坚持围绕服务党和国家工作大局，坚持以人民为中心，坚持依法审查监督，聚焦重点，注重实效，保障宪法和法律贯彻实施，保障国家方针政策和决策部署贯彻落实。

（1）加强财政政策审查监督。审查监督重点包括：财政政策贯彻落实国家方针政策和决策部署的情况；与经济社会发展目标和宏观调控总体要求相衔接的情况；加强中期财政规划管理工作，对国家重大战略任务保障的情况；财政政策制定过程中充分听取人大代表与社会各界意见建议的情况；财政政策的合理性、可行性、可持续性等情况。

（2）加强一般公共预算审查监督。审查监督一般公共预算支出总量和结构的重点包括：支出总量和结构贯彻落实国家方针政策和决策部署的情况；支出总量及其增减的情况，财政赤字规模及其占年度预计国内生产总值比重的情况；调整优化支出结构，严格控制一般性支出，提高财政资金配置效率和使用绩效等情况。

审查监督重点支出与重大投资项目的重点包括：重点支出预算和支出政策相衔接的情况；重点支出规模变化和结构优化的情况；重点支出决策论证、政策目标和绩效的情况。重大投资项目与国民经济和社会发展规划相衔接的情况；重大投资项目决策论证、投资安排和实施效果的情况。

审查监督部门预算的重点包括：部门各项收支全部纳入预算的情况；部门预算与支出政策、部门职责衔接匹配的情况；项目库建设情况；部门重点项目预算安排和绩效的情况；新增资产配置情况；结转资金使用情况；审计查出问题整改落实等情况。

审查监督中央对地方转移支付的重点包括：各类转移支付保障中央财政承担的财政事权和支出责任的情况；促进地区间财力均衡及增强基层公共服务保障能力的情况；健全规范转移支付制度、优化转移支付结构的情况；专项转移支付定期评估和退出的情况；转移支付预算下达和使用的情况；转移支付绩效的情况。

审查监督一般公共预算收入的重点包括：预算收入安排与经

济社会发展目标、国家宏观调控总体要求相适应的情况；各项税收收入与对应税基相协调的情况；预算收入依法依规征收、真实完整的情况；预算收入结构优化、质量提高的情况；依法规范非税收入管理等情况。

（3）加强政府债务审查监督。审查监督中央政府债务重点包括：根据中央财政赤字规模和上年末国债余额限额，科学确定当年国债余额限额，合理控制国债余额与限额之间的差额；评估政府债务风险水平情况，推进实现稳增长和防风险的长期均衡。审查监督地方政府债务重点包括：地方政府债务纳入预算管理的情况；根据债务率、利息支出率等指标评估地方政府债务风险水平，审查地方政府新增一般债务限额和专项债务限额的合理性情况；地方政府专项债务偿还的情况；积极稳妥化解地方政府债务风险等情况。

（4）加强政府性基金预算审查监督。审查监督重点包括：基金项目设立、征收、使用和期限符合法律法规规定的情况；收支政策和预算安排的合理性、可行性、可持续性的情况；政府性基金支出使用情况；政府性基金项目绩效和评估调整等情况。

（5）加强国有资本经营预算审查监督。审查监督重点包括：预算范围完整、制度规范的情况；国有资本足额上缴收益和产权转让等收入的情况；支出使用方向和项目符合法律法规规定和政策的情况；国有资本经营预算调入一般公共预算的情况；政府投资基金管理的情况；发挥优化国有资本布局、与国资国企改革相衔接等情况。

（6）加强社会保险基金预算审查监督。审查监督重点包括：各项基金收支安排、财政补助和预算平衡的情况；预算安排贯彻落实社会保障政策的情况；推进基本养老保险全国统筹的情况；

基金绩效和运营投资的情况；中长期收支预测及可持续运行等
情况。

（7）进一步推进预算决算公开，提高预算决算透明度。以公
开为常态、不公开为例外，监督中央政府及其部门依法及时公开
预算决算信息，主动回应社会普遍关注的问题，接受社会监督。

2. 加强中央预算编制的监督工作。坚持先有预算、后有支
出、严格按预算支出的原则，细化预算和提前编制预算。按预算
法规定的时间将中央预算草案全部编制完毕。中央预算应当按照
宪法和法律规定，贯彻落实国家方针政策和决策部署，做到政策
明确、标准科学、安排合理，增强可读性和可审性。

中央一般公共预算草案，应当列示预算收支情况表、转移支
付预算表、基本建设支出表、政府债务情况表等，说明收支预算
安排及转移支付绩效目标情况。中央政府性基金预算草案应当按
基金项目分别编列、分别说明。政府性基金支出编列到资金使用
的具体项目，说明结转结余和绩效目标情况。中央国有资本经营
预算草案收入编列到行业或企业，说明纳入预算的企业单位的上
年总体经营财务状况；支出编列到使用方向和用途，说明项目安
排的依据和绩效目标。中央社会保险基金预算草案应当按保险项
目编制，反映基本养老保险全国统筹推进情况，说明社会保险基
金可持续运行情况。

3. 加强和改善中央预算的初步审查工作。国务院财政部门应
当及时向全国人民代表大会财政经济委员会和全国人民代表大会
常务委员会预算工作委员会通报有关中央预算编制的情况。预算
工作委员会应当结合听取全国人大代表和社会各界意见建议情
况，与国务院财政等部门密切沟通，研究提出关于年度预算的分
析报告。在全国人民代表大会会议举行的四十五日前，国务院财

政部门应当将中央预算草案初步方案提交财政经济委员会，由财政经济委员会对中央预算草案初步方案进行初步审查，并就有关重点问题开展专题审议，提出初步审查意见。

财政经济委员会开展初步审查阶段，全国人民代表大会有关专门委员会围绕国家方针政策和决策部署，对相关领域部门预算初步方案、转移支付资金和政策开展专项审查，提出专项审查意见。专项审查意见中增加相关支出预算的建议，应当与减少其他支出预算的建议同时提出，以保持预算的平衡性、完整性和统一性。有关专门委员会的专项审查意见，送财政经济委员会、预算工作委员会研究处理，必要时作为初步审查意见的附件印发全国人民代表大会会议。

4. 加强中央预算执行情况的监督工作。在全国人民代表大会及其常务委员会领导下，财政经济委员会和预算工作委员会应当做好有关工作。国务院有关部门应当及时向财政经济委员会、预算工作委员会提交落实全国人民代表大会关于预算决议的情况。国务院财政部门应当定期提供全国、中央和地方的预算执行报表，反映预算收支、政府债务等相关情况。国务院有关部门应当通过国家电子政务网等平台，定期提供部门预算执行、宏观经济、金融、审计、税务、海关、社会保障、国有资产等方面政策制度和数据信息。

全国人民代表大会常务委员会通过听取和审议专项工作报告、执法检查、专题调研等监督方式，加强对重点收支政策贯彻实施、重点领域财政资金分配和使用、重大财税改革和政策调整、重大投资项目落实情况的监督。国务院在每年八月向全国人民代表大会常务委员会报告当年预算执行情况。国务院财政部门及相关主管部门每季度提供预算执行、有关政策实施和重点项目进展情况。

全国人民代表大会常务委员会利用现代信息技术开展预算联网监督，提高预算审查监督效能，实现预算审查监督的网络化、智能化。对预算联网监督发现的问题，适时向国务院有关部门通报，有关部门应当核实处理并反馈处理情况。

5. 加强中央预算调整方案的审查工作。中央预算执行中，农业、教育、科技、社会保障等重点领域支出的调减，新增发行特别国债，增加地方政府举借债务规模，须经全国人民代表大会常务委员会审查和批准。中央预算执行中必须作出预算调整的，国务院应当编制中央预算调整方案，一般于当年六月至十月期间提交全国人民代表大会常务委员会。严格控制预算调剂，各部门、各单位的预算支出应当按照预算执行，因重大事项确需调剂的，严格按照规定程序办理。中央预算执行中出台重要的增加财政收入或者支出的政策措施，调入全国社会保障基金，或者预算收支结构发生重要变化的情况，国务院财政部门应当及时向预算工作委员会通报。预算工作委员会及时将有关情况向财政经济委员会通报，必要时向全国人民代表大会常务委员会报告。

6. 加强中央决算的审查工作。中央决算草案应当按照全国人民代表大会批准的预算所列科目编制，按预算数、调整预算数以及决算数分别列出，对重要变化应当作出说明。一般公共预算支出应当按功能分类编列到项，按经济性质分类编列到款。政府性基金预算支出、国有资本经营预算支出、社会保险基金预算支出，应当按功能分类编列到项。按照国务院规定实行权责发生制的特定事项，在审查中央决算草案前向全国人民代表大会常务委员会报告。中央决算草案应当在全国人民代表大会常务委员会举行会议审查和批准的三十日前，提交财政经济委员会，由财政经济委员会结合审计工作报告进行初步审查。

7. 加强预算绩效的审查监督工作。各部门、各单位应当实施全面预算绩效管理，强化事前绩效评估，严格绩效目标管理，完善预算绩效指标体系，提升绩效评价质量。加强绩效评价结果运用，促进绩效评价结果与完善政策、安排预算和改进管理相结合，推进预算绩效信息公开，将重要绩效评价结果与决算草案同步报送全国人民代表大会常务委员会审查。全国人民代表大会常务委员会加强对重点支出和重大项目绩效目标、绩效评价结果的审查监督。必要时，召开预算绩效听证会。

8. 加强对中央预算执行和决算的审计监督。审计机关应当按照真实、合法和效益的要求，对中央预算执行和其他财政收支情况以及决算草案进行审计监督，为全国人民代表大会常务委员会开展预算执行、决算审查监督提供支持服务。国务院应当在每年六月向全国人民代表大会常务委员会提出对上一年度中央预算执行和其他财政收支的审计工作报告。审计工作报告应当重点报告上一年度中央预算执行和决算草案、重要政策实施、财政资金绩效的审计情况，全面客观反映审计查出的问题，揭示问题产生的原因，提出改进工作的建议。审计查出的问题要依法纠正、处理，加强审计结果运用，强化责任追究，完善审计查出问题整改工作机制，健全整改情况公开机制。必要时，全国人民代表大会常务委员会可以对审计工作报告作出决议。

9. 加强审计查出问题整改情况的监督工作。全国人民代表大会常务委员会对审计查出突出问题整改情况开展跟踪监督。综合运用听取和审议专项工作报告、专题询问等方式开展跟踪监督，加大监督力度，增强监督效果，推动建立健全整改长效机制，完善预算管理制度。健全人大预算审查监督与纪检监察监督、审计监督的贯通协调机制，加强信息共享，形成监督合力。

全国人民代表大会常务委员会在每年十二月听取和审议国务院关于审计查出问题整改情况的报告，根据需要可以听取审计查出突出问题相关责任部门单位的单项整改情况报告。有关责任部门单位负责人应当到会听取意见，回答询问。国务院提交的整改情况报告，应当与审计工作报告揭示的问题和提出的建议相对应，重点反映审计查出突出问题的整改情况，并提供审计查出突出问题的单项整改结果和中央部门预算执行审计查出问题整改情况清单。必要时，全国人民代表大会常务委员会可以对审计查出问题整改情况报告作出决议。

10. 依法执行备案制度、强化预算法律责任。国务院应当将有关预算的法规及规范性文件，中央预算与地方预算有关收入和支出项目的划分、地方向中央上解收入、中央对地方税收返还或者转移支付的具体办法，省、自治区、直辖市政府报送国务院备案的预算决算的汇总，中央政府综合财务报告，以及其他应当报送的事项，及时报送全国人民代表大会常务委员会备案。

全国人民代表大会常务委员会开展预算决算审查监督工作发现的问题，相关机关、部门单位和地方应当及时研究处理，对违反预算法等法律规定的，依法追究法律责任；需要给予政务处分的，全国人民代表大会常务委员会有关工作机构及时通报监察机关。

11. 更好发挥全国人大代表作用。国务院财政等部门应当通过座谈会、通报会、专题调研、办理议案建议和邀请全国人大代表视察等方式，在编制预算、制定政策、推进改革过程中，认真听取全国人大代表意见建议，主动回应全国人大代表关切。全国人民代表大会有关专门委员会、常务委员会有关工作机构应当加强与全国人大代表的沟通联系，更好发挥代表作用。健全预算审查联系代表工作机制。

12. 预算工作委员会职责。预算工作委员会是全国人民代表大会常务委员会的工作机构，协助财政经济委员会承担全国人民代表大会及其常务委员会审查预算决算、审查预算调整方案和监督预算执行方面的具体工作；承担国有资产管理情况监督、审计查出突出问题整改情况跟踪监督方面的具体工作；承担预算、国有资产联网监督方面的具体工作；受委员长会议委托，承担有关法律草案的起草工作，协助财政经济委员会承担有关法律草案审议方面的具体工作；以及承办本决定规定的和常务委员会、委员长会议交办以及财政经济委员会需要协助办理的其他有关财政预算的具体事项。经委员长会议同意，预算工作委员会可以要求政府有关部门和单位提供预算情况，并获取相关信息资料及说明。经委员长会议批准，可以对各部门、各预算单位、重大建设项目的预算资金使用和专项资金的使用进行调查，政府有关部门和单位应积极协助、配合。

本决定自公布之日起施行。

（三）《全国人民代表大会常务委员会关于加强国有资产管理情况监督的决定》（2020 年 12 月 26 日第十三届全国人民代表大会常务委员会第二十四次会议通过）

为贯彻落实党中央关于建立国务院向全国人大常委会报告国有资产管理情况制度的决策部署，加强人大国有资产监督职能，促进国有资产治理体系和治理能力现代化，更好地发挥国有资产在服务经济社会发展、保障和改善民生、保护生态环境、保障国家机关和事业单位节约高效履职等方面的作用，根据宪法和有关法律，作如下决定：

1. 全国人大常委会围绕党中央关于国有资产管理和治理决策部署，聚焦监督政府管理国有资产的情况，坚持依法监督、正确监督，坚持全口径、全覆盖，坚持问题导向，依法、全面、有效履行国有资产监督职责。

全国人大常委会以每年听取和审议国务院关于国有资产管理情况的报告作为履行人大国有资产监督职责的基本方式，并综合运用执法检查、询问、质询、特定问题调查等法定监督方式。全国人大常委会通过制定国有资产监督工作五年规划对届内国有资产监督工作做出统筹安排，通过制定年度监督工作计划具体实施。

2. 国务院按照综合报告与专项报告相结合的方式，做好年度国有资产管理情况报告工作。国有资产管理情况综合报告要全面、准确反映各类国有资产和管理的基本情况，重点报告国有经济布局和结构、深化国有企业改革、行政事业性国有资产的配置和分布、国有自然资源资产禀赋和保护利用，国有资产安全和使用效率，国有资产管理中的突出问题，加强国有资产管理、防止国有资产流失等情况；专项报告要根据各类国有资产性质和管理目标，结合全国人大常委会审议的重点内容突出报告重点，分别反映企业国有资产（不含金融企业）、金融企业国有资产、行政事业性国有资产、国有自然资源资产等国有资产管理情况、管理成效、相关问题和改进工作安排。

完善各类国有资产报表体系，作为报告的重要组成部分。根据国有资产性质和特点，从价值和实物等方面，反映国有资产存量情况和变动情况。企业国有资产（不含金融企业）、金融企业国有资产和行政事业性国有资产报表应当细化到行业，中央国有资产相关报表应当分企业、部门和单位编列。建立健全反映不同类别国有资产管理特点的评价指标体系，全面、客观、精准反映管理情况和管理成效。

适应国有资产管理改革需要，按照国家统一的会计制度规范国有资产会计处理，制定完善相关统计调查制度。加快编制政府资产负债表等会计报表和自然资源资产负债表。加强以权责发生制为基础的政府综合财务报告备案工作，与国有资产管理情况报告有机衔接。

国务院审计部门按照党中央要求，深入推进审计全覆盖，按照真实、合法、效益原则，依据法定职责，加大对国有资产的审计力度，形成审计情况专项报告，作为国务院向全国人大常委会提交的年度中央预算执行和其他财政收支的审计工作报告的子报告。

3. 全国人大常委会围绕年度国有资产管理情况报告议题组织开展专题调查研究，可以邀请全国人大代表参与。专题调研情况向全国人大常委会报告。

围绕各类国有资产管理目标和全国人大常委会审议重点，建立健全人大国有资产监督评价指标体系，运用有关评价指标开展国有资产管理绩效评价，并探索建立第三方评估机制。

全国人大有关专门委员会承担对国务院国有资产管理情况报告的初步审议职责。在全国人大常委会会议举行三十日前，由全国人大财政经济委员会或者会同其他有关专门委员会开展初步审议，提出初步审议意见。

全国人大常委会预算工作委员会承担人大国有资产监督的具体工作，协助财政经济委员会等有关专门委员会承担初步审议相关工作。在全国人大常委会会议举行四十五日前，预算工作委员会应当组织听取全国人大代表的意见建议，听取国务院有关部门介绍报告的主要内容并提出分析意见。

4. 全国人大常委会审议国有资产管理情况报告，开展国有资产监督，应当重点关注下列内容：

（1）贯彻落实党中央关于国有资产管理和国有企业改革发展方针政策和重大决策部署情况；

（2）有关法律实施情况；

（3）落实全国人大常委会有关审议意见和决议情况；

（4）改革完善各类国有资产管理体制情况；

（5）企业国有资产（不含金融企业）和金融企业国有资产服务国家战略，提升国有经济竞争力、创新力、控制力、影响力、抗风险能力等情况；

（6）行政事业性国有资产保障国家机关和事业单位节约高效履职，增强基本公共服务的可及性和公平性等情况；

（7）国有自然资源资产支持经济社会发展和改善生态环境质量，落实自然资源保护与有效利用、保护生态环境、节能减排等约束性指标等情况；

（8）国有资本保值增值、防止国有资产流失和收益管理等情况；

（9）审计查出问题整改情况；

（10）其他与国有资产管理有关的重要情况。

全国人大常委会在任期届满前一年内听取和审议国有资产管理情况综合报告时开展专题询问，其他年份在听取和审议专项报告时也可以根据需要开展专题询问。全国人大常委会针对国有资产管理存在的问题，可以依法进行质询和特定问题调查，可以根据审议和监督情况依法作出决议。

5. 国务院应当建立健全整改与问责机制。根据审议意见、专题调研报告、审计报告等提出整改与问责清单，分类推进问题整改，依法对违法违规行为追责问责。整改与问责情况同对全国人大常委会审议意见的研究处理情况一并向全国人大常委会报告。全国人大常委会可以听取报告并进行审议。对审计查出问题的整改和报告按照有关法律规定进行。

按照稳步推进的原则，建立健全整改与问责情况跟踪监督机制。全国人大常委会对突出问题、典型案件建立督办清单制度，由有关专门委员会、预算工作委员会等开展跟踪监督具体工作，督促整改落实。建立人大国有资产监督与国家监察监督相衔接的有效机制，加强相关信息共享和工作联系，推动整改问责。

6. 健全国有资本经营预算管理制度，强化国有资本经营预算对国有资本的总体布局、投资运作、收益管理等的统筹约束和支撑保障作用。健全资产管理和预算管理相衔接的工作机制，全面反映预算资金形成基础设施、政府投资基金、政府和社会资本合作项目等相关国有资产情况。

国有资产管理情况报告和监督中反映的问题及提出的意见，应当作为下一年度预算审查的重要依据和审查结果报告的重要参考。

7. 全国人大常委会办事机构按照《中华人民共和国各级人民代表大会常务委员会监督法》等法律规定，及时将国有资产监督工作五年规划，国有资产管理情况报告及审议意见，专题调研报告和有关专门委员会初步审议意见，国务院研究处理审议意见及整改与问责情况、执行决议情况的报告，向全国人大代表通报并向社会公布。国务院及其部门按照规定及时公开国家、部门、单位的国有资产报表。依法不予公开的除外。

8. 国务院有关部门应当建立全口径国有资产信息共享平台，

实现相关部门、单位互联互通，并通过人大预算与国资联网监督系统定期向预算工作委员会报送相关国有资产数据和信息。根据监督工作需要，及时提供联网数据信息之外的其他国有资产管理等信息资料。

预算工作委员会应当健全与国务院有关部门之间的工作联系机制，加强督促协调，及时汇总相关信息向有关专门委员会通报、向全国人大常委会报告。

预算工作委员会根据全国人大常委会监督发现、社会普遍反映的典型问题和案例提出建议，经全国人大常委会委员长会议专项批准，可以对相关部门、单位国有资产管理情况进行调查，各级政府和有关部门、单位应当积极协助、配合。

9. 县级以上地方人大常委会结合本地实际，参照本决定建立健全国有资产管理情况监督制度，加强监督力量，依法履行人大国有资产监督职责。

二、主要参考书目

1. 中共中央文献编辑委员会编：《彭真文选》，人民出版社 1991 年版。

2. 全国人大常委会办公厅研究室编著：《人民代表大会制度建设四十年》，中国民主法制出版社 1991 年版。

3. 董哲、肖元：《地方人大监督案例选》，人民出版社 2001 年版。

4. 刘政、程湘清著：《人大监督探索》，中国民主法制出版社 2002 年版。

5. 刘政、程湘清著：《人民代表大会制度的理论和实践》，中国民主法制出版社 2003 年版。

6. 杨景宇：《监督法辅导讲座》，中国民主法制出版社 2006 年版。

7. 全国人大常委会办公厅研究室编：《人民代表大会制度重要论述》，中国民主法制出版社 2008 年版。

8. 人民代表大会制度研究所：《地方人大常委会 30 年——重大事件回放与点评》，人民日报出版社 2010 年版。

9. 中央档案馆、中共中央文献研究室编：《中共中央文件选集（1949 年 10 月—1966 年 5 月）》第四十九册（1965 年 7 月—12 月），人民出版社 2013 年版。

10. 秦前红等著：《地方人大监督权》，法律出版社 2013 年版。

11. 中共中央文献研究室编：《习近平关于全面依法治国论述摘编》，中央文献出版社 2015 年版。

12. 万其刚主编：《人民代表大会制度简史》，中国民主法制出版社 2015

年版。

13. 中共中央文献研究室编：《十八大以来重要文献选编》，中央文献出版社 2016 年版。

14. 中共中央文献研究室编：《习近平关于社会主义政治建设论述摘编》，中央文献出版社 2017 年版。

15. 《决胜全面建成小康社会　夺取新时代中国特色社会主义伟大胜利》（党的十九大报告单行本），人民出版社 2017 年版。

16. 中共中央宣传部、中共中央文献研究室编：《习近平谈治国理政》（第二卷），外文出版社 2017 年版。

17. 中共中央宣传部、中共中央文献研究室编：《习近平谈治国理政》（第三卷），外文出版社 2020 年版。

18. 中共中央宣传部、中共中央文献研究室编：《习近平谈治国理政》（第四卷），外文出版社 2022 年版。

19. 《党的二十大报告辅导读本》，人民出版社 2022 年版。

20. 中共中央宣传部：《习近平新时代中国特色社会主义思想学习纲要（2023 年版）》，学习出版社、人民出版社 2023 年版。

　　我国的人民代表大会制度，是中国共产党领导人民在长期革命斗争中创造的一种新的政权组织形式。1949 年 9 月 29 日，中国人民政治协商会议第一届全体会议通过的《中国人民政治协商会议共同纲领》提出："中华人民共和国的国家政权属于人民。人民行使国家政权的机关为各级人民代表大会和各级人民政府。"人民代表大会制度由此确定。1949 年至 1954 年 8 月，从中国人民政治协商会议和地方各界人民代表会议向各级人民代表大会过渡。1954 年 9 月，第一届全国人民代表大会第一次会议召开，我国人民代表大会制度建立。至今，人民代表大会制度走过了 70 年，回顾这 70 年历程，从 1954 年到 1966 年人民代表大会制度全面确立并曲折发展；"文化大革命"的 10 年，人民代表大会制度遭受严重破坏；从粉碎"四人帮"特别是党的十一届三中全会开始，人民代表大会制度得到恢复和进一步健全，人大工作取得重大进展。党的十八大以来，我们党立足新的历史方位，深刻把握我国社会主要矛盾发生的新变化，积极回应人民群众对民主法治的新要求新期盼，着力推进国家治理体系和治理能力现代化，健全人民当家作主制度体系，加强基层政权建设，改进人大代表工作，人大工作取得历史性成就，人民代表大会制度更加成熟、更加定型。

《中国特色社会主义根本政治制度——人民代表大会制度纪实》丛书，则是尽可能通过整理历史文献的方式，记录和展现人民代表大会制度确立、曲折发展、不断健全、逐步成熟、完善定型的制度发展和人大工作全貌。项目实施过程，是回顾中国特色社会主义根本政治制度逐渐完善的过程，是汇集 70 年来历代人大工作者工作成就和艰辛探索的过程。同时，也是编写团队记录、整理、学习，以及勤奋耕耘的过程。该丛书具体构成和分工如下：

《人民代表大会制度引论》，万其刚著；《人民代表大会制度发展历程》，万其刚著；《人大选举制度和任免制度》，徐丛华著；《人大立法制度》，主编：张生，副主编：刘舟祺、邹亚莎、罗冠男；《人大代表工作制度》，章林、李跃乾、刘福军、王仰飞编著；《人大讨论决定重大事项制度》，任佩文、吴克非、王亚楠编著；《人大监督制度》，吉卫国著；《人大会议制度》，陈家刚、蔡金花、隋斌斌著；《人大对外交往工作》，王柱国、陈佳美思、庞明、刘亚宁编著；《人大自身建设》，唐亮、万恒易、梁明编著；《人大选举和任免工作纪实》，主编：任佩文，副主编：王亚楠；《人大代表工作纪实》，主编：任佩文，副主编：吴克非；《人大会议工作纪实（目录）》，主编：李正斌，副主编：高嚣；《人大立法工作纪实（目录）》，主编：曾庆辉，副主编：邱晶；《人大监督工作纪实（目录）》，主编：曾庆辉，副主编：邱晶。

上述作者分别来自全国人大、北京市人大、安徽省人大、兰州市人大、人民代表报、中国社会科学院法学所、北京联合大学、西安交通大学、西北师范大学、江西师范大学、中共广东省委党校等单位，既有一直从事人大制度研究的学者，也有长期从事人大工作的实务工作者。

　　限于出版篇幅，丛书暂未收录地方人大相关文献；同时，适应出版新形态的需要，部分工作纪实将目录纸质出版，具体内容同步以数据库方式出版。参与数据库编纂工作的人员有杨积堂、周小华、王维国、崔英楠、曾庆辉、邱晶、李正斌、高嚣、王柱国、陈佳美思、庞明、刘亚宁、任佩文、吴克非、王亚楠、刘宇、周悦、曹倩、赵树荣、姜素兰、王岩、魏启秀、沙作金、马磊、张新勇、李少军、喻思敏、钟志龙、王婷、邱纪贤、钮红然、祝蓉、陈敏、杨世禹、常晓璐、周义、王乔松、梅润生、杨娇、周鹏、李俊、杨蕙铭、徐博智、于淼、陈东红、冯兆惠、石亚楠等同志。丛书由杨积堂和吴高盛担任执行总主编并负责统稿。

　　"中国特色社会主义根本政治制度——人民代表大会制度纪实"是所有参与人员努力协作的成果，由于时间跨度大，内容交叉多，为了尽可能反映70年来人大工作的全貌，各部分作者之间反复进行沟通、协调，力求内容准确全面，同时尽可能避免重复。在编写过程中，每一位作者、编辑都倾尽全力，以高度的责任感和使命感投入工作，翻阅了大量文献资料，进行了深入研究与探讨。虽然我们已竭尽全力，但深知丛书一定存在不足之处，我们期待着读者的反馈与建议，以便在未来不断改进和完善。

　　在丛书即将出版之际，我们要特别感谢全国人大图书馆为文献查阅提供的帮助和支持，感谢北京联合大学人民代表大会制度研究所从选题策划到最终编写全过程给予的大力支持。中国民主法制出版社刘海涛社长、贾兵伟副总经理带领团队，对丛书编写、审读、编辑、出版的每一个环节给予严谨的指导和热忱的帮助，责任编辑张霞、负责数据库开发的翟锦严谨、敬业，在此一并表达敬意和感谢。

习近平总书记强调:"人民代表大会制度,坚持中国共产党领导,坚持马克思主义国家学说的基本原则,适应人民民主专政的国体,有效保证国家沿着社会主义道路前进。人民代表大会制度,坚持国家一切权力属于人民,最大限度保障人民当家作主,把党的领导、人民当家作主、依法治国有机统一起来,有效保证国家治理跳出治乱兴衰的历史周期率。人民代表大会制度,正确处理事关国家前途命运的一系列重大政治关系,实现国家统一高效组织各项事业,维护国家统一和民族团结,有效保证国家政治生活既充满活力又安定有序。"值此全国人民代表大会成立70周年之际,我们希望这套丛书能够为人民代表大会制度研究和实务工作的更好开展尽绵薄之力,把国家根本政治制度坚持好、完善好、运行好、宣传好,努力开创人大工作新局面。

编　者